全球史与中国

Global History and China

01/第一辑

李雪涛　顾彬　主编

中原出版传媒集团
大地传媒

大象出版社
·郑州·

图书在版编目（CIP）数据

全球史与中国. 第一辑 / 李雪涛, 顾彬主编.— 郑州 ：
大象出版社, 2017. 12
ISBN 978-7-5347-9498-8

Ⅰ. ①全… Ⅱ. ①李… Ⅲ. ①世界史—研究
Ⅳ. ①K107

中国版本图书馆 CIP 数据核字（2017）第 218912 号

全球史与中国 第一辑
QUANQIUSHI YU ZHONGGUO DIYIJI
李雪涛 顾 彬 主编

出 版 人 王刘纯
责任编辑 耿晓谕
责任校对 牛志远
封面设计 刘 民

出版发行 大象出版社（郑州市开元路 16 号 邮政编码 450044）
发行科 0371-63863551 总编室 0371-65597936
网 址 www.daxiang.cn
印 刷 北京汇林印务有限公司
经 销 各地新华书店经销
开 本 787mm×1092mm 1/16
印 张 13.5
字 数 242 千字
版 次 2017 年 12 月第 1 版 2017 年 12 月第 1 次印刷
定 价 42.00 元

印厂地址 北京市大兴区黄村镇南六环磁各庄立交桥南 200 米（中轴路东侧）
邮政编码 102600 电话 010-61264834

《全球史与中国》编辑委员会

目 录

Contents

《全球史与中国》发刊词

李雪涛

一

跟以往分裂来研究世界各个部分以及不同领域的世界史相比,全球史研究打破了民族国家的界限,以跨国家、跨地区、跨民族、跨文化的历史现象为研究对象。全球史学科的观念,同时也打破了在中国史和世界史之间的学科界限,从而将中国史纳入全球史之中进行整体研究。

大航海以来,欧洲习惯于将自身的利益通过国家或宗教的意识形态扩展到世界的各个角落,这是现代性的一个特点,同时也形成了一个真正意义上的世界贸易。世界贸易体系的形成,使得世界资源得以重新分配,欧洲的技术得以在全世界范围内传播。民族国家的形成,使得西方国家通过签订各种合约确定主权国家间的外交关系。对于以欧洲为中心的殖民扩张来讲,世界的其他部分存在仅仅是一个"海外"的存在而已。全球史学科的建立,在于以跨文化互动的发展,来破除欧洲中心主义的论点。以往以欧洲的历史经验作为其他社会发展程度标准的尺度的做法,已经被当今学界所摈弃。作为全球史之父的麦克尼尔(William McNeill,1917—2016)认为,"与外来者的交往是社会变革的主要推动力"①,因为特别是与异质文化的接触与交往,往往会引起对很多约定俗成惯例的调整。历史变革在很大程度上是由于与外来者的交往而引发的,也正是这一动力,推动着欧亚共生圈(ecumene)的形成和发展。霍奇森(Marshall Hodgson,1922—1968)甚至认为,"西欧的演变取决于欧亚非作为一个整体的发展过程"②。

① 麦克尼尔:《变动中的世界历史形态》,见夏继果、本特利主编《全球史读本》,北京:北京大学出版社,2010年,第3~21页及第45页。

② 霍奇森:《历史上各社会之间的相互联系》,见夏继果、本特利主编《全球史读本》,北京:北京大学出版社,2010年,第22~43页。

全球史的理念超越了以往人们看待世界和空间的方式。尽管现代性产生于西方，但却是在西方与其他异质文明的接触中产生的。芝加哥大学的德裔欧洲史教授盖耶（Michael Geyer，1947—）和芝加哥的另一位历史学家布莱特（Charles Bright）甚至认为，作为一种反作用力，包括中国在内的这些非西方国家，才是产生全球一体化的力量源泉，正是它们在一体化进程中让世界逐渐融合，而世界各地区的历史也因此同世界历史产生了关系。①

作为方法论和研究对象的全球史实际上是一个上位的概念，也是一个有待开发的广阔学术领域，任何人都没有办法穷尽这之中的所有学问。《全球史与中国》仅仅是从学术史的角度对以上全球史与中国的各个研究领域的成果进行整合，以期中文世界的读者能够看到一些全球史与中国的研究成果。《全球史与中国》这一题目，并非某一学科的某一人可以从事的专业，它必然是不同专业、不同学科的学者积极参与及密切互动的结果，同时它也必然需要经过几代人的共同努力，才能初见成效。

法国年鉴学派著名的历史学家费弗尔（Lucian Febvre，1878—1956）早就意识到，一种封闭的学科在当代是毫无价值、毫无生命力的，他指出："所有的发现都不是发生于每个学科的内部及核心，而是发生于学科的边界、前沿、交叉处，正是在这些地方，各个学科互相渗透。"②费正清（John King Fairbank，1907—1991）在他的自传中描述自己在答辩时的表现时写道："我已经学会了如何成为历史学家中的汉学家，以及稍加变化，又成为汉学家中的历史学家。很像一个不易被抓住的中国土匪，处在两省辖地的边缘，一边来抓便逃到另一边。"③在历史学和汉学的交界处、边缘进行研究，力求运用跨学科的研究方法，这其实也是费正清之所以能另辟蹊径，成就美国中国学的原因所在。而我们创办的《全球史与中国》，特别需要这种在知识和方法论方面交叉拓展的刺激。

布罗代尔（Fernand Braudel，1902—1985）提出"总体史"（l' histoire totale），一再强调历史的总体性，认为一切的人、事件只有放到历史的总体背景中去考察才有意义，才能得出相对科学的结论。中国从来不是一个独立的存在，一旦将中国放在全球史的大的背景下来看待的话，中国研究所蕴藏的无限可能性就会显现。拿中国近代留学史来讲，只有将中国的留学研究放在近代社会发展以及全世界的留学运动中，才能够凸显出其价值和意义。章清曾撰文探寻以容闳（Yung Wing，1828—1912）、严复（1854—1921）和胡适（1891—1962）为代表的三代留学生的思想轨迹，认为他们以集体的方式去美国和英国

① 盖耶、布莱特：《全球化时代的世界历史》，见夏继果、本特利主编《全球史读本》，北京：北京大学出版社，2010年，第172~202页。

② Lucian Febvre, *Combats pour l' histoire*. Paris: Armand Collin, 1953, p.30.

③ 费正清（J.K.Fairbank）：《费正清自传》，黎鸣等译，天津：天津人民出版社，1993年，第170页。

留学,从而融入世界潮流之中去,其后又纷纷踏上了一条异常艰难的回归之路[①]。此外,留学并不仅仅是一个中国特有的现象,留学对于现代国家的形成,以及现代学术的兴起,都曾起到过重要的作用。19 世纪,美国就曾有过派出超过一万名留学生到德国洪堡大学留学的先例。[②] 美国不仅借鉴了德国大学的模式,而且对之进行本土化改造,融合英式学院于一体,形成了美国独特的办学模式。日本和俄国也都曾大规模派遣留学生到欧洲大陆,特别是德国的著名大学留学,回国之后的这批留学生的成就,也大大推动了这两个国家的大学体制乃至社会的发展。

二

早在 1919 年,胡适在《新思潮的意义》一文中,就明确地提出了新思潮和新文化的纲领,亦即"研究问题""输入学理""整理国故""再造文明"。[③] 在四大步骤中,"输入学理"便是要引进异域(当时主要指西方)的文化和哲学理论,目的是在与其他文化的交融中创造出经过改造的中国文明,亦即在传统的基础上走向未来。按照胡适当时的理解,输入学理的重要性,在于在认识和接受一些普世理论的同时,反省、更新自己的文化,为的是重新确定中国文化作为主体身份的价值和位置。今天来看,"输入学理"的深层含义还在于认同和接受普世性的价值观念,胡适并不认为这种认同意味着为西方所同化,而是本土文化的"再生"——在自我与他者的对话中,逐渐恢复自身传统的价值体系,使之适应于世界当今和未来的发展。实际上胡适的纲领除了起到构建起中国文化的新体系作用,也为解决文化出路问题提供了中国的基本经验。

从根本上来讲,全球史所强调的是全球范围内的互动。《全球史与中国》所涉及的内容,实际上是对大航海以来中国人与不同地域、民族、文化的人群在政治、经济、文化等领域所形成的互动情况的考察。除了通史性、区域性全球史与中国的研究成就,本刊收录的文章也包括世界与中国的专题性研究,包括贸易史、移民史、传教史、语言交流史、知识迁移史、科技史、疾病史、概念史、翻译史、留学史等内容。之所以有这些专题,是与法国年鉴学派所倡导的"问题史学"相关的,年鉴学派强调"分析""提问"对史学研究的重要性。刘新成列出了西方全球史学者所表达的互动模式的八种形式:1.阐述不同人群

---

① 章清:《1920 年代:思想界的分裂与中国社会的重组——对〈新青年〉同人"后五四时期"思想分化的追踪》,见《近代史研究》2004 年第 6 期,第 122~160 页。

② Cf. John S. Brubacher and Willis Rudy, *Higher Education in Transition. A History of American College and Universities, 1636-1976*. Piscataway: Transaction Publishers, 1997, p.175.

③ 胡适:《新思潮的意义》,见《学问与人生》,北京:外语教学与研究出版社,2011 年,第 86~93 页。

"相遇"之后,文化影响的相互性和双向性;2.描述人类历史上曾经存在的各种类型的"交往网络"或"共生圈";3.论述产生于某个地区的发明创造如何在世界范围内引起连锁反应;4.探讨"小地方"与"大世界"的关系;5."地方史全球化";6.全球范围的专题比较研究;7.生态史、环境史研究;8.探讨互动规律与归宿。[①] 上述专题都可以归纳到刘新成所列的互动模式之中。美国历史学家本特利(Jerry Bentley,1949—2012)就认为世界史(全球史)所考察的是"超越了民族、政治、地理或者文化等界限的历史进程。这些历史进程已对跨地区、大洲、半球甚至全球范围内的各种事物都产生了影响,其中包括气候变迁、物种迁移、传染病蔓延、大规模移民、技术传播、帝国扩张的军事活动、跨文化贸易、各种思想观念的传播以及各种宗教信仰和文化传统的延展"[②]。正是通过全球史与中国的研究,才能看到今天的中华文明是与不同文化交流的结果,并揭示出中国文化的世界性意义。

我们坚持翻译文章和用汉语写作的论文并重的原则。梁启超(1873—1929)曾认为:"今日中国欲为自强,第一策,当以译书为第一义矣。"[③]当时有人认为可以用译书来拯救中国。比梁任公早三个世纪的徐光启(1562—1633)就提出了"欲求超胜,必须会通,会通之前,先须翻译"的主张[④]。徐光启的目的也是为了"超胜"。我们认为,全球化的今天,中国早成了世界的一分子,而从世界学术界汲取营养,与各国学术界进行交流的活动,永远也不会终结。在强调去中心化和互动的今天,冷战时期诸如"谁取代谁,谁消灭谁"的用语,今天已经不复存在了。翻译也成为我们的常规工作之一。

以往的历史研究往往注重宏大叙事(宏观),将范围限定在政治和军事方面,而缺乏对实际发生事件的理论解释,进而将历史简单化、贫乏化。实际上,社会学、人类学、经济学、政治学、地理学、生态学等学科的介入可以很好地解决中观和微观的层面。新的学术方法的引入也会重视"过程—事件"的动态研究,从而更好地在具体研究和全球视野的结合中来考察历史。《全球史与中国》中所收录的中外研究成就,往往是运用上述方法论在不同专题性研究领域的个案,力求给读者呈现出活生生的动态过程。此外,并不存在所谓单纯的事件史,历史学家必须在不同的时段中对错综复杂的事件作深层次的、结构性的分析。文化和科技方面的交流,往往是经济交流的附属品。因此,欧洲近代以来的贸易史,是裹挟着传教史、语言交流史、科技史、疾病史等内容一并到了中国的。实际

① 刘新成:《在互动中建构世界历史》,见《光明日报》2009年2月17日。

② 夏继果、本特利主编:《全球史读本》,北京:北京大学出版社,2010年,第45页。

③ 梁启超:《读日本书目志书后》,见《饮冰室合集》第一册之"饮冰室文集之二",北京:中华书局,1989年,第52页。

④ 徐光启:《历书总目表》(1631),见《徐光启集》,王重民辑校,北京:中华书局,1963年,第374页。

上，对全球史与中国各个研究方面的探讨，只有在对不同时空动态过程的具体考察中才能得到具体实现。同时基于全球史构建的中国与世界的关联也是双向的。尽管我们可能从广阔的视野和互动的视角来考察全球史与中国的各个方面，并将研究对象置于广阔的相互关系情境中来理解，但还没有到进行全程性、整体性研究的程度。全景式的宏大叙事只有靠后来学者的努力了。

三

尽管本刊名为《全球史与中国》，但并不意味着所有的研究都只是对中国历史、文化进行的说明和阐发，很多的著作是把中国的事件、学说等作为出发点，来讨论历史、思想等方面的普遍问题。例如美国历史学家、汉学家柯文（Paul Cohen，1934—2007）的名著《历史三调：作为事件、经历和神话的义和团》（*History in Three Keys*：*The Boxers as Event*，*Experience*，*and Myth*.1997）①，实际上，想要处理的是有关在历史研究中个人记忆、集体记忆之间的复杂关系问题。

《全球史与中国》既强调翔实的史料，研究内容的拓展，也重视新的方法和学理的引进。在以往研究中鲜为人知的一手档案资料的运用和整理出版，特别是对藏在海外的史料、文献的系统发掘整理，是非常重要的。而理论方面，在方法论和视角上的创新和突破也是需要的。总之，突破以往的思维定式，运用多元的研究方法，强调去中心化和互动的观念，并努力挖掘出新的史料，是本刊的特点。正因为此，《全球史与中国》才可能会在读者那里产生令人称奇或引发质疑的思考。

2014 年 12 月，北京外国语大学成立全球史研究院，我们当时就提出了要将研究院建成国际学者进行全球史研究的重要平台。在 2011 年新版学科目录中，首次将“历史学”下的“考古学”“中国史”以及“世界史”并列为三个一级学科。也就是说，在国内学科意义上的“世界史”实际上是“外国史”，因此，只有“全球史”才是欧美学科意义上的“世界史”，因为它不仅超越了国别史的视野，更重要的是从互动的角度来理解世界变迁的全球历史。我们清楚地知道，编辑出版《全球史与中国》，是一项长期的系统工程，不可能一蹴而就，同时要求各个学科之间的合作，从而真正打破学科的单一界限和分类。

我们常常说“学术者，天下之公器”，意思是说学术是天下人所共享的财富，不应当以个人的好恶为转移，更不应当据为己有。全球史本来就是一个开放的研究领域，我们

---

① 柯文：《历史三调：作为事件、经历和神话的义和团》（中译修订版），杜继东译，北京：社会科学文献出版社，2014 年。

希望国内外在“全球史与中国”方面做出成就的学者，多多为我们提供优秀研究成就，并不吝赐教。因为除了神，没有谁能够具有全能的视角。

麦克尼尔认为，人类变通性的最终活力在于我们是否有能力去创造新的思想、新的经验和新的制度。但是，当与外来者接触，不同的思想和行为方式由于受到关注而被迫彼此竞争时，同样也是这些创造最为兴盛的时期。[①] 在接触和交流不再成为障碍的今天，我们希望《全球史与中国》真正能够促成中外学术在全球史与中国研究领域的互动。

① 麦克尼尔：《变动中的世界历史形态》，见夏继果、本特利主编《全球史读本》，北京：北京大学出版社，2010 年，第 3~21 页。

全球史与中国

——一种合乎时代的、探究世界发展的路径

[德]腊碧士　罗颖男　译

所有人都以某种方式存属于这个世界,古代哲人对此早已知晓:希罗多德(Herodot,前490/480—前424)在《历史》中描述古希腊、司马迁(前145—前90)在《史记》中描述古代中国时,多少已经带有世界史的意向。在现代历史编纂学中,首先在西方产生了普世史,比如德国的黑格尔(Gottfried Friedrich Wilhelm Hegel,1770—1831)和马克思(Karl Marx,1818—1883),后来还有英国的汤因比(Arnold Toynbee,1889—1975),魏源(1794—1857)和梁启超(1873—1929)则作为东方的代表。第二次世界大战后在美国诞生了世界史,其基本思想在于,在开始进行历史描述时必须存在不同的人类自然物质基础:麦克尼尔(William McNeill,1917—2016)和戴蒙(Jared Diamond,1937—)对此提供了令人印象深刻的范例。然而,20世纪60年代的中国还处于普世史书写的背风面。这一情况随着中国几十年来经济和文化实力的增强而发生转变。特别值得注意的是新的全球史的历史学路径。正如奥斯特哈默(Jürgen Osterhammel,1952—)在其举世瞩目的著作《世界的演变:19世纪史》(*Die Verwandlung der Welt.Eine Geschichte des 19.Jahrhunderts*.2009)中所强调的,全球史是一种全世界体系内部的互动史。全球史研究的是现代的相互纠缠的历史(entangled history)。为了胜任这一任务,全球史研究关注的不是整个世界,而是特定的区域、时代或对象。同时,全球史也希望能取代20世纪80年代之前占主导地位的"西方视角下的世界史"的叙述模式,即历史活动者和历史进程相互联系在一起,活动者和区域之间的互动占据决定性的位置。

一个合乎时代的全球史的基本特征内部包含一些特殊的设计和路径。最重要的在于,正如18世纪法国启蒙运动中所发现的,全球世界的基础早在公元前800至公元前400年便已开始形成。雅斯贝尔斯(Karl Jaspers,1883—1969)在其著作《论历史的起源与目标》(*Vom Ursprung und Ziel der Geschichte*.1949)中将他的这一观察改造成当今著名

的“轴心时代”(Achsenzeit)概念(李雪涛中文译本《论历史的起源与目标》,华东师范大学出版社,2017)。艾森斯塔特(Samuel Eisenstadt,1923—2010)则从轴心时代的原理返回到马克斯·韦伯(Max Weber,1864—1920),发展出“多元现代性”的历史—社会学路径:在通向现代性的过程中,每种文化都有自身的发展道路、自身的发展速度,并以自身的文化条件和目标为基础。布罗代尔(Fernand Braudel,1902—1985)——法国年鉴学派的重要学者之一,最终为普世史和全球史研究路径的全面性思考确定了不同的时间层面。

· 轴心时代的原理,
· “多元现代性”的概念,以及
· 不同时间层面的联合,

由

· 关于一种文化轴向基础的
· 地理—生物学基础
· 和长期的历史—文化影响
· 新近的各种历史背景

构成:在这一概念性和时代性的基础上,全球史的分析可以扩展至其历史的深层范围。

在全球史的理论、方法基础和研究路径方面,中国扮演着一个无与伦比的角色。中国是唯一一个从古代至现代未曾中断的并保存至今的高度文明的国家。正因如此,才产生了由许多哲人——从莱布尼茨(Gottfried Wilhelm Leibniz,1646—1716)到雅斯贝尔斯、海德格尔(Martin Heidegger,1889—1976)和福柯(Michel Foucault,1926—1984)——强调并钦佩作为“异托邦”(Heterotopie)的“他者”(Otherness)的中国文化:中国是唯一一个在发展过程中保持独立且不依赖于西方文明的高度文明的国家。这建立在中国独一无二的地理—生物学前提之上,建立在其轴心时代的特征之上,建立在其历史上长期存在、至今依然发挥影响的社会要求之上。通过东西方的比较,中国和欧洲为我们呈现出一个研究领域,在对其历史差异的分析中隐藏着在不经意的过程中学会更好地理解全球世界的可能性:这是全球史研究的真正使命——关乎人类的过去、现在和未来的共同命运。

北京外国语大学及其全球史研究院具备践行这一使命的独特条件。北外在世界语言的知识和教学方面具备国内顶尖、国际知名的高水平,不仅为学习语言,而且为通过翻译重要文本进而分析和理解各种文明,奠定了必不可少的基础。在实际操作中,还涉及组建一个包含中国/东亚和欧洲/西方学生、教授和学者的工作团队,能够将在极短时间内阐明的历史编纂学种类、具体课题的不同概念和方法论路径推向一个清晰的工作进程。比如,其中的一个具体课题是知识和技术的跨欧亚的迁移,这样的研究只有通过中期或长期规模的亚欧研究小组的共同努力才能实现。这便是北外及其全球史研究院通过与东方及西方伙伴的合作所能开辟的途径。

衷心祝愿北外全球史研究院的创始院长——李雪涛教授,一切顺利,并取得成就!

[腊碧士(Alfons Labisch),医学博士、哲学博士、社会学硕士、法学硕士,德国杜塞尔多夫大学医学史荣休教授,德国国家科学研究院 Leopoldina 研究中心(德国,哈勒)主任]

[罗颖男,北京信息科技大学外国语学院]

论文

德语地区中国历史研究的起源①

[德]裴古安 韦 凌 译

摘要：启蒙运动期间，史学研究的目的在于扩展对于人类经验的认知。16 到 18 世纪之间，耶稣会传教士将中国传统史学介绍到欧洲，发现它与欧洲文化对于历史功用的理解异曲同工。总的来说，它陈述一些政府的案例，并对其统治的优劣加以评论。在试图使史学成为一个学术学科的过程中，欧洲尤其是德国史学家所面临的主要困难是评价来自异域的、关于一个古老文明的、远在《圣经》叙事的历史阶段之前的史料。至 18 世纪末，德国史学家对于中国史学一度高涨的热情日渐消退，而将其注意力集中于本国迅速发展的历史现实。对于历史学者而言，致力于鉴定一个"停滞不前"的民族似乎无法为在学界的成功奠定基础。一个多世纪以来，德国学术界对于中国研究作为一门学术学科一直怀着漠视的态度。直至 20 世纪初，中国在国际政治生活中重新成为令人关注的焦点，它才重又引起学者的兴趣。

关键词：中国学 汉学 启蒙运动 历史主义 科学史 历史学 世界史编纂

从欧洲第一次认识东亚到 20 世纪亚洲研究广泛地成为大学中的特殊学科，科学历史的发展与关于这些异国文化的知识的积累并无多少类似或平行之处。在德语区的范围内，对于评价有关东亚的知识来说，它们的作用具有决定性的意义，即这些知识是否能够嵌入德语区相关的思想框架。观察中国研究的发展，不难看出，对于东亚在思想和体制方面的认知兴趣取决于传教的或经济的、政治的、文化的以及学术方面的目标。其结果是，关于中国的知识在不同的话语层面上得以体现。而德语区范围内对于有关中国的信息和中国形象的领会应该被看作欧洲文化史进程的一个部分。下面，本文将依历史顺序简要介绍有关中国的描述及其作者，重点在于有关中国历史的全貌的评论及其含蓄或

① 题目原文：„Zur Chinarezeption in der europäischen Aufklärungshistoriographie“，见：《波鸿亚洲研究年鉴》(*Bochumer Bochumer Jahrbuch zur Ostasienforschung zur Ostasienforschung*)，第 10 卷，1987：59-323 页。

明确的比较视角。

早期形态——早期汉学

早在 15 世纪时,马可·波罗(Marco Polo,1254—约 1324)《游记》的德译本第一次给德国读者留下了关于中国的深刻印象[①]。书中描写中国形象的字里行间浸透了作者对于高度的中华文明的极度称颂[②]。除宗教方面外,中国文化与欧洲文化同样发达,甚至可能比欧洲文化更为发达的假设,也得到 17 至 20 世纪中国形象最具影响的传播者——旅居中国的耶稣会传教士的证实。然而,对于儒家思想引领下理所当然的中央集权传统帝制,他们则在很大程度上放弃了批评的态度。尽管利马窦(Matteo Ricci,1552—1610)并未能够进入中国的宫廷,但他将中国的部分哲学思想传播到欧洲。在他眼中,这种哲学思想是这一管理有序的帝国的思想基石。直到他的继任科隆人汤若望(Johann Adam Schall von Bell,1591/2—1666)才最终凭借他先进的天文知识和军事技术成功地进入了中国宫廷。利马窦的《中国札记》(*Historia von Einführung der Christlichen Religion, in dasz grosse Königreich China*)的德译本于 1617 年出版[③]。书中有关中国历史的内容寥寥数语,仅占全书的 2.4%[④]。

受教皇格列高利十三世的委托,奥古斯丁会教士胡安·冈萨雷斯·德门多萨(Juan Gonzalez de Mendoza,1545—1618)完成了第一篇以中国历史为主题的报告。他将欧洲当时所存文献中有关中国历史、国家体制、宗教和风俗习惯的资料编纂成《中华帝国奇物罕习史》(*Geschichte der höchest bemerkenswerten Dingen und Sitten im chinesischen Königreich*)。书中还列出了中国帝王朝代年表,年表始于据他认为公元前三千多年统治中国的传奇皇帝尧。该书出版四年后,德译本便于 1589 年问世刊行[⑤],并成为欧洲启蒙运动中知识分子的畅销书,为中国热的兴起奠定了基础[⑥]。欧洲读者的兴趣中心首先集中在中国的文明成就方面,这使他们感到在世界的另一端还存在着"第二个欧洲"。在

---

① Marco Polo, *Il Milione. Die Wunder der Welt*. Übers. v. Elise Guignard, Zürich: Manesse, 1983.

② Reinhold Jandesek, *Das fremde China: Berichte europäischer Reisender des späten Mittelalters und der frühen Neuzeit*, Pfaffenweiler: Centaurus, 1992, S.31–45.

③ Matteo Ricci, *Historia von Einführung der Christlichen Religion, in dasz grosse Königreich China*... Köln: Hierat, 1617.

④ Reinhold Jandesek, *Das fremde China: Berichte europäischer Reisender des späten Mittelalters und der frühen Neuzeit*, S.288.

⑤ Juan Gonzales de Mendoza, *Die 'Geschichte der höchst bemerkenswerten Dinge und Sitten im chinesischen Königreich' des Juan Gonzales de Mendoza. Ein Beitrag zur Kulturgeschichte des ming-zeitlichen China*, hrsg. v. Margareta Griessler, Sigmaringen: Thorbecke, 1992.

⑥ 见 Grießler 在 de Mendoza 最新译本中的前言:de Mendoza, 1992。

耶稣会教士报告的基础上很快便出现了"第二手材料"。这一时期,德语世界出现了戈特利布·施皮茨勒(Gottlieb Spitzel,1639—1691)的《中国文献评论》(*De re litteraria Sinensium commentaries*,1660,原题为拉丁文——译者注)[①], 以及全才学者阿森纳修斯·基舍尔(Athanasius Kircher,1602—1680)的著作,尤其是他1667年出版的《中国画刊》(*China* [...] *illustrata*)[②]。这些著述引起启蒙运动时期学者们对于人类文明的基础以及人类文明所应追求的政治及社会关系的思考。尤其是从莱布尼茨(Gottfried Wilhelm Leibniz,1646—1716)的著述中便可看出,中国被看作是一个与欧洲同样高度发达的文明国度。中国文化成为欧洲衡量其文化发展进程的比较对象以及自身文化可能发展前景的投射面。此外,中国文化高度发展的成就成为欧洲人关于人类文明发展普遍性、全球性的最为有力的鉴证。特别是对于莱布尼茨来说,这一观察是非常具体的。他与耶稣会传教士取得联系,并寄去详尽的调查表,甚至还通过设在圣彼得堡的科学院竭力争取来自中国的"文化使者"[③]。他参与寻求一种普世通用的语言,并对安德烈亚斯·米勒(Andreas Müller,1630? —1694)通过一种"打开汉语神秘大门的钥匙"("*Clavis Sinica*",原题为拉丁文——译者注)来寻找汉字的语言系统寄予极大的希望[④]。

中国文化的传播者和它的欧洲接受者所面临的主要问题在于,接受一部与中国国家历史编纂不可分割的、年代久远而漫长的中华帝国编年史。

卫匡国(Martino Martini,1614—1661)精心研析了《书经》、汉代史学家司马迁(约公元前145—前86)、宋代学者司马光(1018—1086)以及新儒家学者朱熹(1130—1200)的著述所及的原始材料,于1658年在慕尼黑出版了第一部有关中国历史的论著《中国上古史》(*Sinicae Historiae Decas Prima*)[⑤]。其中大部分的短篇描述都选自《资治通鉴纲目》[⑥],其历史分期则是保留了中国传统历史编纂学根据朝代分期以及以60年为一甲子的纪年方式。在本书的结尾,他特别提到中国的汉代初年及它与耶稣诞生在时间上的联系。书中作者继承了中文原著中极度浓厚的道德信念的特点,并在极高的层面上尊崇当时中国历史编纂学的宗旨,而对于神话时代的史前三皇五帝只字不提。同时,中国帝王的编年

① Gottlieb Spitzel, *De re litteraria Sinensium commentarius*, Leiden: Peter Hack, 1660.

② Hartmut Walravens, Hg., *China illustrata. Das europäische Chinaverständnis im Spiegel des 16. bis 18. Jahrhunderts*, Wolfenbüttel: Acta Humanoria VCH, 1987.

③ Margarete Kühn, „Leibniz und China", in: *China und Europa. Chinaverständnis und Chinamode im 17. und 18. Jahrhundert*. Ausstellungskatalog Schloß Charlottenburg, Berlin, 1973, S.30-36.

④ David E. Mungello, *Curious Land: Jesuit Accomodation and the Origins of Sinology*. Stuttgart: Steiner, 1985 (Studia Leibnitiana, Supplementa 25), S.174ff.

⑤ Martino Martini, *Sinicae Historiae decas prima. Res a gentis origine ad Christum natum in extrema Asia, sive Magno Sinarum Imperio gestas complexa*, Monachii, Amsterdam: Blaeu, 1658.

⑥ Knut Lundbæk, „First European Translations of Chinese Historical and Philosophical Works", in: Thomas H.C. Lee, ed., *China and Europe: Images and Influences in Sixteenth to Eighteenth Centuries*, Hong Kong: Chinese University Press, 1991, p.31.

史则为读者提供了极为翔实的材料。尽管作者对于这段历史缄口不提,人们还是能够想象在大洪水之前中国文明已高度发达,并且已经经历了八代皇帝的统治。中国历史文献的基本用意并非在于对于中国历史变迁过程的理解,而在于描述(在儒家思想指导下)正确的或是错误的国家行为。这一出发点与欧洲启蒙运动时期历史编纂学的功能如出一辙。欧洲史学同样也是通过对于过去时代中正确或是错误的行为范例而为现时的读者提供参照系。

卫匡国非常清楚地意识到中华帝国编年史的年代计算法为欧洲传统定式的历史编纂所带来的困难[①]。他试图将《通俗圣经》(*Vulgata*)中的时间计算与中国历史记载对应起来[②],比如他试图将中国史书中描写的大洪水与《圣经》中的大洪水相对应。据他的计算,编年史中所提到的中国开国皇帝伏羲开始执政的时间定在公元前2952年[③]。根据中文史料的记载,伏羲统治的国土位于中国西部地区,卫匡国便试图将他与《圣经》中大洪水的幸存者联系起来[④]。但根据当时已经无可争议的《圣经》记载计算,大洪水发生的时间则应定位在6个世纪之后。据《通俗拉丁文本圣经》记载,世界的创造应追溯到公元前4004年,而大洪水则发生在公元前2349年。在中国和欧洲历史神话的时间对应方面,如果根据《七十子希腊文本圣经》(*Septuaginta*,原题为拉丁文——译者注)进行计算的话[⑤],困难则相对少一些。这一版本中所记载的创世故事发生在公元前5200年,而大洪水则发生于公元前2957年,这便与中国史料的记载大致相符。为此,在中国传教的耶稣会传教士得到教皇的批准,以《七十子希腊文本圣经》作为时间计算的底本,进行研究工作[⑥]。这一做法具有不可低估的时代意义:宗教信仰的基础以及传统欧洲起源的定论本身被当成可供任意改动的东西。除基舍尔和米勒以外,德语区内参与这一学者讨论的还有克里斯蒂安·孟采尔(Christian Mentzel,1622—1701)。孟采尔是勃兰登堡费德里希·威廉姆大公(Friedrich Wilhelm,1620—1688)的宫廷医生,他的研究得到了大公的支持。孟采尔60岁才开始致力于中国历史的研究,他的研究以一部中国课本(《小儿学》或《小儿论》)和法国传教士柏应理(Philippe Couplet,1622—1693)所著的编年史为中心。

① Edwin J.van Kley,"Chinese History in Seventeenth-Century European Reports.A Prospectus," in:*Colloque international de Sinologie* (Chantilly 1980):Appréciation par l' Europe de la tradition chinoise a partir du XVIIe siècle,Paris:Les Belles Lettres Cathasia,1983,p.195ff.

② 《通俗圣经》(*Vulgata*)即天主教教会中通用的、由哲罗姆(Hieronymus)翻译的《通俗拉丁文本圣经》译本。

③ Jacques Gernet,*Christus kam bis nach China*,Zürich,München:Artemis,1984,S.94.

④ 关于"迁徙假设",请参看 Adalbert Klempt,*Die Säkularisierung der universalhistorischen Auffassung*,Göttingen,Berlin,Frankfurt a.M.:Musterschmidt,1960,S.108ff.

⑤ 即《旧约圣经》部分古希腊语译文汇编。

⑥ David E.Mungello,*Curious Land:Jesuit Accomodation and the Origins of Sinology*,p.102ff.

柏应理也是一位欧洲早期具有深远影响的汉学家①。孟采尔根据《七十子希腊文本圣经》进行推算，认为可以确认《旧约圣经》的时间记载与中国传统历史记载的相互吻合之处。他认为伏羲只是一位传说中的帝王，而黄帝才是中国历史上第一位皇帝，他的统治开始于公元前2697年②。

1644年明清之交的皇朝更替导致了中国史学中历史事件记载的增加，同时也更加深了欧洲对中国的兴趣③。尽管耶稣会的传教士们大量的出版物为欧洲提供了有关中国的信息④，但卫匡国的史学著作直到1735年才被耶稣会教士琼-巴浦蒂斯特·杜赫德(Jean-Baptiste Du Halde，1674—1743)长达4卷的《中华帝国与伟大的鞑靼人之详述》(*Ausführliche Beschreibung des chinesischen Reiches und der großen Tartarey*)所取代。在长达200多页的篇幅中，作者详尽地论述了中国历史⑤。此书是中国耶稣会传教士认识中国的集大成之作，其影响一直延续至20世纪⑥。书中依朝代顺序叙述中国历史以及历代皇帝治下的重要历史事件。在此，与古希腊和古罗马的历史记载相比年代更为久远的中国编年史被赋予极高的可信度⑦。作者不顾一切后果，竟将中国人看作是诺亚的后裔，在大洪水发生200年后来到亚洲⑧。本书的叙述截止到1732年，是当时最为详尽的，并且一直延续到当代的第一部中国历史。杜赫德采用中国史书的叙事方式，就此使得欧洲业已形成的中国形象得以巩固，同时也继承了中国政府官方历史编纂中的理想化描述及文体特征。⑨ 其本人的判断力则充分地表现在对于清代皇帝康熙(1661—1722年执政)、

① Ibid.，p.15.另见 John Lust，*Western Books on China Published up to 1850.In the Library of the School of oriental and african Studies*，*University of London.A descriptive Catalogue*，London：Bamboo，1987，p.102.

② Christian Mentzel，*Kurtze chinesische Chronologia oder Zeit-Register*，*aller Chinesischen Kayser*，*von ihrem also vermeinten Anfang der Welt bis hierher zu unsren Zeiten…*，Berlin：Buchhandlung Johann Michael Rüdiger，1696.另请参看 Harald Bräuner，„Europäische Chinakenntnis und Berliner Chinastudien im 17.und 18.Jahrhundert"，in：Kuo Heng-yü，Hg.，*Berlin und China. Dreihundert Jahre wechselvolle Beziehungen.Textband zur Ausstellung' Berlin und China'*，Berlin：Colloquium，1987，S.16-19.

③ Edwin J.van Kley，"News from China；Seventeenth-Century European Notices of the Manchu Conquest"，in：*Journal of Modern History* 45，December 1973，p.561.这时，卫匡国所著关于满人征服中国的著作已经在20年中印刷了22次，并成为当时欧洲最为畅销的书籍之一。见 Martino Martini，*Histori von dem Tartarischen Kriege in welcher erzehlt wird wie die Tartaren zu unserer Zeit in das grosse Reich Sina eingefallen sind…*，Amsterdam：Blaeu，1655.见 C.R.Boxer，„Einige Aspekte der westlichen Geschichtsschreibung über den Fernen Osten，1500-1800"，in：*Saeculum* 8，1957，S.288.

④ 见 Joseph Stöcklein(1728—1762)编《新世界使者》(*Der Neue Welt-Bott*)，Joseph Stöcklein，Hg.，*Der Neue Welt-Bott mit allerhand Nachrichten deren Missionarien soc.Jesu*，Augsburg 1728-1761，40 Bde.Folio。该书收集了德语所著的传教报告。

⑤ 该书的法文原名为 *Description géographique*，*historique*，*chronologique*，*politique et physique de l' Empire de la Chine et de la Tartarie chinoise*，即《中华帝国地理、历史、编年史、政治和自然及中国鞑靼人之详述》，巴黎，1735年。

⑥ 这一点在 Hartmann(1950)的论著中得以证实。

⑦ 见 du Halde，1735，Vol.I，p.260。

⑧ Ibid.，p.259.

⑨ Horst Hartmann，*Die Erweiterung der europäischen Chinakenntnis durch die' Description de la Chine' des Jesuitenpaters du Halde.Ein Beitrag zur Würdigung der Verdienste der Jesuitenmissionare um die kulturelle Erschließung des chinesischen Reiches und die Kulturvermittlung zwischen China und Europa*，Göttingen 1950 (Diss.).

雍正(1722—1735 年执政)个性的评论方面。与今天人们对于康熙皇帝的判断相仿,杜赫德将他描写为一位心胸开放的、宽容的君主,而雍正则由于他对于中国的基督教化的禁令而得到极其负面的评价[①]。中国历史的传播随着耶稣会传教士冯秉正(Joseph-Anne-Marie de Mailla,1669—1748)的《中国通史》(*Histoire générale de la Chine*,1777 至 1785 年出版)的发表达到高潮。这是第一部中国历史的完整译本,主要是上文已提及的《资治通鉴纲目》较为宽泛的意译[②]。另外,冯秉正在前言中对于中国史的编纂学作了简要的介绍,这使他的译文在历史编纂学的语境中的地位更为清晰[③]。

启蒙运动

如果说,莱布尼茨对于中国真诚而深远的兴趣以及他加强中国研究的诉求是有案可查的话,那么,伏尔泰(Voltaire,1694—1778)的做法则主要在于借现有的中国信息作为他批评欧洲现状的论据。他就中华文明及中国历史作出的点评式的评论不仅在启蒙精英人士的圈内深受青睐,而且向根基稳固的欧洲史学界提出挑战,要求加强中国研究。伏尔泰坚决反对以《圣经》作为史学研究的出发点。对于他来说,以《圣经》为参照系的文明发端观念及迁徙假设都是“牵强的推测(conjectures forcées)”[④]。他在《民族习俗与精神论》(Essay sur les mœurs et l' esprit des nations)一文中,以显要的篇幅详细地分析中国[⑤]。文章摆脱了世界史撰写传统遗留下来的以《圣经》拯救史为史学时间考证依据的束缚,并认为将希伯来编年史作为最古老的历史的根据是不可靠的。相反,他认为,中国文明的起源观念和帝王谱系是有说服力并且可信的[⑥]。他指出,中国是“不争之通论”(incontestable dans les choses générales)[⑦]。但是,中国似乎没有任何变革的必要,因为文明在这里已经达到了人们所能够想象的最高程度[⑧]。伏尔泰将中国设计成与欧洲截然相反的形象,在欧洲仍然存在着宗教上的迷信,而中国的高级知识分子则能够以理性的

---

① Colin Mackerras, *Western Images of China*, Oxford, Hongkong, New York: Oxford University Press, 1989, p.93.

② de Mailla, *Histoire générale de la Chine, ou Annales de cet Empire, traduit du Tong-Kien-Kang-Mou*… publiée par M. l' Abbé Grosier, Paris: Clousier & Pierres, 1777-1785, 13 Bde.

③ 参见 Richard Gregg Irwin, “Notes on the Sources of De Mailla‘Histoire générale de la Chine’,” in: *Journal of the Hong Kong Branch of the Royal Asiatic Society* 14, 1974, p.92ff, Boxer(1957)也已提及。

④ François-Marie Arouet de Voltaire, *Essai sur les mœurs et l' esprit des nations et sur les principaux faits de l' histoire depuis Charlemagne jusqu' à Louis XIII.*, bearbeitet von René Pomeau, Paris: Garnier, 1963, 2 Bde, p.200. 德译本于 1760—1762 年出版。

⑤ 同上,第 60 章,第 155、156 和 195 页。

⑥ 同上,“导论”,第 58~60 页。

⑦ 同上,第 1 章,第 205 页。

⑧ 同上,“前言”,第 201 页及其后数页,第 2 卷:910。

和世俗的道德观念去引导统治者[①]。

伏尔泰曾经接受耶稣会学校的教育。面对他针对基督宗教颇具挑战性的批评,以及他对材料——尤其是中国史料的随意解释,启蒙运动后期的德国学者则怀着尖锐的批评态度。18 世纪中叶,随着史学和地理学信息来源的飞速增加,哥廷根大学神学家和史学家们对于信息资料的质量提出了更高的要求[②]。这时,以语文学作为基础的文本分析、处于萌芽状态的比较学的方法以及统计学的方法被付诸使用。许多关于中国的材料来自法语和英语区。针对中国信息的典型做法是,首先对材料进行严谨的审查、补充和评论。由此,在上文所及的杜赫德的《中华帝国与伟大的鞑靼人之详述》前面增加了一个《前言》。这篇《前言》出自当时著名神学家之一的约翰・罗伦茨・冯・摩斯海姆(Johann Lorenz von Mosheim,1694—1755)的手笔。摩斯海姆在《最新中国教会史叙述》(Erzählung der neuesten Chinesischen Kirchengeschichte)一文中,以符合当时时代特点的批评笔触,来面对耶稣会传教士的自我表现。他指出,杜赫德的观点有失偏颇,其著述欠全面[③]。

当时,概括中国历史最具雄心的模式莫过于将其编入普世史或是世界通史。目的在于为正在蓬勃兴起的市民阶层提供尽可能全面的教育机会,以便他们能够通过比较来感知自己所处的社会与政治境遇,从而认识到当前的境遇是可以改变的。同样在这个意义上,德国首先出版了一个范本,那就是源自英文的普世史[④]。当时的神学家,比如西格蒙德・雅格布・鲍姆加登(Siegmund Jacob Baumgarten,1706—1757)以及萨罗蒙・瑟姆勒(Salomon Semler,1725—1791)根据这一著作,用德文撰写了《世界通史》(*Algemeine Welthistorie*)[⑤]。这部 63 卷本的鸿篇巨制是涉及多种历史的通史著作,首次非常详尽地从中国对于世界史的作用的角度,描述中国的历史与中国这个国度,并将其纳入历史学话语中来[⑥]。在这部著作问世的那个年代里,真正在详尽程度上能够超过这部巨制的,只有耶稣会传教士提供的原始资料。在叙述细密的导言当中,在范例详尽的注释和拾遗里面,翻译稿都补充了当时最新的关于历史科学的设想和有关中国的知识。最终,这部译著彻底摆脱了原文版的羁绊,产生了比如《中华帝国内之伟大革命的描述》

① 见 François-Marie Arouet de Voltaire 同书,“前言”:第 203 页,第 2 卷:785。

② 关于 18 世纪中叶以后中国学的传播请参看 Grimm,1969:39 页及其后数页。

③ 本节也曾出版过单行本,Johann Lorenz von Mosheim,*Erzählung der neuesten chinesischen Kirchengeschichte*,Rostock:Johann Christ.Koppe,1748.S.3ff.

④ 有关《普世史》和其后详情,见 Andreas Pigulla,*China in der deutschen Weltgeschichtsschreibung vom 18. bis zum 20. Jahrhundert*,Wiesbaden:Harrassowitz,1996,S.88ff.

⑤ 《世界通史》(1744 年及其后数年出版)。

⑥ 同上,1762 年第 24 编:第 331~638 页;1763 年第 25 编:第 1~151 页。

(Beschreibung der grossen Revolution im chinesischen Reich)这样的专门章节①。这里所描述的内容是1644年明清之交的改朝换代。

17和18世纪时,流行一种比较研究的方法,就是试图把圣经流传中的个别神秘人物或事件和中国传统里面的现象对应起来。这种做法也见诸这部《世界通史》译著。然而,鲍姆加登确信:

……无法从中国历史中找到足够的证据,以推导出它对于世界的理解和拯救世界的设想,能够与希伯来文的《圣经》文本及其时间计算相提并论。②

纵览全书,在无论是渊源、历史分期还是历史本身等方面,读者会对中国人形成一种混乱的、矛盾百出的印象,其主要原因在于当时著者和译者还不具备批判性地使用资料及其来源考证的工具,他们更多地是罗列所有可供使用的有关中国历史的信息。至于什么样的中国历史传统最为可信,则只好由读者自己去判断了。

有关中国历史潮水般的大量信息,充分暴露了研究方法的匮乏与辅助性科学的不足。为此,哥廷根大学历史学教授约翰·克里斯多夫·加特勒(Johann Christoph Gatterer,1727—1799)立志拾遗补阙,撰写了《从创世到今日绝大部分帝国与国家起源的全面世界历史手册》(*Handbuch der Universalhistorie nach ihrem gesamten Umfang von Erschaffung der Welt bis zum Ursprunge der meisten heutigen Reiche und Staaten*)一书(第一卷于1761年、第二卷于1764年出版),其中有345页的篇幅用来描述中国,大致体现了当时欧洲对中国的认知水准,也清晰地表现出越来越具批判性地看待中国历史传统的观点:

那位闻名遐迩的耶稣会教士杜赫德声称:中国人的整部古代历史都是出自同时代的作家的手笔。毫无疑问,这是在夸大其辞。和其他古老民族一样,中国的历史书写同样有着自己的童稚时期,其富于寓言,富于无关宏旨的细节……其中缺乏可信而又有趣的报告,都是中国人最古老历史的特征。③

这里所谓的"同时代的作家"明显意味着加特勒不准备承认中国历史具有偏离人们对于人类历史一般性的理解的特征。在加特勒那里,中国历史始自"充满神奇色彩,不

① 《世界通史》(1763年),第25编;第152~248页。

② 同上,补充卷4(1756年),见第274页上Baumgarten所附加的笔记。

③ Gatterer,1764年,"导言",第4页。

确定的时代”。一直到夏朝(加特勒把“夏”写作“Hia”),他才开始指称年代。据加特勒推论:中国人“应该是大洪水之后最初的几个世纪里形成的最古老民族之一”①。诚如他为推论最古老的中国历史提供的论据所表明的那样,在加特勒看来,过去史料的可信度及其来源的丰富程度是史学观念中至关重要的因素。这一点尤其突出地表现在他关于中国历史分期问题的观点上。这一观点彻底脱离了迄今为止一直为汉学界奉为经典的皇朝断代原则:

以我的愚见:在考察了各方面材料之后,中国全部历史应该大致分为三个时期。第一个时期始自中国帝国的起源时代,至耶稣降生前四世纪为止。这段历史的记载极为贫乏,除去统治者系谱和约略体例,而并无相关事件的详细叙述,所载事件乏善可陈。……第二个时期是耶稣降生前第四世纪和第三世纪。此时,尽管中国历史已经开始变得繁复,但依旧可以看到她还尚未摆脱童年的幼稚。直到第三时期,也就是耶稣降生前第二世纪以降,这之后的中国历史才真正丰沛而意趣盎然起来。②

信息的日益可靠及欧洲与中国的接触,促使加特勒把中国历史纳入他的《手册》之中③。借此,加特勒将中国史纳入他的专著时,在时间维度上严格限制了中国这一异域文化的篇幅。同时,也防止了传统纪年模式在可信度上受到质疑的危险。加特勒特别强调,在描述中国历史特征时,反对使用静态不变的历史概念,所以,只要他拥有相关的信息,在叙述统治者中央朝代之外,他还总会提到在那些统治者以下层面上存在的政治单元:

不能默然无视那些小国王朝的存在。这样的一种[历史]理念……势必会造成一种很恶劣的偏见,误导读者认为中国这个帝国始终是在静止不变的状态下得以延续的。④

对于德国启蒙晚期最富影响力的著述者之一,奥古斯特·路德维希·冯·施略策(August Ludwig von Schlözer,1735—1809)说来,中国内部发生的巨变是令人注目的。他在自己的《世界史》(*WeltGeschichte*)中论述道:

① Gatterer,1764年,“导言”,第4页。

② 同上。

③ 同上,第192页。

④ 同上,第23页。

> 这些小的战争微微地搅扰了中国人的惰性,并赋予到那时为止还失之于粗犷的民族些许文化的润泽。①

尽管施略策认为由兴衰更替形成的中国历史具有发展的能力,但他使用诸如"专制"或是"惰性"这样的概念,便已经开始暗示当时的风尚,那就是:借对中国的种种设想作为一个负面的参照系,用来反思欧洲文化本身,尤其是其中以进步观为代表的发展理念。虽然如此,施略策还是依据启蒙时期非常典型的人类定义,把中国留在了他的世界历史观察的框架之内。

施略策与加特勒的著述为其后许多德语世界史的教科书与手册提供了范本。通过这些渠道,他们的著述在学术和学校范围内,决定性地影响了当时欧洲对中国的接受。然而,加特勒所表现出来的对中国诠释尽可能因时制宜的多样性态度,在他的身后,却日益成为例外。而在施略策那里已经体现出来的中国历史的模式化描写,却泛滥起来,这也间接地反映出德语区学者对于细致入微地研究中国历史日益失去兴趣。

在哥廷根哲学教授克里斯多夫·麦纳斯(Christoph Meiners,1747—1810)的著述中,还体现出对当时西文里有关中国文献的准确知识,但却已经开始转向对于中国的负面评价和接受。麦纳斯是这样一种民族分类的始作俑者之一,即把世界最古老的民族分成一个"高加索种族"和另外一个"蒙古种族"。而"高加索种族"又分为"最为纯粹的"和"北德意志种群"②。他推论说:

> 后者(蒙古种族——译者注)不仅在身体和精神能力上虚弱许多,而且和高加索种族相比,沦落不堪,且道德极度空虚。③

麦纳斯的中国研究兴趣的证据,在于他出版了耶稣会有关中国报道的德语译文的前几卷,并加以严谨的评论④。针对所谓"中国之友"所采取的肯定式诠释方法,他明白地表示反对⑤。中国聚居着诸多"最无价值"的种群之一,其人类学特性和生存环境的气

---

① August Ludwig von Schlözer, *WeltGeschichte in ihren HauptTheilen im Auszug und Zusammenhange*, Göttingen: Vandenhoek, 1785 (Bd.1), S.331.

② 参看 Friedrich Lotter, „Christoph Meiners und die Lehre von der unterschiedlichen Wertigkeit der Menschenrassen", in: Boockmann, Hartmut; Wellenreuther, Hermann (Hg.): *Geschichtswissenschaft in Göttingen. Eine Vorlesungsreihe*, Göttingen: Vandenhoeck und Ruprecht, 1987 (Göttinger Universitätsschriften, Serie A: Schriften, Bd.2), S.49.

③ Meiners(1785),"导言":3。

④ Meiners(1778)。有关东亚的详尽描述,见 Meiners(1795-1796)。

⑤ Meiners(1796),卷2,123 页。

候,决定了他们与欧洲人比较起来,始终无法企及,决定了他们在“半启蒙状态”中接受专制的统治[①]。麦纳斯将中国和中国人当作他自身文化人类学特征的比较参照系。其间,欧洲种族以外的人类,是他的陈述的有机部分。这一部分由于被定位于参照系中不开化的一端,于是,它便轻而易举地成为反衬欧洲优越文明的背景[②]。麦纳斯对中国的接受受到他这种严格分类的限制,尽管他也确证:在由他所划定的不开化文化中,中国应该占据一个名列前茅的位置,唯其如此,他才给中国文化贴上了一个“半启蒙”状态的标签[③]。于是,在这之后所出现的诸多世界史著述中,中国便被日益边缘化了。

19 世纪:历史学家和历史哲学家

在整个 19 世纪的进程中,欧洲由进步思想支撑的史学兴趣越来越局限于对于自身文化的关注。约翰·哥德佛里德·赫德尔(Johann Gottfried Herder,1744—1803)在启蒙主义的多文化史家与日趋欧洲中心主义的历史主义之间占据了一个令人瞩目的承上启下的地位。尽管赫德尔也将中国排斥在人类历史进步过程所关注的视野之外,而他的这一观点则是以中国的地理特征为论据的。在他的《关于人类历史之哲学的思想》(*Ideen zur Philosophie der Geschichte der Menschheit*)一书中,中国是地球上的一个边远民族,被命运排斥在各民族的联系范围之外,被山岭、荒漠和一片几乎没有港湾的大海禁锢起来。[④]

这个最初在中国历史上为中华民族的诞生和历史提供了理想条件的自然空间,其后却成为使得这一民族与外界其他为争夺统治权而争斗的民族相隔绝的屏障,并使其与世界历史的发展进程无甚关联。在赫德尔看来,中国的内部架构决定了那里不可能产生竞争的情形:

> 在那崇山峻岭背后的中国是一个形式单一、对外封闭的帝国;无论那里的种群如何千差万别,所有的省份都遵循一个古老国家制度的原则,彼此间绝无相竞相争的热忱,而仅有谦恭的凛遵屈从。[⑤]

虽然被置于一种特殊的地位,但中国依旧是赫德尔历史思维中的有机组成部分。他

---

① Meiners(1785):9,14 页及下一页,19,24,47,67 页及其后数页,71,89,151 页。

② 同上,“导言”(原文无页号)。

③ 同上:89。

④ Johann Gottfried Herder,*Ideen zur Philosophie der Geschichte der Menschheit*,Hildesheim:Weidmann,1967,vol.14,S.13. 详见 Andreas Pigulla,*China in der deutschen Weltgeschichtsschreibung vom 18.bis zum 20.Jahrhundert*,S.169ff.

⑤ Johann Gottfried Herder,*Ideen zur Philosophie der Geschichte der Menschheit*,vol.14,S.36.

绝然地无视启蒙历史学在吸纳中国历史诸多史料时不得不面对的种种巨大疑问。在他看来,中国早期历史不啻为一片“荒袤的森林”①。

面对梦幻织就的图书馆,面对那些压抑着人类记忆的汗牛充栋,我无意为它增添哪怕仅只一个音节。②

赫德尔使用了令人悚然而又广为后世引用的比喻,将中国拒于世界先进民族的行列之外。据他判断:

这个帝国不啻为一具防腐完善的木乃伊,上面写满了象形文字,彩绸裹就;她体内的血液循环与冬眠着的动物相差无几。③

然而,和他同时代许多人不同的是,赫德尔无意蔑视中国的历史。他的字里行间,透露出对中国文明的怜悯。那个文明仅只缺乏进一步发展进取的“动力”,但欧洲的进步何尝不曾经历过漫长的岁月④。赫德尔使用的时间概念,与费迪南·布罗代尔(Fernand Braudel)提出的“长时段”(longue durée)颇有些异曲同工之处。通过这样的时间概念,赫德尔把中国历史延续的潜力和自身文明经验两相对照⑤:

我们看去生机盎然,也许刚好因为如此,命运会让我们迅速地走完短暂的生命历程。⑥

而中国则恰恰相反,“她代表着一个缓慢……因而久远的生命”⑦。赫德尔认为,中国完全有发展的能力,因为那个民族绝不缺少“科学的诸多能力”⑧。但他并不认为中国的前途在于一个由帝国主义式列强开启的现代化过程:

① Johann Gottfried Herder, *Ideen zur Philosophie der Geschichte der Menschheit*, vol.13, S.413.

② Ibid.

③ Ibid., S.13.

④ Ibid., vol.14, S.37.

⑤ Fernand Braudel, *La méditerranée et le monde méditerranéen à l' époque de Philipp II.*, Paris: Colin, 1966.

⑥ Johann Gottfried Herder, *Ideen zur Philosophie der Geschichte der Menschheit*, vol.4, S.38.

⑦ Ibid., S.37.

⑧ Ibid.

中国人还怎么能够从那些掠夺了他们周围的一切——他们的政治安全感乃至他们的国度——的欧洲人危险的手中,接过那棵树结下的恶果呢?①

赫德尔的理想方案在于中国的分裂。他认为,只有如此,才能在中国同样形成那些推动了欧洲历史进程的各种竞争力量。然而,赫德尔同时认为,中国完全有权经历另一种历史进程,这一异域文化的诸多“异样”并不能被纯粹地看作是在与欧洲文化历程相比较时呈现出的一系列缺陷的总和。②

赫德尔针对本文化未来设想所保持的自我批判的态度遭到了后继无人的命运。而他有关中国文明言之凿凿的描述,却成为后世接受中国的固定内容。其中负面的观点得到了来自使团与商人的旅行报告的证实。从欧洲优越的视角出发,中国成为欧洲军事、政治尤其是经济扩张的对象。③

其后,黑格尔(Georg Wilhelm Friedrich Hegel,1770—1831)以被误认为停滞不前的中国文化为参照系,而发展出从历史哲学的角度分析欧洲发展史的范式。黑格尔在《宗教哲学讲义》(*Vorlesungen über die Philosophie der Religion*)④与1822年版的《世界史哲学讲义》(*Vorlesungen über die Philosophie der Weltgeschichte*)两部论著中,都表述了他对中国的想象。同样,对于黑格尔来说,中国“尚且置身于世界史之外”⑤,因为在中国思维当中,“实体性”(Substantialität)和“主观自由”(subjektive Freiheit)依旧浑然一体,内外无别,精神的和自然的未曾分离。由于没有创造性精神的存在,因而不能摆脱自然力量的束缚,从而引起变化。故此,中国内部还不能开始一个辩证发展的过程:

实体以合乎道德(Sittliches)规范的面目出现,但却并非作为主体的思想成果,而是作为统治者的暴政。⑥

---

① 赫德尔的这些表述和Wiethoff的诠释相左,参见Bodo Wiethoff,„Das Chinabild Johann Gottfried Herders“,in:Lydia Brüll und Ulrich Kemper(Hg),*Asien-Tradition und Fortschritt*,Wiesbaden:Harrassowitz,1971,S.678.赫德尔此处着意的是为欧洲帝国主义开脱的历史哲学。Debon的估价区别更为严谨细密,参见Günther Debon,*China zu Gast in Weimar*,Heidelberg:Guderjahn,1994,S.128ff.这里需要说明:赫德尔在其晚期的《阿德里阿斯特》(*Adrastea*)里,主张对中国文化成就作正面积极的诠释。

② Johann Gottfried Herder,*Ideen zur Philosophie der Geschichte der Menschheit*,vol.14,S.14,vol.16,S.36.

③ 比如Johann Christian Huettner,*J. C. Hüttners Nachricht von der Brittischen Gesandtschaftsreise durch China und einen Theil der Tartarei*,Berlin:Vossische Buchhandlung,1797.有关19世纪德国人撰写的中国游记详见Hans C.Jacobs,*Reisen und Bürgertum.Eine Analyse deutscher Reiseberichte aus China im 19.Jahrhundert.Die Fremde als Spiegel der Heimat*,Berlin:Dr.Köster Verlag,1995。

④ Georg Wilhelm Friedrich Hegel,*Vorlesungen über die Philosophie der Religion*,Frankfurt:Suhrkamp,1969,S.319-331.

⑤ Ibid.,S.13.

⑥ Ibid.

在黑格尔如此规定了中国的“特征”之后,这一文化的所有其他特征便可以得到符合内在逻辑的诠释了[①]。同时,作为自己的资料来源,黑格尔接受了冯秉正的译著中的史料,并未对此采取批判性地审查。这些译文十分适合黑格尔的观点。他认为每个东方民族都有自己的“地产登记册”(Grundbuch,在德语里,地产所有权的记录作为大陆法系里最具有时间连续性,因而也最具有可信程度的法律文书,常常被用来形容可靠文献或可靠说明。这里是指历史记载的可靠性。——译者注)。他认为,中国应获得一个特殊的地位,因为中国历史上溯的时间最为久远:“历史应该由中华帝国开始。”[②]而对中国历史描述却只需提纲挈领,因为在黑格尔看来,中国“和外界关系甚少”,其历史“自身的发展未能有所建树”[③]。在中国问题上,黑格尔的推断是非历史的,因为他“将这个文化的精神定义为静止不前的状态,故此诸多的历史事件也不能使中国有所改变”[④]。对于黑格尔来说,一旦认识到中华帝国及其社会中父权至上的基本构架,一旦认识到在这个社会中“没有内省与自我”的个体,这些认识就足以彻底诠释中国的文明了[⑤]。比较欧洲而言,中国是一个具有诸多缺失的国度。黑格尔的中国观影响至深,它基本建构了卡尔·马克思(Karl Marx,1818—1883)对中国及其历史与发展可能性的各种观点。马克思将中国社会的形态归类于“亚细亚生产方式(asiatische Produktionsweise)”,而这种方式已经无法在内部发生变革,因此需要帝国主义来自外部的推动[⑥]。

19世纪中叶前后,世界史这种史学文类中涉及中国的著述凤毛麟角。而在德语区中的典型情形则是:这类著述并非出自德国史学家的手笔,而是出自奥地利人约翰·巴琵斯特·冯·韦斯(Johann Bapitist von Weiß)的笔下,一位格拉茨(Graz)的政府官员兼教授[⑦]。在1890年出版的《世界史》(*Weltgeschichte*)一书中,韦斯根据当时关于中国最新的二手文献描述中国(22卷中总计168页)。他以编年体的形式描述中国的历史事件,并时常插入详尽的文化史内容(涉及文字、宗教、孔子等)。韦斯的著述证实了这样一个事实:即使不是汉学家的学者也可拥有极为丰富的有关中国历史与文化的史料,而中国

① 即便是汉学家们也未能摆脱黑格尔有关中国著述的诱惑。直到1942年,Merkel还写道:“……黑格尔正确地认识到,中国其实并无历史……”见R.F.Merkel,„Herder und Hegel über China“,in:*Sinica 17*,1942,S.5-26.傅吾康(Wolfgang Franke)要来得谨慎一些:黑格尔的中国历史观是“正确与错误、理解和误解组成的大杂烩”。见Wolfgang Franke,„Hegel und die Geschichte Chinas“,in:*Verfassung und Recht in Übersee 3*(1970)3,S.280.

② Georg Wilhelm Friedrich Hegel,*Vorlesungen über die Philosophie der Weltgeschichte*,*zweite Hälfte*,*Bd.II*:*Die orientalische Welt*.Auf Grund der Handschriften hrsg.v.Georg Lasson,Hamburg:Meiner,1968,S.275.

③ Ibid.,S.283.

④ Wolfgang Franke,„Hegel und die Geschichte Chinas“,S.280.

⑤ Georg Wilhelm Friedrich Hegel,*Vorlesungen über die Philosophie der Weltgeschichte*,S.288.

⑥ 有关“亚细亚生产方式”请比较Timothy Brook,ed.,*The Asiatic Mode of Production in China*,Armonk/NY:Sharpe,1989.

⑦ 然而,他所撰写的《世界史》竟然再版6次,1921—1923年间,Richard v.Kralik又在此基础上,补充了6卷。

成为他著述内容的原因，在于那个民族的独到之处，尤其是她的文学和习俗，以及她众多的人口……还因为她在西方思想引领下令人瞩目的未来[①]。

19世纪中获得最大成功的世界史著作的作者是海德堡历史学教授弗里德里希·克里斯多夫·施罗瑟（Friedrich Christoph Schlosser，1776—1861）。虽然深获读者青睐，但在当时德国史学界的眼里，尽管作者的表现形式与叙述手法都接近当时风行的历史主义，却由于他明显由教育动机引导的启蒙主义历史观，而被认为不合时宜。施罗瑟的《写给德国人民的世界史》（*Weltgeschichte für das deutsche Volk*）一书于1844到1857年间初版，到了1909年，第27次再版，共19卷本，总印数达13万之巨[②]。其中关于中国的论文篇幅不长。施罗瑟主要以耶稣会传教士提供的信息材料为基础，借助他本人与当时法国第一位拥有汉学教职的让-皮耶尔·亚贝-雷慕沙（Jean-Pierre Abel-Remusat，1788—1832）的私交来更新自己关于中国的知识。他以这样的观点开始全文：中国人作为"蒙古人种里教育程度最高的一部分"[③]，在亚洲诸民族中鹤立鸡群。然而，施罗瑟的意旨并非在于将中国定性为具有独立价值的局部特殊历史，而在于"提供一个饱经训练，却未曾经过全面教育的民族的范本"[④]。施罗瑟和麦纳斯与赫德尔一样，都把人类分为"蒙古人种"和"高加索人种"。仅只是后者——印度除外——才发展出"一个不断进步的文化，其间，各民族各领风骚"[⑤]。因此，"高加索人种"是"人类的最佳人种"，且从始至终构成人类之核心，构成一个中心，世界史正是围绕着它展开[⑥]。

中国之所以成为这部世界史的特例，是因为其国家体制的延续[⑦]，因为中国人这个民族为其悠远的起源和绝不低劣的文化备感自豪，但她却在同一个精神发展层面上止步不前[⑧]。

在这里，施罗瑟把关于中国的多种不同诠释的思路结合起来。按照启蒙历史学的认知方式，中国成为人们终身可以借鉴的范例。在本文化中由有限经验造成的、自为能动的时间概念的意识里，异域文化被作为停滞不前的认知对象。作为解释中国特征的模式，施罗瑟使用了一个不能自圆其说的文化概念。一方面，他肯定了中国的"外在文化"，即物质文明方面的成就——如印刷术[⑨]；另一方面他又认为中国人不具备"内在文

---

① Johann Bapt.v.Weiß，*Weltgeschichte*，Graz，Leipzig：Styria，1890，Bd.1，S.165.

② Schlosser：1844及其后数页。

③ Friedrich Christoph Schlosser，*Weltgeschichte für das deutsche Volk*，Bd.1，S.7.

④ 同上，"导言"：15。

⑤ 同上。

⑥ 同上。

⑦ 同上：9。

⑧ 同上：7。

⑨ 同上：12。

化”,缺乏浪漫主义,施罗瑟在此意指“情感”的能力[1]。他将所有与理性成就无关的报告看作是与“情感”能力相关的描述,并断定这正是“中国人”的缺陷:没有想象力,没有对高尚荣誉的意识,没有一般意义上的对祖国的热爱,没有战争之勇敢,没有“真正的”宗教需求[2]。有鉴于此,中国作为欧洲对立的镜像,不能像黑格尔那样,以所谓自由-不自由来构成二元对立,而主要应该使用“理想/美”来对抗单纯“理性/勤奋”这样的畛域划分[3]。这里,施罗瑟有意识地强调了包含变革潜力的各个时段。比如,他认识到宋代(960—1279)初期,“思想具有较大的自由”,与之相应的是对艺术和科学的促进,国家对外开放以接受外来影响。对于施罗瑟来说,这个时段是中国具备某种发展可能性的标志,重新整合与欧洲南辕北辙的发展进程,假如没有中国的保守势力令所有这些革新付诸东流的话,那么中国人民将获得长足的发展,并和已经与之隔绝许多世纪之久的整个人类,恢复彼此间的沟通[4]。

在历史主义成为科学主导范式的形成过程中,历史学者对于史料的要求发生了相应的变化。这时,有关过去的知识必须全部来源于研究者自己研究过的材料。同样,适合史学书写的表述方式也发生了变化:史学的叙述应保持前后相关的逻辑关系。对于历史主义范式发展颇有贡献的应数雷沃伯尔德·冯·兰克(Leopold von Ranke,1795—1886)。他从“通史”学者的视角出发来面对中国历史的学术态度也颇具典型意义。在兰克晚期著作《世界史》(*Weltgeschichte*)一书里,提到中国的,仅仅20处。因为对于兰克而言,有一点是确信无疑的:

总而言之,人类只有一个民族体系中的人民被纳入一般性历史发展进程之中,而其他民族则被拒之门外。[5]

而当兰克把进步观念用于评价亚洲的时候,他的中国观便昭然若揭:

那里孕育生发了文化,世界这一地区的文化经历了很多不同时期。不过,总体上看,这一地区的运动是逆向返古的,因为亚洲文化最古老的时期也是她最灿烂的时期;而在希腊、罗马文化统领的世界文化发展进程的第二和第三个时期中,亚洲已经不那么值得

---

① Friedrich Christoph Schlosser, *Weltgeschichte für das deutsche Volk*, Bd.1, S.7.“导言”:18,22。

② 同上:16。

③ 同上:15,16。

④ 同上:12。

⑤ Leopold von Ranke, *Weltgeschichte*, Leipzig: Duncker und Humblot, 1888, Bd.9, 第2编:S.3.

称道了;随着野蛮人即蒙古人的入侵,亚洲的文明便彻底地终结了。[①]

耐人寻味的是,现在可以证明兰克认为根本没有必要来通彻地了解中国历史。他在这方面的知识来自地理学家卡尔·李特尔(Carl Ritter,1779—1859)。换言之,兰克在研究上落后了 50 年[②]。

19 世纪:中国通与汉学家

黑格尔的评判,即把中国文明和历史排斥在"一般性"文化科学研究领域之外,很具有典型意义。在 19 世纪时,在德语区学界中以中国尤其是中国历史为研究课题,是几乎不可能做出得到认同的学术成就的。虽然"学科专业化"的过程已初露端倪,但缺乏制度化实体的发展过程。举例而言:尤利乌斯·海因里希·克拉普罗特(Julius Heinrich Klaproth,1783—1835)先是在彼得堡,之后是到巴黎从事研究。在巴黎,他于 1826 年出版了《亚洲历史概论——从居鲁士王朝到当代》(*Tableaux historiques de l'Asie, depuis la monarchie de Cyrus jusqu'à nos jours*)一书[③]。他把自己的著述献给亚历山大·冯·洪堡(Alexander von Humboldt,1769—1859)。在洪堡的努力下,克拉普罗特得以在巴黎成为亚洲语言的教授,并因"亚洲协会"能够提供的优越的研究条件而得以继续留驻巴黎[④]。类似克拉普罗特这样的学者,还有威廉·硕特(Wilhelm Schott,1802—1889)以及约翰·海因里希·普拉特(Johann Heinrich Plath,1802—1874)。这些学者以其在辞典学、图书目录学、语文学和历史学领域中的开拓性著述为现代汉学铺平了道路。

启蒙运动后期的哥廷根历史学家们对于伏尔泰任意地择取材料、肤浅地诠释的倾向很是不满,并且他的这些诠释影响深远。19 世纪在德国从事严肃中国研究的少数学者也针砭类似的弊端。针对这种现象,德国的中国传教士,香港事务执行官恩斯特·约

---

① Leopold von Ranke, *Weltgeschichte*, Leipzig: Duncker und Humblot, 1888, Bd.9, 第 2 编: S.3.

② Ernst Schulin, *Die weltgeschichtliche Erfassung des Orients bei Hegel und Ranke*, Göttingen: Vandenhoek und Ruprecht, 1958 (Veröffentlichungen des Max-Planck-Instituts für Geschichte 2), S.175ff, S.202ff.

③ Julius Heinrich Klaproth, *Tableaux historiques de l'Asie, depuis la monarchie de Cyrus jusqu'à nos jours*, Paris: Libraire de Pontieu Royal Galerie de Bois; Stuttgart: Cotta, 1826.

④ Harald Bräuner, „Europäische Chinakenntnis und Berliner Chinastudien im 17.und 18.Jahrhundert", S.25.法国汉学的领导地位,同时体现在由法文译成德文 526 页之巨的有关中国的描述,其作者是 Pierre-Buillaume Pauthier(1801—1837),1839 年出版。1851 年,Edouard Biot(1803—1850)翻译的《周礼》出版。1895 到 1905 年间,Edouard Chavannes(1865—1918)以《司马迁之历史回忆》(*Les mémoires historiques de Se-ma'Ts'ien*)为题,翻译了《史记》的前 47 章。

翰·欧德理(Ernst Johann Eitel,1838—1909)特别提出“业余汉学”的概念[①]。然而,间或也有硕果颇丰的合作项目。比如1837年,柏林的语文学家路德维希·伊德勒(Ludwig Ideler,1809—1842),借助硕特(东亚语言教授)的语言知识,成功地完成了力作《关于中国人的纪年》(*Über die Zeitrechnung der Chinesen*)一书[②]。饶有意趣的是伊德勒的研究方法。他在自己著述中,开宗明义说明:他首先是浏览搜集当时欧洲能够找到的全部有关中国编年纪年这个题目的二手材料,条分缕析地整理归类。他从硕特那里偶然地获得了当时中国新版的《万年书》,其中既有60甲子纪年方法,也提供了截至书成时,即1835年时,中国历代帝王年表,包括纪年和年号。他在中国皇帝编年表之外,补充自己的特别说明,就这样悄然地解决了他前辈学者所面对的一个核心问题:在这里,纪年同样开始于耶稣降生前2597年,但它还带有“一种神秘的特质”[③]。在他看来,真正可靠的纪年起始于耶稣降生前841年,因为从这一年开始,中国史书以外的历史描述也可以佐证类似《书经》里记载过的诸如日食的现象[④]。伊德勒的研究发表在《柏林皇家科学院论文集粹》(*Abhandlungen der Königlichen Akademie der Wissenschaften zu Berlin*)。这似乎是作者偶然涉足中国研究的唯一专著。

傅海博(Herbert Franke)并非毫无缘由地把古典语文学家普拉特称为19世纪中叶“德国汉学界最具科学意义”的人物,尽管后者同样是很晚才通过自学掌握了中国的书面语言[⑤]。“三月革命”(即德意志1848年革命——译者注)前,普拉特因为在哥廷根从事政治活动,入狱12年之久,他的学术生涯因此严重受挫,从未能在大学里教授汉学。但从1860年开始,他成为巴伐利亚科学院的成员,他关于中国的最重要的著述得以在学院《会议文编》(*Sitzungsberichten*)中发表。这里,他所撰写的《中国古代历史纪年基础》(*Chronlogische Grundlage der alten chinesischen Geschichte*,1866)和《4000年前之中国》

① 见《中国观察(1873—1874)》,第1页。O.Franke首次援引见:Otto Franke,*Ostasiatische Neubildungen.Beiträge zum Verständnis der politischen und kulturellen Entwicklungs-Vorgänge im Fernen Osten.Mit einem Anhange*:*Die sinologischen Studien in Deutschland*,Hamburg,1911,S.358.

② Ludwig Ideler,„Über die Zeitrechnung der Chinesen“,in:Abhandlungen der königlichen Akademie der Wissenschaften zu Berlin,1839,S.199-369.

③ Ibid.,S.225.

④ Ibid.,S.315ff.

⑤ Herbert Franke,*Sinologie an deutschen Universitäten*,Wiesbaden:Steiner,1968,S.10.见同一作者1960有关Plath生平著述的详细说明:Herbert Franke,*Zur Biographie von Johann Heinrich Plath*,München:Verlag der bayerischen Akademie der Wissenschaften,1960.

(*China vor 4000 Jahren*,1869)非常值得关注[①]。他的卷帙浩繁的著作《东部亚洲历史;第一编:中国之塔塔尔;第一卷:满洲》(*Geschichte des östlichen Asiens. Erster Theil: Chinesische Tartarey*)依旧是以欧洲文字记录的材料为依据[②],但其后的著述中,普拉特则与伊德勒分道扬镳,注重系统地分析评价中国文字语言材料。普拉特也关注中国研究中以历史为导向的核心问题,即如何厘清上古历史记载的问题。在史前史与古代史的研究领域里,普拉特自然无法借助其后才由考古发现和研究成果所提供的知识[③]。尽管普拉特比冯秉正在处理史料时更据批判性,但他也同样将出自《周礼》《礼记》与《书经》的记载视为史实[④]。这一点也遭到了当时批评家们的非议[⑤],但普拉特明确地否认《书经》是中国的历史学著作,而是作为依照通常纪年所收集的零星古老历史文献的汇编[⑥]。

普拉特的表述带有研究报告的性质:其他作述者不同意见及出自不同史料的陈述,也都予以讨论,并辅之以源自中文材料的长篇译文,而且附有不同译法的文本、中文术语的字母拼读以及众多的注释。囿于《会议文编》一年仅 3 期的出版体例,普拉特在汉学方面的研究成果未能广为传播。普拉特通过他的著述对当时风行的对中国负面的描述予以回击。在他那里,找不到"停滞不前"这样的有成见的措辞。也许正是出于这个原因,所以他的著述在沉寂了几乎半个世纪之后,才由汉学界的孔好古(August Conrady,1864—1925)重新拾起。

明确的证据表明,在中国问题的看法上,普拉特不仅在政治方面,而且在史学学术方面也以进步的思想对抗当时的主流意见,力主将中国历史纳入世界历史的叙述当中去。在上文提及的韦斯的《世界史》中,普拉特慷慨陈词,主张世界史多轴心的叙述,以涵盖中国的区域意义,并体现它"发展的丰厚成果"[⑦]。尽管他和施罗瑟本人保持着联系,但

① Johann Heinrich Plath, „Über die Glaubwürdigkeit der ältesten chinesischen Geschichte“, in: *Sitzungsberichte der Königlichen Akademie der Wissenschaften I*, 4, München, 1866, S.524ff. Johann Heinrich Plath, „China vor 4000 Jahren“, in: *Sitzungsberichte der Königlichen Akademie der Wissenschaften I*, München 1869, S.119-158, S.232-280 und München 1869 Ⅱ, S.49-124.

② Johann Heinrich Plath, *Geschichte des östlichen Asiens. Erster Theil: Chinesische Tartarey. Erste Abtheilung: Mandschurei*, Göttingen: Dieterich, 1830, 2 Bde.

③ Herbert Franke 早在 1953 年就指出:鉴于考古获得的知识,所有早于 1930 年的有关中国古代的表述都已过时。参看 Herbert Franke, *Orientalistik I. Teil: Sinologie*, Bern: Francke, 1953, S.123.

④ Johann Heinrich Plath, „China vor 4000 Jahren“, S.136. 然而,Plath 在材料批判方面的其他建树依旧站得住脚。参看 Herbert Franke, *Zur Biographie von Johann Heinrich Plath*, S.51。

⑤ Plath 为自己进行辩护,参见 Johann Heinrich Plath, Zusatz zu „Über die Glaubwürdigkeit der ältesten chinesischen Geschichte“, in: *Sitzungsberichte der Königlichen Akademie der Wissenschaften I*, München, 1867, S.248ff.

⑥ Johann Heinrich Plath, „Chronologische Grundlage der alten chinesischen Geschichte“, in: *Sitzungsberichte der Königlichen Akademie der Wissenschaften I*, 1, München, 1867, S.27.

⑦ Johann Bapt. v. Weiß, *Weltgeschichte*, Bd.1, S.166.

很明显,他未能对上文同样提到的施罗瑟所著的《世界史》产生任何影响①。

19世纪中叶构架西方的中国观的,主要来自一种“帝国主义汉学”的诸多表述和时事报道。然而,在德国却没有这样一个机构来科学系统地分析处理日益混乱无章的信息流。这导致了中国接受学的这样的基本特征:

> 越来越加强了“将中国停滞的理念恶俗化的倾向,以及实用主义地利用其所造就的中国负面形象”。②

造成中国如此负面形象的,首推新教传教士郭士立(Karl Guetzlaff,1803—1850)的文论。郭士立作为翻译,曾参与鸦片交易,向英国人提供过中国军事实力的决定性情报,并为英国人打开向中国出口鸦片的渠道③。从他的著述里可以看出他对中国态度亲和,而他的价值判断却受到他本人与中国沿海政府当局交往所经历的负面经验的严重影响④。他认为:应将由基督宗教和西方进步科学来定义的幸福带给世界各地的人们,即使违背他们自身或是他们政府的意愿也在所不辞⑤。郭士立也曾撰写过卷帙浩繁的一部《中华帝国历史》(*Geschichte des chinesischen Reiches*),于1836年首先以英文出版,德文版于1847年出版⑥。书中,作者以和《圣经》有出入为理由贬低中国古代史料的意义⑦。尽管如此,所谓“神话时代”(郭士立把这一时代的终止定为在耶稣诞生前约2357年)还是被纳入历史分期里来,并赘以相关的叙述。其后则是自尧至孔子的所谓“不确定历史”。这里,作者摆脱了中国人传统历史观的断代分期。之后,郭士立使用了欧洲传统的历史三分法,即古代、中世纪和现代,但这样的宏观分期方法事实上并没有影响到断代式皇朝历史分期的叙述。郭士立有意不使用注释、引文及材料出处为评断根据,以此来从科学

---

① Plath 曾把自己的早期主要著作《东部亚洲历史》献给 Schlosser。

② Loh-John, Ning-Ning: *The Image of China in the Literature of Wilhelminian Germany*, Pittsburgh: University of Pittsburgh/UMI, 1982 (Diss.).

③ Carl Gützlaff, *Über die Handelsverhältnisse im östlichen Asien*, Berlin, 1850.参见 Ursula Ballin, “Colonial Imperialism and Christian Mission in China.The Cases of the German Missionaries Gützlaff, Anzer and Wilhelm,” in: Kuo/Leutner 1994, pp.193-197 及 Winfried Scharlau, „Der Missionar und Schriftsteller Karl Gützlaff“, in: Winfried Scharlau, Hg., *Gützlaffs Bericht über drei Reisen in den Seeprovinzen Chinas 1831—1833*, Hamburg: Abera, 1997, S.32ff. Scharlau 的著述主要依据 Schlyter 的研究,他认为 Guetzlaff 应当是在1832到1840年间,西方世界里中国信息最重要的传播者之一。

④ Carl Gützlaff, *Gützlaffs Reisen in China*, hrsg.v.Wendt, E.; Vockerode, Th., Leipzig, 1843 (Jahrbuch der Reisen für junge Freunde der Länder-und Völkerkunde).S.200.

⑤ 同上:207 及下一页,参见 Hermann Schlyter, *Der China-Missionar Karl Gützlaff und seine Heimatbasis*, Lund: CWK Gleerup, 1976.

⑥ Gützlaff, 1836,英文原版为两卷本,出版于1834年。由 K.F.Neumann 刊行的修订版出版于1847年,共计912页。

⑦ Carl Gützlaff, *Gützlaff's Geschichte des chinesischen Reiches von den ältesten Zeiten bis auf den Frieden von Nanking*, hrsg. v.Karl Friedrich Neumann, Stuttgart und Tübingen: Cotta, 1847, S.44ff.

角度确保著作的准确性[①]。他的著述应成为大众读物,以引起广大人群对中国的兴趣[②]。这种取向,从根本上否定了采用汉学的角度来分析评价这一著作的可能性[③]。郭士立抱怨说,中文的材料过于局限于政治史,因此他无法编纂一部"实用"的历史(pragmatische Geschichte)[④]。基于启蒙主义历史观指导下的历史意趣,他希望从尽可能多的不同视角来审视并陈述过去。而由于过于贴近中央皇朝史的记载,郭士立"实用"历史的设想未能如愿以偿。只是在每一章的末尾,他才补充一节文字,用以比较中国和西方的历史,说明基督教宗的立场以及总结中国传教的现状。由此,他整部著作的宏旨昭然若揭:中国文化固然可敬可佩,但在时代更替之前,中国已经无法和西方同日而语了。

在这段时间里,西方各个方面无一不在前行,事件层出不穷,而中国此时仅只原地踏步而已。[⑤]

在郭士立看来,只有通过文化的交流——比如和蒙古人的交流——才蕴含着变革[⑥]。在以中国曾经在世界历史上发达而又举足轻重的重要地位为比较背景的语境下,郭士立将他那一时代的最新历史对中国社会生活退化不堪的描写顺理成章地推向高潮[⑦]。而在这位孜孜于参与帝国主义商业利益与传教工作的作者看来,如不接受帝国主义商业和广泛的传教,中国就不会有积极意义上的未来。

未来英国的商人们将获得自由出入中国口岸的权利,这势必在很大程度上有助于排除导致中国众多人口迄今与世隔绝的种种障碍。可以预测:中国人在文明的、信奉基督宗教的世界各民族中间获得令人瞩目地位的那一天并不遥远。[⑧]

---

① Carl Gützlaff, *Gützlaff' s Geschichte des chinesischen Reiches von den ältesten Zeiten bis auf den Frieden von Nanking*, hrsg. v. Karl Friedrich Neumann, Stuttgart und Tübingen: Cotta, 1847, S.13und S.46.

② 同上,第 III 页"编者序言"及第 7 页。

③ 参见 Otto Franke 的批评:Otto Franke, „Die sinologischen Studien und Professor Hirth", in: *T' oung pao 7* (1896), S. 245.

④ Carl Gützlaff, *Gützlaff' s Geschichte des chinesischen Reiches von den ältesten Zeiten bis auf den Frieden von Nanking*, hrsg. v. Karl Friedrich Neumann, Stuttgart und Tübingen: Cotta, 1847, S.61f.

⑤ Ibid., S.86 und S.496.

⑥ Ibid., S.343.

⑦ Ibid., S.606ff.

⑧ Carl Gützlaff, *Geschichte des chinesischen Reiches*, 2 Bde.in einem Buch übers.v.F.Bauer Quedlinburg und Leipzig: Verlag Gottfried Basse, 1836, VI.Carl Gützlaff, *Gützlaff' s Geschichte des chinesischen Reiches von den ältesten Zeiten bis auf den Frieden von Nanking*, hrsg.v.Karl Friedrich Neumann, Stuttgart und Tübingen: Cotta, 1847, S.910.

同样受到其历史时代深刻影响的，还有卡尔·佛里德里希·诺伊曼（Karl Friedrich Neumann，1798—1870）的著作《从第一次中国战争到北京条约的东亚历史》（*Ostasiatische Geschichte vom ersten chinesischen Krieg bis zu den Verträgen in Peking 1840—1860*）[①]。这部著作的新颖之处在于它以关于地域空间的介绍为基础，却并不分别介绍各国历史，而是集中描写东亚内部乃至东亚与帝国列强之间的关系。诺伊曼本人（从1833年到1852年他被解职期间）也是慕尼黑国家与民族学、汉语和阿美尼亚语言的教授，他深信历史叙述，尤其是当代史的叙述，必须适应当时政治发展的需要。他主张从事在他看来是"民主的历史叙述"（demokratische Geschichtsschreibung）[②]。具体地说，除政治事件之外，"还必须叙述商业、工业、世界交通与国家经济"方面的主题[③]。在方法上，作者也脱离了前人的各种老旧的观念：对于他自己参与或至少可以作为见证人的各种事件，他都力图"经过透彻的思考与感受"予以阐发[④]。但在实现他的计划方面，诺伊曼却远远没有如此的创新行动。在按照事件历史脉络安排的叙事中，充满了当时欧洲的各种傲慢与狂妄。这种傲慢与狂妄甚至在一般性陈述相关各国的名称时，便已暴露无遗。在诺伊曼看来，这些名称因为起源于各国统治者，因此不过是"亚洲各种群奴性的表征"[⑤]。他的人类学描述原则上也带有歧视的态度，更多的则是缺乏个性特征的关于人种的陈词滥调：

> 眼睛、嘴和鼻子极小，几乎不能赋予面部表情或是仅只能够传达无关紧要的表情；颧骨高耸，令人倒胃，使得面部只能表达一种态度。雕塑家在正常创作时往往需要千雕万琢，而要勾勒一张中国人的脸，则只需一锤定形。[⑥]

从这样的特征描写中，诺伊曼得出的结论就走得更远了。他由外及里，认为：欧洲人的面部特征是"内在精神优越"的明白写照[⑦]。从这一前提出发来描述帝国主义列强入侵东亚，其叙述的视角不言而喻。虽然作者也承认中国曾拥有"发达的文化"，但这个文化"已经凋零堕落"，以至于当今的国际格局只能是中国的"必然宿命"[⑧]。对于中国面对

---

① Karl Friedrich Neumann, *Ostasiatische Geschichte. Vom ersten chinesischen Krieg bis zu den Verträgen in Peking* (*1840—1860*), Leipzig: Engelmann, 1861. 关于 Neumann，见 Herbert Franke, *Sinologie an deutschen Universitäten*, Wiesbaden: Steiner, 1968, S.9.

② Karl Friedrich Neumann, *Ostasiatische Geschichte. Vom ersten chinesischen Krieg bis zu den Verträgen in Peking* (*1840—1860*), Leipzig: Engelmann, 1861, S.X.

③ Ibid.

④ Ibid.

⑤ Ibid., S.2.

⑥ Ibid., S.3.

⑦ Ibid., S.4.

⑧ Ibid.

丧失主权的抗争,诺伊曼则给予猎奇般的详尽描述,甚至不惜使用早已为当时史学界嗤之以鼻的"直接引语"(wörtliche Rede)叙述方式(因为作者不可能是事件的目击见证者,所以直接引语肯定是杜撰——译者注)①。为了解释中国频频爆发的暴力事件,他认为,这种事件往往"见诸还处于孩提时代的诸民族,这些民族还没有成熟到具备自由意识的程度"②。令人立刻联想起黑格尔的民族分类,竟然见诸一个具备充分有关中国的知识,具有充分语言能力,并能够胜任翻译工作的中国通的笔端③。

对于德国说来,有关中国所有的问题最具权威的专家是地质学与地理学家斐迪南·冯·李希霍芬(Ferdinand von Richthofen,1833—1905),他先后八次到中国从事研究。而至于他在中国语言方面的知识到底达到何等程度,则引起不少争议,并最终葬送了佛里德里希·西尔特(Friedrich Hirth,1845—1927)的科学家生涯④。由于李希霍芬是为德国东亚政策提供专业知识的唯一专家,所以德国政府方面认为,显然没有必要在德国拓展中国学的学术研究⑤。李希霍芬提供了精确的地理描述与地图,成功地超越到那时已知的知识水平,描绘了中国的广袤、多样的地域结构。和郭士立与诺伊曼一样,李希霍芬同样是在接受了自己本身文明在文化和历史上如何业绩辉煌的知识背景上,来感知中国帝国的衰败的⑥。"衰败的命运在劫难逃。"这样的描写既与过去与当时有关中国的各种描写相符,同时又为欧洲列强暴力入侵并殖民中国开脱罪责。最迟到这时,传播知识的人们的最主要着眼点,已不复只是关注文化、历史或是宗教的传播,而是专门从事调查了解一切有关中华帝国的贸易机会、行政的构架或是军事实力的所谓"实用信息"。

从这种角度对于中国产生的兴趣而带来的结果,莫过于普鲁士于1859年到1860年进行的首次东亚探险。当时主导探险科学工作的,正是李希霍芬。这次探险的结果是与中国缔结诸多不平等条约之一的《天津条约》(1861年8月12日)。当时参与缔约的还

---

① Karl Friedrich Neumann, *Ostasiatische Geschichte. Vom ersten chinesischen Krieg bis zu den Verträgen in Peking (1840—1860)*, Leipzig: Engelmann, 1861, S.425.

② Ibid., S.423.

③ 诺伊曼对于德国中国科学的意义在于他充实了慕尼黑与柏林的图书馆,他提供了6000册系统采购的中国书籍。详见 Herbert Franke, *Sinologie an deutschen Universitäten*, Wiesbaden: Steiner, 1968, S.9.

④ 见 Otto Franke, *Ostasiatische Neubildungen. Beiträge zum Verständnis der politischen und kulturellen Entwicklungs-Vorgänge im Fernen Osten. Mit einem Anhange: Die sinologischen Studien in Deutschland*, Hamburg, 1911. S.364 及 365 页。参见 Hirth 就 Richthofen 明显严重的翻译错误所做的许多评论注释。参见 Friedrich Hirth, *China and the Roman Orient: Researches into their ancient and medieval Relations as represented by old Chinese Records*, Leipzig, München: Georg Hirth; Shanghai, Hongkong: Kelly &Walsh, 1885, S.28f. Friedrich Hirth, 1896, S.402ff.

⑤ Jörg-Meinhard Rudolph, „Moderne Chinaforschung in Deutschland", in: *Das neue China* (1988) 1, S.37.

⑥ Richthofen, 1898, Osterhammel 把 Richthofen 的视角归在所谓"中层话语"(mittlere Diskursebene)上,即介乎"中国狂热"(Sinophilie)与"中国恐慌"(Sinophobie)之间。见 Jürgen Osterhammel, „Forschungsreise und Kolonialprogramm. Ferdinand von Richthofen und die Erschließung Chinas im 19. Jahrhundert", in: *Archiv für Kulturgeschichte* 69 (1987) 1, S.4.

有其他帝国主义列强[①]。1871 年，随着德意志帝国的成立，德国对中国的贸易利益带有更加强烈的霸权色彩。在这种背景下，1887 年，柏林大学为此成立东方语言系。在 1897 年到 1914 年之间，德国租借青岛，借此实现了争得"阳光下的一席之地"[语出在 1900 至 1909 年任帝国总理的伯恩哈德·冯·比洛(Bernhard von Bülow)。——译者注]的帝国野心[②]。

展　望

欧洲产生重新认识东亚的需要，是和东亚一个国家首次在军事上战胜了某一个帝国主义强国紧密相关的。1904—1905 年的日俄战争，使得日本作为世界政治舞台上不可小视的势力进入西方人的视野。最迟到 1911 年，所谓"亘古不变"的成见也无法再加在中国的头上。中华帝国终结之后，欧洲人的眼中，中国是一个"觉醒中的巨人(erwachenden Koloß)"[③]。此时，欧洲在文化、技术和军事上的自我优越感，一时尚未受到冲击[④]，愈加注重语文学的学院汉学与日常事件日益脱节[⑤]。一位名叫奥托·福兰阁的德国汉学家(Otto Franke，1863—1946)早在 1896 年就警告说：

> ……撰写一部中国的历史，在今天还完全为时过早。[⑥]

其中原因自然不在于福兰阁认为这是一件多余的事情，而是因为当时，无法满足汉学研究需要的著述已汗牛充栋，而真正核心的准备性研究尚待开始。在 20 世纪早期的德国，在史学材料文献方面立足坚实，并在史料上以中国材料为准的中国历史，最终还是

① 参见探险参与者报告：Anton Berg，*Die Preussische Expedition nach Ost-Asien nach amtlichen Quellen*，7 Bde.，Berlin：Decker，1864。

② Udo Ratenhof，*Die Chinapolitik des Deutschen Reiches 1871 bis 1945：Wirtschaft，Rüstung，Militär*，Boppard a. Rhein：Boldt，1987.

③ Mechthild Leutner，„Deutsche Vorstellungen über China und Chinesen und über die Rolle der Deutschen in China"，1890—1945，in：Kuo Heng-yü，Hg.，*Von der Kolonialpolitik zur Kooperation. Studien zur Geschichte der deutsch-chinesischen Beziehungen*，München：Minerva Publikation，1986，S.418.

④ 关于 20 世纪初，欧洲艺术与科学领域日渐兴起的"价值转化"，而致对中国文化发生兴趣，参见本书中有关 Hans-Wilhelm Schütte 的著述。

⑤ 相关讨论参见当时主导性专业杂志《通报》(T'oung Pao)。

⑥ Otto Franke，„Die sinologischen Studien und Professor Hirth"，in：*T'oung pao* 7 (1896)，S.244.

出自孔好古和奥托·福兰阁的手笔①。而就其最终结果来看,这部专著并未能改变中国学研究的不良形象。究其原委,不难看出,有关中国的大部分信息并非来自学养深厚的汉学专家。

[裴古安,德国学者;韦凌,德国哥廷根大学德国语言文学系和东亚研究所汉学系]

① Conrady, „China“, in: Julius von Pflugk-Harttung, Hg., *Weltgeschichte. Die Entwicklung der Menschheit in Staat und Gesellschaft, in Kultur und Geistesleben* (Ullstein-Weltgeschichte), Bd.3 Geschichte des Orients, Berlin: Ullstein, 1910, S.495–567. Otto Franke, *Geschichte des Chinesischen Reiches. Eine Darstellung seiner Entstehung, seines Werdens und seiner Entwicklung bis zur neuesten Zeit*, Berlin: de Gruyter, 1930ff, 5 Bde.

论文

沃尔科特与清华

陈怀宇

摘要：本文结合国内外中、英文史料，考察了清华早期校史上一位来自美国汉姆林大学的交换教授沃尔科特在中美学术交流史上的重要地位。1917—1918学年沃尔科特作为清华校史上第二位交换教授在清华任教，开设系列伦理学讲座，系统介绍西方哲学和伦理学思想，并进行心理学实验。其道德、学问深受清华学生汤用彤、程其保、李济、浦薛凤等人钦佩。他们后来的学术之路都或多或少受到沃尔科特影响。沃尔科特并介绍汤用彤、程其保、浦薛凤等人到汉姆林大学求学，对他们在美国的学习也指点良多。李济受其启发到克拉克大学学习心理学。晚年沃尔科特教授又帮助程其保和张歆海到长岛大学任教。本文也发掘了以沃尔科特为中心的汉姆林和哥伦比亚大学校友网络与清华早期人文社会科学发展的关系，指出这两所大学的校友网络实对清华早期学术发展，特别是哲学、伦理学、社会学、心理学、教育学等方面，有巨大的推动作用，其中尤以狄玛、克伯屈在介绍社会学、教育学上的贡献较为突出。

关键词：沃尔科特　清华　汤用彤　程其保　狄玛　克伯屈

引　言

中国近代学术史上的知名学者如胡适、吴宓、陈寅恪等人，传统上学界往往强调其师承，将其与指导其学习的外国教授并提，如胡适与杜威、吴宓与白璧德、陈寅恪与吕德斯等。但实际上每个人的学术道路自有其奇特之处，且学者本人一生治学方向不断发展变化，尤其像陈寅恪这样创造性非凡的学者，几乎不可能以师承去限定其治学方向及学术贡献。不过，有时一些外国学者曾在中国大学者学术道路上起过关键作用，却声名不显，未在学界获得应有的注意。比如汤用彤先生曾留学哈佛大学，与吴宓、陈寅恪等人均求教于名师兰曼与白璧德。实际上他去哈佛之前，曾在不太为人所知的明尼苏达州汉姆林大学留学一学年并获得学士学位，这一年学习帮他逐渐适应了留美生活，在汉姆林哲学系的训练也奠定了他去哈佛研究生院进一步深造的基础。他在汉姆林的导师沃尔科特(Gregory D.Walcott,1869—1959)教授对他帮助良多,在他整个学术生涯中扮演了很重要的角色。

沃尔科特当时是汉姆林大学哲学系系主任,1917—1918 学年在清华学校任交换教授①。他在清华任教一年,也改变了程其保、李济、张歆海、浦薛凤等多位清华学生的智识人生。沃尔科特是清华历史上第二位交换教授②。在沃尔科特之后来清华任交换教授者还有纽约大学德文系系主任麦克洛斯(Lawrence A.McLouth,1863—1927)③,但他也没有沃尔科特影响大。

像沃尔科特这样的学者,在一所不甚知名的大学教书,著述不多,本身并非炙手可热的学界名人,当代学者对其注意甚少,几乎成为 20 世纪学术史、教育史、中美关系史上的失踪者。其实沃尔科特在清华任交换教授堪称清华学校早期留美教育史上一桩大事因缘,值得注意。虽然后来汤用彤、程其保、李济、浦薛凤等人都转入更广为人知的哈佛、哥伦比亚、芝加哥等名校,但他们从沃尔科特这里获得的帮助,不应被忽视。沃尔科特热心为清华学校学生做嫁衣裳,值得铭记。事实上,从研究学术的角度而言,如果关注 20 世纪上半叶清华校史、留美教育史、学术交流史,沃尔科特教授这样虽不甚知名却曾起过关键作用的人物也应该被纳入学术考察的视野之中。

沃尔科特因为何种因缘来清华任教?他来清华与当时美国教育和学术文化之关系如何?沃尔科特来清华任教与当时清华的教育形势和制度有何种关系?沃尔科特来清华对清华学生有何影响?他对清华早年的人文社会科学发展起了何种作用?这些问题都值得考虑。本文将结合中、英文文献,试图回答这些问题,并对现代学术史上沃尔科特与清华之联系做一些社会文化史探讨。通过比对不同史料,将其中的史实碎片拼接起来,再现沃尔科特来清华任交换教授时与汤用彤、程其保、李济、浦薛凤等人结缘的过程,并讨论这个过程所反映的清华教育制度及其所受到的美国大学文化影响,以及沃尔科特所处的社会关系网络,同时通过分析沃尔科特对这些学生学术发展提供的帮助考察他对

---

① 1917—1918 学年的《清华周刊》称其为"华尔科",称汉姆林为"罕美林"。1918 年 6 月出版的第四次临时增刊即说"华尔科博士将在暑假后返回罕美林学校担任心理学主任教员一职"。

② 第一位交换教授是普林斯顿大学历史学教授麦克尔罗伊,不过他对清华学生的影响似乎远不如沃尔科特。见拙作《乱世洋师中国缘:麦克尔罗伊之生平与志业》,《中国学术》36 辑,2016 年,第 317-377 页。

③ 坊间论著多将麦克尔罗伊的中文名称为麦克洛斯。仅举一例,苏云峰《从清华学堂到清华大学,1911—1929》,台北:"中研院"近史所,1996 年,第 423 页。其他一些论著亦转引苏著,如孙宏云《清华政治学系的创立及其前后之史事》,见中国社科院近代史研究所民国史研究室和四川师范大学历史文化学院编《一九二〇年代的中国》,北京:社会科学文献出版社,2005 年,第 509 页,以及同作者专著《中国现代政治学的展开——清华政治学系的早期发展(1926—1937)》,北京:三联书店,2005 年,第 224 页。此说实误,似将普大麦克尔罗伊与纽约大学的麦克洛斯两人混淆。现在清华大学政治学系的"历史沿革"网页倒是正确地将此人标注为麦克洛伊,见 http://www.dps.tsinghua.edu.cn/publish/ps/1931/index.html(2014 年 2 月 17 日访问)。

这些学生学术道路选择的影响,也提供一些关于他本人学术思想和学术贡献的信息,供对 20 世纪上半叶中、美两国学术与教育相互影响、人文社会学科在近代中国的兴起及其与清华之关系感兴趣的读者参考。

一、执教清华始末

沃尔科特来清华任教,和他本人的教育背景、学术专长、社会关系分不开,也和当时清华的学生培养方式、教育制度、社会网络紧密联系在一起。沃尔科特 1917—1918 学年到清华任教,正是各种机缘相互作用的结果。从清华当时的发展来看,沃尔科特来清华做交换教授,开设伦理学讲座,与当时清华学校重视培养学生的学理学养和伦理道德两方面分不开。清华学堂 1911 年由清政府设立,当时学堂章程便以"进德修业,自强不息"作为教育方针,可见培养学生以道德、学业并重乃是清华学堂的传统。1912 年以后学堂改名为清华学校,1912 年 5 月,清华学校校长唐国安宣布每周二由他做道德演说,这正是清华伦理讲座传统的起源。而接替唐校长的周诒春(1883—1958)校长也特别注意培养清华学生的道德品质。据清华学校戊午级学生刘崇鋐晚年回忆,周校长对清华学生"有如严父,谆谆教诲,殷勤督责,教导学生如何持身处世,如何服务尽责"等[①]。

清华学校邀请中外名人举行伦理讲座,是为了培养学生的高尚德性。1914 年 11 月 10 日出版的《清华周刊》第 20 期发表了梁启超在清华演讲的文章,其中有"英美教育精神,以养成国民之人格为宗旨""清华学子,荟中西之鸿儒,集四方之俊秀,为师为友,相磋相磨,他年遨游海外,吸收新文明,改良我社会,促进我政治,所谓君子人者,非清华学子,行将焉属"[②]之语。1915 年出版的《清华周刊》临时增刊"记录"一栏发表了一篇《清华成绩面面观》的文章,文中明言:

> 盖以学校教育之精神,不徒在教授生徒以高深之学理,亦当养成其高尚之德性。此管理法之进步,足征本校德育发达之一斑也。本校自前年设立伦理学讲座以来,至本年益形发达。其在高等科,则延请中外各主讲,以阐扬社会道德为主。而中等科,即由本校

---

① 刘崇鋐:《一个五十年前毕业生的追忆与感想》,原刊 1968 年 4 月《清华校友通讯》24 期,见刘真主编:《留学教育:中国留学教育史料》(以下简称《留学教育》)第三册,台北:"国立编译馆",1980 年,第 1062 页。

② 《梁任公先生演说词》,见清华大学校史研究室编:《清华大学史料选编》第一卷《清华学校时期(1911—1928)》,北京:清华大学出版社,1991 年,第 260~261 页。

职教员主讲,授以中外名人事略,以诱导其爱国思想而效忠国家、服务社会之意。[①]

如蔡元培即于1917年3月27日应邀到清华给高等科演讲,在参观了清华之后提出两点感想,即爱国心和人道主义,又对清华学生提出三点希望[②],即发展个性、信仰自由、服役社会[③]。1926年,吴宓在为纪念清华成立十五周年而出版的《清华周刊》增刊上发表《由个人经验评清华教育之得失》一文,指出美国人很重实际,所以也注重实用道德,这一点承自早期清教徒移民的传统,而美国学校教育也很重视共和国家之公民道德。所谓"公民道德",除了用于政治,也用于私人交际。所以清华受美国大学风气影响,培养的学生在公德方面高出其他学校,这都是因为"历年教育,模仿美国,注重公民道德之效果也"[④]。从吴宓的评论中可见,在当时清华人心目中,注重学生的德性培养已成清华教育有别于其他学校之特色。

因为清华当时弥漫着这种重视伦理教育的风气,沃尔科特被请来讲授伦理学,亦是水到渠成之事。沃尔科特的教育背景是哲学,熟悉西方哲学发展史,而其特长是伦理学和心理学,这些都是他来清华学校讲授伦理学的重要因素。当时沃尔科特的伦理学讲座是面向高等科学生的,因此大部分清华戊午级学生都听过沃尔科特的讲座。当时清华高等科的学生,相当于美国大二、大三的水平,也正好适合沃尔科特这样一位善于给本科生讲课的老师,沃尔科特正好可以展示其深入浅出讲解哲学思想的能力。

沃尔科特之所以到清华任教,目前所看到的材料不能说明具体介绍人。不过,如果从一些当事人的学历渊源和社会网络来考虑,可以发现沃尔科特来清华的时代大背景。他之所以来清华任教,起关键作用的是当时美国大学文化影响下的校友网络,在这个网络中有两个人起了重要作用。一个是当时担任驻美公使的顾维钧(1887—1985),一个是

---

① 《清华周刊》临时增刊,1915年第1期,第10~11页,该文署名"飞"。吴宓记1915年9月24日午后王文显为中等科学生做题为 Youth and Ethics(青年与伦理观)的演讲,见《吴宓日记》第一册(1910—1915年),北京:三联书店,1998年,第499页;1915年10月7日傍晚,美籍校医 Richard A.Bolt 做伦理演讲,题为"节欲",见《吴宓日记》第一册第505页;10月21日则有徐志诚讲省界之害,见《吴宓日记》第一册第512页;11月4日舒美科讲 The Value of Athletics as a Check to Social Evils(竞技之价值在于制止社会邪恶),见《吴宓日记》第一册第518页。1917年《清华周刊》的记录亦可见中国教员伦理演讲之频繁,如1917年中等科有赵瑞侯讲伦理,见《清华周刊》1917年第103期,第14~32页;1917年第105期第7~10页登载有李松涛在中等科做关于卡乃祺的演讲;1917年第117期第3~9页登载孟伯洪伦理演讲述要;1917年第118期第6~13页登载赵校长伦理演讲;1917年第120期第3~12页登载徐镜澄伦理演讲。但这些演讲基本上是单篇演讲。沃尔科特所做的伦理学演讲相当于授课,在两个多月的时间里一共讲了八场,后来结集出版。

② 实际上,据《清华周刊》1916年2月22日出版的第65期,2月10日美国律师罗士曾来清华演讲,主题是"学生之爱国心","闻者"均为之动容。见第15~16页。

③ 蔡元培:《在清华学校高等科演说词》,见高平叔编:《蔡元培全集》第三卷,北京:中华书局,1984年,第26~27页。

④ 徐保耕编选:《会通派如是说:吴宓集》,上海:上海文艺出版社,1998年,第195页。

沃尔科特以前的学生狄玛(Clarence Gus Dittmer,1885—1950)①。

先说说顾维钧和清华的关系。清华学校当时负责聘用沃尔科特作为交换教授的人应该是周校长。周和顾是上海圣约翰大学的校友。而周任清华校长时,顾维钧特别热衷于为清华出力奔走。而顾维钧之所以与沃尔科特结缘乃在于他们均是哥伦比亚大学校友。苏云峰先生对圣约翰、外交部和清华的三角关系做了梳理,指出圣约翰之所以和清华关系密切主要是外交部的媒介。清华早年的监督、校长以及董事会成员中,多人有圣约翰大学背景。1916 年前清华文科 16 位中国教员中有 12 人出自圣约翰。其中帮助清华最多的圣约翰人是顾维钧。在清华校长周诒春倡议下,顾维钧还组织成立了留美同学会和欧美同学会②。这些同学会的成立,显然是美国大学校友会文化直接影响下的产物。

众所周知,美国大学尤其是私立大学特别重视校友会,校友会是校友和母校保持联系的重要纽带,而校友会又是母校进行募款的重要机构,也是校友和校友之间联络感情互相帮助职业发展的重要组织。对于中国新兴的现代大学而言,受美国大学文化影响的圣约翰、清华也特别重视校友会的建设。校友网络和校友会制度在美国大学教育史上影响甚巨,值得重视。而研究受美式大学文化影响的中国现代大学史,也不能不重视这一领域。

沃尔科特当时是汉姆林大学哲学系系主任,但他博士毕业于哥伦比亚大学。而他的哥大校友顾维钧 1905—1912 年在哥大就读,1915—1920 年任驻美公使,其间曾介绍哥大校友去清华任交换教授,比如 1916 年介绍哥大校友谭唐(George H.Danton)、谭安丽(Annina Periam Danton)夫妇到清华任教。沃尔科特是 1904 年的哥大博士,毕业后和学校联系仍然十分密切。很可能也因为他是哥大校友的缘故,由顾维钧介绍到清华。当时哥大校友之间、校友和学校之间联系相当紧密,下文我会特别提到《哥人校友新闻》杂志上有沃尔科特给母校介绍他在清华所见所闻的文章。因此,顾维钧和谭唐、沃尔科特这些哥大校友之间互相帮忙是自然而然之事。而清华校长周诒春与顾维钧又是好友,都出身上海教会学校圣约翰大学。因为这一层关系,顾维钧对清华鼎力相助,介绍一些美国教授去清华任教。我想,沃尔科特正是在这样的背景下得以去清华担任一年交换教授。沃尔科特于 1918 年 9 月返美,不到一年,1919 年 4 月,哥大杜威和夫人也应邀来华访学,最初

① 他的名字常常以 C.G.Dittmer 出现。见苏云峰《从清华学堂到清华大学,1911—1929》,台北:"中研院"近史所,1996 年,第 417 页。美籍教员名录中有一位 Dittmer,G.D.(狄玛),并注云"一九一七年到清华,任手工教员,一九二二年前离校"。苏先生这里列出的 G.D.Dittmer 其实是 C.G.Dittmer 之误。正如我下文将要讨论的,苏先生文中提示的狄玛来清华的时间亦误。他曾参与《清华学报》的编辑工作,当时的清华学生编辑还有后文将讨论的程其保等人。

② 苏云峰:《从清华学堂到清华大学,1911—1929》,台北:"中研院"近史所,1996 年,第 42~43 页。

主要是胡适、陶行知、蒋梦麟等哥大校友接待。夫妇二人于当年6月来到清华，也是给高等科学生开讲伦理学。

1916年的沃尔科特

沃尔科特并非第一位来清华任教的汉姆林人，在他之前已经有一位汉姆林大学1910届毕业生狄玛在清华教经济学和社会学。中文学界对其在中国介绍社会学注意颇多，研究早期社会学史的学者，几乎没有人不提到他曾在清华教社会学和1918年发表的《中国生活标准的一个估计》一文[①]，但是基本上没有学者注意其师承和学习背景，不会提及其出身汉姆林大学和哥大，更不会注意到狄玛实际上正是沃尔科特的学生。狄玛去世之后，犹他大学学者霍贝尔(E.Adamson Hoebel)在《美国社会学评论》杂志上发表了狄玛的讣告，指出狄玛在汉姆林读本科时深受老师沃尔科特影响，尽管宗教在沃尔科特的哲学中毫无地位，而狄玛对宗教感情很深，但这没有妨碍狄玛从沃尔科特的哲学课上感染到怀疑主义精神，从而走上社会学之路[②]。

狄玛1910年从汉姆林大学获得哲学专业学士学位，毕业之后由基督教青年会派到日本大阪高等商业专科学校教英文，他在日本期间意外地遇到来访的社会学家罗斯(Edward A.Ross，1866—1951)，充当其导游和翻译，从而结识罗斯[③]。1913年因为母亲生

① 狄玛这篇文章即 An Estimate of the Standard of Living in China，*The Quarterly Journal of Economics*，Vol.33，No.1 (Nov.，1918)，pp.107-128。这篇文章主要根据他对北京西郊195个家庭的日常收支进行调查和分析。在中文学界，他的中文名字计有狄德曼、狄德莫、狄莫尔、狄特谟等多种。参见清华大学校史编写组编著的《清华大学校史稿》，北京：中华书局，1981年，第177页；梁晨《民国国立大学教师兼课研究——以北京大学、清华大学为例》，《南京大学学报》，2011年第3期，第101~111页；李培林《中国早期现代化：社会学思想与方法的导入》，《社会学》，2000年第1期，第88~101页；赵晓阳《步济时及其〈北京的行会〉研究——美国早期汉学的转型》，《汉学研究通讯》，第23卷第1期，2004年，第19~23页。这些论著和苏云峰先生《从清华学堂到清华大学，1911—1929》一样，都没有提及狄玛出身汉姆林大学，并曾求学于哥大。中国学者撰写的英文论文也没有提狄玛出身汉姆林，如 Li Hanlin，Fang Ming，Wang Ying，Sun Bingyao and Qi Wang，"Chinese Sociology，1898-1986，" *Social Forces*，Vol.65，No.3 (March，1987)，p.615.此文侧重论述中国学者，对 Dittmar 仅简略提及。

② E.Adamson Hoebel，"Clarence Gus Dittmer，1885-1950，" *American Sociological Review*，Vol.15，No.3 (June，1950)，p. 439.

③ 罗斯1910年曾在中国游历数月，1911年出版《变化中的中国人》一书。1917年4月18日张伯苓给南开学校修身班学生演讲，其中提到了罗斯，他说这位美国人洛司，"此君为美国社会心理学家，研究社会一般人之心理，依治水法治之，盖水之为物，治之得当则有益，否则为灾害。治水然，治人何独不然？遂著此 *Changing Chinese* 及 *Social Control*。以上二书所云，均谓中国形势虽变，而实未尝变也"。此文原刊1917年5月2日《校风》第63期，收入《张伯苓自述》，合肥：安徽文艺出版社，2013年，此段话见第221页。罗斯也是优生学的积极倡导者和优生运动的支持者，1918年7月他甚至给《实用优生学》写导言称此书应引起社会学家、慈善家、社会工作者、村落负责人、医生、教士、教育工作者、编辑、公共事务工作者、青年基督教会事工、工程师的注意，各个政务和事务官员也应该重视此书，见 Edward Ross，"Introduction，" in Paul Popenoe and Roswell Hill Johnson，*Applied Eugenics*，New York：The MacMillan Company，1918，pp.xi-xii.

病回到威斯康辛老家,原本打算去耶鲁大学进一步深造,但因为获得哥大奖学金,加上他想去协和神学院学习神学,故选择入读哥大[①]。他这个选择明显受到了沃尔科特的影响,因为他这一学习计划实际重复了沃尔科特的早年经历。沃尔科特早年在哥大读博士的同时也在协和神学院学习神学。狄玛在哥大的导师便是社会学家吉丁斯(Franklin Henry Giddings,1855—1931),也正是沃尔科特非常推崇的学者。吉丁斯的授课实际上奠定了狄玛后来从事社会学研究的基础。1914 年夏狄玛从哥大毕业,8 月 10 日他在西雅图致信母校,告知自己将赴北京新成立不久的清华学校教经济学和历史学[②]。因为他曾受教于吉丁斯,可以想象他在清华任教时一定介绍过自己老师吉丁斯的思想和学术[③]。在清华的校历上,可以看到狄玛曾在 1915 年 2 月 18 日给清华高等科学生演讲《学习的心理学之重要性》[④]。

狄玛其实在清华主要任地理教员。1916 年春季,他曾任中等科四年级地理教员,将该级学生分为 8 组,分别描绘美国工商业在各地的分布图,学生绘好之后,他邀请学生们进行茶叙,同时展览各组学生所绘之图,然后请美国同事进行评判[⑤]。1916 年 4 月 28 日,他还应邀至北京国立政法专门学校演讲[⑥]。1916 年 5 月 6 日下午,他又给清华学校高等科二年级学生演讲交通问题,主要从沿革、心理、社会、经济四个方面予以讨论[⑦]。

他也在 1916 年 10 月被选为清华西文教员公会主席,并开始教授历史。这一年 11 月 15 日,给高等科一年级、二年级历史班学生用幻灯演讲埃及之地理、历史、风土人情[⑧]。1917 年 3 月 29 日下午 5 点,狄玛还给高一、高二年级用幻灯讲古代罗马及古代回教在西班牙、阿拉伯及北非等地流传的历史[⑨]。1917 年春季学期,狄玛又担任经济班教员,曾带学生 24 人进行实地调查。狄玛将全班分为三队,第一队 10 人,调查校外附近年收入在 50~150 元之间的人家房屋及卫生状况;第二队 10 人,调查这些人家的衣食状况;第三队 4 人,调查校内各类工友的生计以及工作之余的消遣状况[⑩]。

---

① *Alumni Quarterly of Hamline University* Vol.10,No.11 (October,1913),p.19.

② 同上。实际上,根据刘师舜的回忆,狄玛在清华教过他地理和社会学。他说狄玛"庄谐并用,循循善诱"。见刘师舜《五十年的一点小小回忆》,刘真主编《留学教育》第三册,第 1075 页。

③ 蒋廷黻在 1919—1923 年求学哥大期间也曾听过吉丁斯的社会学课程,说这位老师授课像一次精心准备的演讲词,绝不偷工减料。见《蒋廷黻回忆录》,长沙:岳麓书社,2003 年,第 78 页。

④ *The Tsinghuapper*,1916,p.109.另据《清华周刊》,1916 年 2 月 22 日第 65 期,第 17 页,狄玛曾因十年前患腹疾,旧病复发,"往北京医院受割,幸已全愈,即于 2 月 11 日返校上课矣"。

⑤ 1916 年 4 月 12 日《清华周刊》第 72 期,第 15~16 页。这里他的名字以"狄忒玛"出现。

⑥ 1916 年 5 月 3 日《清华周刊》第 75 期,第 19 页。

⑦ 1916 年 5 月 10 日《清华周刊》第 76 期,第 19 页。本月他还为中等科四年级学生辩论会充当裁判一职。

⑧ 1916 年 11 月 23 日《清华周刊》第 88 期,第 16 页。

⑨ 1917 年 4 月 5 日《清华周刊》第 103 期,第 23 页;又带领学生去校外进行田野考察。

⑩ 1917 年 3 月 1 日《清华周刊》第 98 期,第 18~19 页。

在清华执教3年之后,他于1917年夏回美休假,进入威斯康辛大学追随罗斯学习社会学。1918年7月12日在威斯康辛麦迪逊与童年好友范哈姆小姐(Florence Farnham)结婚,并于当年10月返回清华继续任教[①]。所以他回美时,正好沃尔科特去清华。因为这一层关系,所以也可能是他推荐自己以前的恩师沃尔科特到清华任交换教授。狄玛返回清华之后,又教了3年书,同时为自己的博士论文搜集资料。1921年他被威斯康辛大学召回,担任社会学教员。1924年他获得博士学位,在系里升为助理教授。1926年,他获聘为纽约大学副教授,遂转到该校任教,直至退休[②]。

从狄玛的经历来看,似乎是他受到沃尔科特影响,对社会学感兴趣,去哥大受教于吉丁斯,又因他曾在日本遇到罗斯,所以从清华休假时回美到威斯康辛大学进修,很可能也借此推荐恩师沃尔科特去清华任交换教授。狄玛在清华培养的学生包括后来成为清华社会学系奠基者的陈达(1892—1975)[③],陈达在他指导下也进行了一些社会调查工作。陈达1923年获得哥大社会学博士之后回清华任教,1926年成为社会学系创系系主任。由此可见,沃尔科特、狄玛这样的哥大校友对早期清华学校的建设起了很大的作用,而他们的贡献具体表现在将社会学、心理学、伦理学介绍到新成立的清华学校。

沃尔科特本人非常看重到清华任教的机会,到清华赴任前已昭告美国学术界。早在沃尔科特来清华学校任教之前,其消息已经在美国学界传开了。检1917年2月17日出版的《科学》杂志,其中162页提到汉姆林大学哲学与心理学教授沃尔科特已获得一年休假,将在北京清华学校教心理学和逻辑学[④]。他期待7月1日从旧金山出发赴华。预计1918年9月返美。这条消息也刊发在1917年2月24日出版的《学校与社会》上[⑤]。《科学》和《学校与社会》均由著名心理学家卡特尔(James McKeen Cattell,1860—1944)主编。卡特尔是1895年美国心理学会会长,特别热衷于智力测量。学界新闻里出现的这些"期待""预计"词语显然是沃尔科特本人告诉别人的语气。卡特尔曾留学莱比锡大学和哥廷根大学,在莱比锡曾问学于德国心理学家冯特。沃尔科特在卡特尔主编的杂志

---

① *Alumni Quarterly of Hamline University* Vol.15,No.1 (July,1918),p.32;1918年10月3日《清华周刊》第144期第6页,"美教员狄玛于今夏七月十二在美国威斯康新与发兰姆女士结婚"。狄玛夫人1919年秋曾担任清华图书馆英文图书管理员,负责英文书目编集工作。

② E.Adamson Hoebel,"Clarence Gus Dittmer,1885-1950." *American Sociological Review*,Vol.15,No.3 (June,1950),pp.439-440.

③ 陈达为清华留美预备处丙辰级毕业生,同级生中还有吴宓;见刘真编《留学教育》第三册,台北:"国立编译馆",1980年,第1057页。狄玛还教过1920级的刘师舜。刘在回忆录中特别提到这位老师,他说"社会学有Dittmer先生,庄谐并用,循循善诱"。见《五十年的一点小小回忆》,刘真主编《留学教育》第三册,第1075页。这一级还有萧公权,或许也上过狄玛的课。刘师舜后来与沃尔科特的另一位清华学生程其保结成儿女亲家。后文将讨论到沃尔科特帮助程其保进入汉姆林大学读书。

④ *Science*,New Series,Vol.XLV,No.1155,February 17,1917,p.162.

⑤ *School and Society*,Vol.5,No.113,p.226.

上发表文章，正是因为他长期关注心理学的结果。

当时莱比锡大学是世界心理学重镇，不但卡特尔曾去莱比锡大学问学于冯特，中国学者蔡元培早年也曾去莱比锡大学学习伦理学、心理学和美学，也上过冯特的心理学课程。他曾给麦鼎华编译的元良勇次郎（1858—1912）著《中等教育伦理学》写序，也注意到1898年日本学者木村鹰太郎（1870—1931）出版了一部在西洋伦理学理论影响下的《东西洋伦理学史》，便也利用自己在德国学到的伦理学知识写出了一部《中国伦理学史》①。总之，沃尔科特和卡特尔关系密切，而他在清华讲授伦理学和心理学，对于现代伦理学和心理学在中国的兴起也有一定贡献。

据1916年的《清华周刊》，当时上海到旧金山之间坐船旅行耗时20日左右，中间可能途经日本和檀香山，但在太平洋上经受长途旅行的颠簸不是件容易的事。不过，对于沃尔科特来说，能去遥远的亚洲看一看刚刚从帝制走入共和的国家可能也颇令人激动。当时中国的政治局势并不稳定，袁世凯试图恢复帝制的运动刚刚落幕不到一年，北京常常被不同的军阀轮番统治，民众无所适从。日本、俄国和西方列强均在北京插手政治事务。当时中国的未来政治局势很不明朗。清华学校成立不过6年，当时根本称不上是一所真正的现代大学，并不能授予本科学位，其实不过是一家留美培训学校。沃尔科特早已是资深哲学教授，在汉姆林担任系主任达10年之久，能来中国这样一所学校任教，确实需要很大勇气。沃尔科特的一些言论也反映出他到清华之前不无担心，但是在清华安顿之后，却意外地对清华提供的生活条件感到满意。

沃尔科特在清华任教时还不时将其见闻反馈回美国，特别是他的母校哥大。1918年5月24日《哥大校友新闻》登载了一则通讯，关于沃尔科特给母校介绍自己在华期间的一些经历②。文章注明沃尔科特是哥大1904届哲学博士。他在给《哥大校友新闻》的信息中表示，在清华的工作很有趣，收获很大。他入华之前短暂停留日本和韩国，最终于1917年9月初到达北京。到清华报到之后，他感到校内生活条件比他预想的好很多，而他在心理学和伦理学方面的工作也进行得非常顺利。他认为从清华和北京所得到的经历将对他回美后的工作产生不小的影响。他计划在清华的教学任务结束之后访问中国南部地区、马尼拉、印度、南非，并期待1918年9月初返美途中从巴拿马运河路过时停靠一些南美港口。

① 《中等伦理学》序（1902年），《蔡元培全集》第一卷，北京：中华书局，1984年，第168～169页；《中国伦理学史》（1910年），《蔡元培全集》第二卷，第8页。木村此书名为《东西洋伦理学史》，1898年由东京博文馆出版，封面署井上哲次郎阅，井上即木村的老师。1900年木村又在东京修文馆刊出《东洋伦理学史》卷一，从管子讲到李斯，此书由井上作序。

② *Columbia Alumni News*, Vol.9, No.33, May 24, 1918, p.1050.

沃尔科特觉得清华条件很好不是没有缘由的。当时一方面清华学校经费主要来自美国退还的庚款,另一方面清华因为以培养学生预备留美为宗旨,因而特别倚重美籍教员,给美籍教员提供了最好的待遇。他们除了高薪,还可免费享受新式美观的洋房,并配有现代卫生设备①。所以沃尔科特在清华的生活条件相当好。

沃尔科特在清华的经历确实对他以后的工作产生了不小的影响。一是介绍汤用彤、程其保、浦薛凤等清华学生到汉姆林大学留学;二是在清华从事心理学实验,用推孟测量法测量清华戊午级学生的智力,回美之后还发表了有关中国学生智力的统计分析文章②;三是关注留美学生的活动,在留美学生的刊物上发表文章,比如 1922 年 4 月便在《中国留美学生月刊》上发表了《哲学作为现代生活之一种功能》一文,这是 1920 年 4 月 14 日在汉姆林大学教员俱乐部的公开演讲③。他提到 1918 年曾在清华做了公开演讲并在英文《清华学报》(*The Tsing Hua Journal*)上发表④,在中国学术界广为流传。他说自己曾遇到一位天津北洋大学的教授,此人读过他发表在《清华学报》的演讲。

沃尔科特在清华任教之后,1918 年也向汉姆林的同事发信告知他所了解的清华,让他的同事对这所成立仅 7 年的美式学校有所了解。1918 年 7 月出版的《汉姆林大学校友季刊》报道了沃尔科特的中国来鸿⑤。报道说,哲学教授沃尔科特上一学年进行学术休假,在清华学校任教。他给白亚教授(Thomas P.Beyer)写了一封信,告诉他一些在中国的所见所闻。白亚是英文系教授,当时也担任《汉姆林大学校刊》(*Hamline University Bulletin*)主编。白教授在教授俱乐部给大家读了这封信,随后将其发表在 1918 年 6 月 16 日周日《先锋报》(*Pioneer Press*)。沃尔科特在信中主要是给汉姆林大学的同事们介绍了他对清华学校的观察。他说自己和清华学校的联系开始很简单但却特别成功,这所学校由美国退还的庚子赔款设立,学制上分为初级和高级两科,每科约有 300 名学生。学校正在建设图书馆、体育馆、科学馆、大讲堂四大建筑,这些建筑丝毫不亚于一些美国大学的建筑。而他在清华的特殊任务是创建一个心理学系。总之,他感到这是一所完全美式的学校。他所提及的清华四大建筑在 1920 年时全部竣工。当然,沃尔科特所谓其

---

① 苏云峰:《从清华学堂到清华大学,1911—1929》,第 170、177 页。

② Gregory D.Walcott,"The Intelligence of Chinese Students," *School and Society* Vol.11 No.277 (April 17,1920),pp. 474-480.

③ Gregory D.Walcott,"Philosophy as a Function of Modern Life," *The Chinese Students' Monthly* Vol.17,No.6 (April, 1922),pp.502-517.

④ 《清华学报》(*The Tsing Hua Journal*) 系 1915 年 12 月由《清华月刊》(*The Tsing Hua Monthly*)发展而来,由清华学会主办。1917 年起狄玛开始担任学报英文编辑,沃尔科特的演讲在该刊发表,可能也由狄玛负责。有关该刊发行始末以及狄玛任英文编辑一事,参见姚远、张莉、张凤莲、杜文涛:《清华学报英文版的传播和首创》,《清华大学学报》2006 年第 3 期,第 99~104 页。

⑤ *Alumni Quarterly of Hamline University*, Vol.15, No.1, July, 1918, p.32.

任务是在清华创建一个心理学系是有点夸张的，也许有人给他这么说过。尽管早在1916年清华学校校方即有意改制为大学，但当时的条件显然还不允许建系。

白亚后来也到清华任交换教授①。他1903年毕业于卫斯理安大学，之后到密苏里州的塔基奥学院任教3年，1906年转入汉姆林大学，在职读明尼苏达的硕士，1907年获得学位。1913—1914年曾在芝加哥大学进修，并到英格兰游学。他在汉姆林是沃尔科特的好友。1917年沃尔科特提名他为美国大学教授协会（American Association of University Professors）成员②。白亚当时也是汉姆林大学英文系系主任，1924—1925年到清华担任交换教授③。白亚在清华任教期间，和清华师生一起参加了孙中山的葬礼④。1942年他还开了一门课介绍中国文化⑤。大概是因为太平洋战争爆发后，中美成为盟友的关系。

沃尔科特在清华教了一年心理学和伦理学，也让清华学生第一次了解了现代心理学⑥。张厚粲、余嘉元在《心理科学》2012年第3期发表的《中国的心理测量发展史》一文："1918年瓦尔科特又在清华学校用推孟修正量表测验该校学生，这是西方学者应用

---

① 当时来汉姆林交换的清华教授是 Ernest Ketcham Smith（1873—1954），卫斯理安大学学士和硕士毕业；见 *Hamline University Catalogue*，September 1，1924，p.8.他来了之后也代替白亚担任代理系主任。

② *Bulletin of the American Association of University Professors* Vol.3，No.3（March，1917），p.15.同年沃尔科特还提名了汉姆林大学数学系的哈特维尔（George W.Hartwell）教授。当时沃尔科特是汉姆林大学唯一的美国大学教授协会会员，而他1916年年底才刚刚由布朗大学的三位教授（W.B.Jacobs，J.Q.Dealey，N.F.Davis）提名加入这一协会，布朗是他读本科的母校。雅各布斯是教育学家；德利是政治学家，当时担任美国大学教授协会入会委员会主席；戴维斯是数学家。白亚本人学术水平不高，论文很少，如"The Plays of Strindberg，" in：*The Dial* Vol.54（January 16，1913），pp.52-54，实际上是一篇综述文章。但他写了不少散文和诗歌。1947年，他从汉姆林退休，同事们将其作品结集出版。见 Thomas P.Beyer，*The Integrated Life：Esseys，Sketches，and Poems*，Minneapolis：The University of Minnesota Press，1948.

③ 苏云峰的《从清华学堂到清华大学，1911—1929》第415页云：一位美籍教授 Beyer，T.P.（白雅礼），云其"博士，详细背景、到校时间与所任课目不详，一九二一年六月之在校美教员名单中有之，一九二五年六月还在"。仅看名字缩写，似乎 T.P.即 Thomas P.，但齐家莹编撰的《清华大学人文学科年谱》（清华大学出版社，1999年）第12页云，外文方面有一位美籍老师白亚任教。这位白亚一定是1924—1925年来清华的汉姆林交换教授 Thomas P.Beyer，因为他是英文教授。而苏云峰书中列出的白雅礼早在1921年已在清华任教，似乎是另外一位化学教员。因为据1923年秋的《清华周刊》，当时清华中国科学社请了一些清华教员就各自的治学范围举行系列讲座，如物理教员梅贻琦讲"欧战中科学上之进步"和"X射线问题"，生物教员虞振镛讲"畜牧之大旨"和"生物之进化"，外籍化学教员白雅礼讲"大战中之毒气"（1919年10月17日举行，见《清华周刊》第177期），赵元任讲"罗素对于科学底贡献"。参见杨舰、刘丹鹤：《中国科学社与清华》，《科学》2005年第5期，第44~48页。另据1916年3月15日出版的《清华周刊》第68期12页，有一位白雅礼先生应清华高等科科学研究会邀请演讲机械人员之责任。这位白先生应该就是位科学家，非英文教授。这位化学教员也在1916年4月22日为高等科一年级学生演讲"矿石之种类及其构造"。见《清华周刊》1916年4月26日第74期，第20页。

④ Thomas P.Beyer，"China and the United States"，*American Review* Vol.4（1926），pp.157-166；收入他的文集 Thomas P.Beyer，*The Integrated Life：Essays，Sketches，and Poems*，Minneapolis：The University of Minnesota Press，1948，pp.75-92.他也于1926年2月在《汉姆林评论》（*Hamline Review*）上发表了一篇"A Chinese Trilogy"，同样收入这本文集（第93~102页）。可惜他的文章偏重议论中国政治和历史，很少涉及他在清华的生活。

⑤ *Hamline University Catalogue*，September 1，1942，p.17.

⑥ 1911年清华学堂刚成立时，设有高等、中等两科，但课程设计中不含心理学。见《清华学堂章程》，清华大学校史研究室编，《清华大学史料选编》第一卷《清华学校时期（1911—1928）》，北京：清华大学出版社，1991年，第152页。但1914年起已经设立心理学课程，只是暂缺，无人任教。见《北京清华学校近章》所附"文科选科课目表"，《清华大学史料选编》第一卷，第161页，"心理"一科注"此类民国二年暂缺"。此文原载《神州》第一卷第二册，1914年7月。1914年有一位1913级学生学习心理学，见《清华大学史料选编》第一卷，第60页。

西方成熟规范的量表在中国最早的尝试。"这里边被测的学生当中便包括李济。当时李济的智商测定为128①,这实际上远远超出常人。上文已提到,沃尔科特也将测量结果写成文章,在美国发表了他的研究成果,引起了美国学界的注意。

二、沃尔科特与清华学生

沃尔科特在清华学校教书育人一年②,影响了不少学生的学术兴趣和学业发展。先说说汤先生与沃尔科特的师生之谊。汤先生1911年考入清华,1916年夏毕业于清华学校高等科,并考取官费留美,但因为治疗沙眼未能成行③。留在清华教国文,并出任《清华周刊》总编辑。1918年夏才得以赴美留学。

关于汤先生在汉姆林学习的情况,中国学者陆续做了不少研究工作,其中以林伟的文章最为详细④。比如孙尚扬先生所编的《汤用彤年谱简编》说汤先生1918年"夏,赴美留学,入明尼苏达州汉姆林大学哲学系学习。自入学起,主要选修哲学、普通心理学、发生心理学,完成的课外论文依次是四篇、四篇、二篇,成绩均在九十七分以上"⑤。而后,赵建永在《汤用彤留学汉姆林大学时期哲学文稿探微》一文中也提到了汤用彤先生赴汉姆林大学学习的情况,汤用彤随清华戊午级学生留美,被分派到汉姆林大学。他在文章中主要引用吴宓的日记说明汤先生是1918年8月赴美,也提及杜维明先生告诉他该校的哲学系系主任与汤用彤来美前的清华学校早有渊源,而且汤用彤在汉姆林除了主要学习哲学、心理学,也选修了政治学和社会学课程⑥。赵文详尽地列出了汤先生所撰文章的引用书目,值得注意。其中列出的哈佛神学院教授穆尔(George Foot Moore)和哈佛比较文学教授白璧德都教过哈佛的中国留学生。实际上,沃尔科特在汉姆林大学长期讲授"宗教史"课程,而且1917年秋季在清华做伦理学系列讲座时已经多次引用穆尔的《宗

---

① 见《李济先生学行纪略》,《李济文集》卷五,第437页。

② 他自1917年9月开始任教清华,到1918年5月结束任教。5月30日曾邀请所有校内会讲英文的教员举行茶叙,表示感谢清华的接待。他也曾在高等科一年级英文演说决赛中担任裁判。据1918年5月16日《清华周刊》141期,华尔克、唐悦良任裁判,辩手钱宗堡被评为最优。此处所谓"华尔克"即沃尔科特。

③ 孙尚扬:《汤用彤年谱简编》,收入《汤用彤全集》第七卷,河北人民出版社,2000年,第665页。

④ 林伟:《汤用彤留美经历考及其青年时期思想源流初探》,《侨易》第一辑,2014年,第191-208页。

⑤ 《汤用彤年谱简编》说汤先生1916年毕业于清华学校高等科,考取官费留美,因健康原因未成行。但刘真主编的《留学教育》第三册将其列为丁巳级毕业生,同级生中尚有查良钊等人。见刘真主编《留学教育》第三册,第1059页。

⑥ 载于《世界哲学》2008年第3期,第105~112页。杜维明在《现代精神与儒家传统》中略有提示,他说:"像清华大学,那时成立了一个非常杰出的哲学系,是靠美国的一位哲学教授帮助成立的。成立以后,由他选拔,请一些优秀的学生,如汤用彤、程其保等,到美国他所熟悉的凯尔敦(Carlton)大学进行研究。"(北京:三联书店,1997年,第182页)这段话显然有不少问题。当时清华还是清华学校,并未成立哲学系。这位将汤、程带到美国的哲学教授来自汉姆林,而非凯尔敦。可能凯尔敦是指也位于明尼苏达的一所知名文理学院卡尔顿学院(Carleton College)。

教史》(*History of Religions*)一书[①]。不过,赵文未提及汤先生在汉姆林的导师。实际上,杜先生所说的汉姆林哲学系系主任就是沃尔科特教授,1917—1918年借学术休假之机在清华任交换教授。而汤先生赴汉姆林之后,他也成为汤先生的导师。汤先生是1918年8月14日从上海赴美,9月4日到达旧金山,从旧金山转往明尼苏达圣保罗入读汉姆林大学哲学系,导师是沃尔科特教授。

检1918年10月出版的《汉姆林大学校友季刊》,有一小节提到汤用彤来美留学一事,十分有趣。其文如下:

> 程其保和汤用彤先生今年和我们在一起。他们来自中国清华学校,因为和沃尔科特博士(Dr.Walcott)很熟的关系,来汉姆林注册。沃尔科特博士刚结束一年学术休假返回学校。上一学年他在清华建立了一个心理学和哲学系。和他一同回美的两位中国朋友给我们所有人留下了极佳的印象。他们既是绅士又是学生。[②]

这条材料非常重要,清楚地说明了清华学校的程其保、汤用彤两位同学是沃尔科特博士介绍到汉姆林大学的。

沃尔科特是因为休假一年,去清华帮助创办哲学和心理学系,从而结识了这两位学生的。其实,当时清华并没有所谓学系的建制,只有中等科、高等科两科。1926年改制以后才开始设立学系。但沃尔科特帮助清华发展当时新兴的心理学科则是毫无疑问的。钱颖一、李强2012年1月在《教育旬刊》发表《老清华怎样办社会科学》一文,基本上谈的是1926年改制以后的情况,并未注意早在1917年沃尔科特已来清华介绍心理学。1919年1月出版的《汉姆林大学校友季刊》则提到学校本科生组织的政治学社邀请了沃尔科特教授和程、汤两位同学一起参加了一次题为"中美之关系"的讨论,两位来自中国的同学提供了第一手信息[③]。

---

① Gregory D.Walcott, *Tsing Hua Lectures on Ethics*, pp.44, 140, 143, 175, 177. 这本书是穆尔教授在哈佛讲课的教材,读者甚众。俞大维在哈佛上过穆尔的课,对书中一些观点提出了修改意见,得到穆尔的赞赏。我在《在西方发现陈寅恪》中已经提示穆尔对俞大维指出其所著《宗教史》一书中的不足特别致谢。

② *Alumni Quarterly of Hamline University*, Vol.15, No.2, October, 1918, p.17.

③ *Alumni Quarterly of Hamline University*, Vol.16, No.3, January, 1919, p.18.之前的讨论会主题包括武器条约、国际联盟等。

YUNG TUNG TANG

Tsing Hua College　　Pekin, China

Taallam.

"His delight was all in books; to read them or to write."

CHI-PAO. CHENG

Pekin, China.

Graduated from Tsing Hua College (18), Pekin. Now in France by Order of Chinese government.

"Much had he read, much more had seen."

1920 年同学录上的汤用彤与程其保

既然沃尔科特主要专长在于哲学和心理学，且被请去清华帮助创办哲学和心理学科，而汤先生在汉姆林大学又主要学习哲学和心理学，显然沃尔科特是汤先生在汉姆林的主要指导教授。汤先生在汉姆林大学表现不错。1919 年 4 月出版的《汉姆林大学校友季刊》提到汤用彤入选荣誉学会塔拉姆（Taallam），这一次选举有四名大四学生、三名大三学生入选，来自北京的汤即入选的四名大四学生之一。汤先生是汉姆林中国奖学金资助的学者（Chinese Endowment Fund scholars）之一，在汉姆林一年已赢得广泛赞誉，故值得入选荣誉学会①。汤先生毕业时也名列优等生（magna cum laude）②。在汉姆林大学所写的三篇报告，显然是上沃尔科特的课而写下的作业。他既然在汉姆林已读了哈佛神学院教授穆尔的《宗教史》，转学到哈佛之后，自然对这位教授也不会太陌生。

程其保（1895—1975）晚年在回忆录《六十年教育生涯》中回顾了自己与沃尔科特教授的交往。他说：

我初到美国，系进明里苏答州的韩林大学。我所以选这个学校，系为那时该校有一位名教授，叫 Dr.Gregory D.Walcott 于两年前以交换教授名义，到清华讲学，讲授哲学及心理

① *Alumni Quarterly of Hamline University*, Vol.15, No.4, April, 1919, p.16.

② *Hamline University Catalogue*, September 1, 1919, p.92.

学。我随他上课,深佩其学问道德,故决计进韩林,继续受他熏陶。韩林大学系美国中西部一个标准大学。规模不大,只有学生五六百名。但学风淳厚,师生间感情颇为融洽。我选择这个学校,到也合意。那时在校中国学生只有汤用彤及我两人,深得全校师生所重视,而我们对于学校,却也发生浓厚感情。尤其我个人,数十年间始终与其保持关系。……我来美国,担任华美协进社国际文化工作,韩林大学特别给我一个荣誉法学博士学位,使我感到无限光荣。①

在汉姆林,他主要在沃尔科特指导下学习哲学和伦理学。不过,他在汉姆林尚未读完,便受到万国青年会邀请奔赴法国为华工举办社会教育工作,历时十三个月之久。之后才回汉姆林继续完成学业,以优等成绩(magna cum laude)毕业。

程其保从汉姆林毕业后,曾短期在威斯康辛大学就读,旋即转入芝加哥大学攻读教育学硕士,一年半之后拿到学位。又转到哥大深造,由沃尔科特介绍给好友克伯屈(William Heard Kilpatrick,1871—1965)继续学习教育学,后来也因此成为一位著名教育家。1921 年出版的《中国游美同学录》有他的信息②。他 1895 年 12 月 8 日生,南昌人。1918 年 9 月 4 日来美。清华学校毕业生,1920 年汉姆林大学学士毕业,毕业后进入芝加哥大学。1922 年,程其保获得教育学硕士,论文是厚达 136 页的《中国教师的培训:特别考察师范院校》(*The Training of the Teachers in China: With Special Reference to the Normal Schools*)。随后他转入哥大师范学院,撰写论文,题为《中国支持足够公共教育之财政能力》(*Financial Ability to Support an Adequate Public Education in China*)。不过,正如刘蔚之先生指出的,程其保正在读博士时,即在 1923 年被郭秉文电召回国服务,实际上并未完成这篇论文③。

程其保在哥大师范学院的指导教授是克伯屈,沃尔科特教授的好友。程其保去哥大师范学院追随克伯屈,显然跟沃尔科特教授的推荐分不开。很可惜程其保未完成论文即

① 程其保:《六十年教育生涯》,原刊《传记文学》第 135 期,收入谷正纲等编《程其保先生逝世周年纪念集》,台北,1976 年,第 69 页。程其保还积极参与汉姆林大学中国同学会的活动,担任英文秘书。见 *The Chinese Students' Monthly*, Vol. XIV, No.1, November, 1918, pp.65-66.给《中国留学生月刊》提交的明尼苏达中国同学会简讯也由程其保执笔。据 1918 年 6 月出版的《清华周刊》第四次增刊,该月 14 日清华戊午级学生在体育馆举行年级纪念大会,邀请了校长和全体教职员参加,程其保曾在会上讲述级史。后来来宾还去草场参观种植级树典礼。由谭唐夫人代植级树,因为谭唐曾担任该级顾问两年。

② *Who's who of the Chinese Students in America*, 1921, p.34.他曾任中国同学会代表,并参与中国同学会基督徒联谊会的工作,曾在法国担任基督教青年会干事。1920 年获得中国同学会中西部分会演讲比赛第一名。1921 年住在芝加哥的 5749 Drexel Avenue 寓所。1923 年曾作为中国代表团成员参加在旧金山举行的世界教育大会。

③ 刘蔚之:《美国哥伦比亚大学师范学院中国学生博士论文分析(1914—1929)》,《教育研究集刊》第 59 辑第 2 期,2013 年 6 月,第 1~48 页,仔细分析了 15 篇论文的选题、导师和主要内容。程其保论文题目见于袁同礼编的《中国留美同学博士论文目录》,但实际未完成。

匆匆回国,在克伯屈门下求学仅一年而已。程先生回国后先后执教于齐鲁大学、中央大学和政治大学,主要从事教育行政管理工作。1934 年曾率团赴欧洲考察教育。二战后作为中国代表团成员参加了联合国教科文组织的国际会议,1948—1950 年在巴黎联合国教科文组织的教育处先后担任副主任、代理主任。

20 世纪 50 年代初,巴黎联合国教科文组织总部不再续聘中国职员,程其保被迫转到美国寓居。他起初投奔了自己在齐鲁大学的老朋友帕克尔(Albert Parker)去汉诺威学院讲学数月。不得已之际又投奔沃尔科特,成了沃老的同事。1952 年 3 月 2 日当地的《布鲁克林鹰报》(*The Brooklyn Eagle*)报道长岛大学 82 岁的哲学系老系主任沃尔科特与他 34 年前的学生程其保重逢。程被聘为该校哲学系研究教授(Research Professor)。对于这段往事,程先生晚年在回忆录中也特别提及:

4 BROOKLYN EAGLE, SUN., MAR. 2, 1952

Eagle Staff Photo

HALF A WORLD AWAY they first met. Dr. Chi-Pao Cheng, a new member of the Long Island University faculty, points out Peking, China, to Dr. Gregory D. Walcott, under whom he studied there in 1918. Dr. Walcott is chairman of the department of philosophy and Dr. Cheng has been appointed research professor of philosophy. He is the second of a group of Chinese students to join the L. I. U. faculty.

His 2d Chinese Student of 1918 Joins Walcott on LIU Faculty

Dr. Gregory D. Walcott, 82, ...ish the work on his bachelor of

Wounded Veterans To Attend Benefit

《布鲁克林鹰报》报道沃尔科特与程其保重逢于长岛大学

我在 Hanover 讲学,只有几个月,即膺纽约长岛大学之聘,担任研究教授。这个职务,也是我一位老教授 Gregory D.Walcott 帮助得来的。我在国内清华学校读书时,即上他的哲学及心理学课。后来我来美国升学,也就是进他执教的 Hamline 大学,前后与他发生师生关系达十年之久。我由美返国服务,其间隔三十余年,竟与他失却联系。这次我重来美国,即打定主意找他下落。有一天,在电话簿上,发现他的名字,知道他在长岛大学任哲学系教授兼主任。我随即雇车往访。相见之下,他高兴万分,他时年已七十九岁矣。他再三叫我不要离开纽约,他会替我找机会。不出数星期,长岛大学的聘书,就送到了。我在长岛大学,随我的老师,做研究工作,写了一本印度佛教与中国文化的稿子。①

① 程其保:《六十年教育生涯》,载于《程其保先生逝世周年纪念集》,第 104~105 页。程先生说当时沃老 79 岁,实属晚年记忆有误。沃老 1869 年 8 月生人,程其保投奔他时他可不止 79 岁。还是按照 1952 年《布鲁克林鹰报》记载的 82 岁比较准确,而且显然是按照西洋习惯,记录的是实岁,并非中国人所说的虚岁。而且报纸说沃老与 34 年前的学生重逢,而 1952 年距离 1918 年正好是 34 年。沃老 1954 年退休,程其保也随之离开,等于大约在长岛大学做了两年研究教授。他的二儿子程纪贤,据程其保先生所言:倾慕法国文化,不愿来美,故留在巴黎,专攻法国文学,于 1969 年获得巴黎大学博士学位,出有评论及法文诗专集等,在法国文艺界,颇负相当名望。(见第 103 页)这位程纪贤,其研究张若虚的硕士论文由法国汉学家谢和耐指导,1970 年正式出版后获得广泛赞誉。程纪贤后来改名程抱一,以法文创作多部文学作品,2002 年入选法兰西文学院院士。程抱一的女儿程艾兰则是法兰西公学院(Collège de France)中国思想史讲座教授。真可谓一门三杰。

这个稿子程先生并未校正出版。后来沃尔科特教授因年老而退休,他也随之离校。

1954 年 3 月 20 日,程其保致信给长岛大学校长科纳利(Richard L.Conally),感谢他邀请参加 4 月 7 日在格拉纳达酒店举行的沃老荣休宴会,并表示他和程夫人将一同出席晚宴。程其保也在信中深情地回顾自己与沃老的缘分。他说自己与沃老结缘于 1917 年,沃老当时担任交换教授,在清华学校教哲学、心理学以及其他一些科目。后来他追随沃老到汉姆林。他说,毫无疑问,“我总是他的好学生之一,他常常给我异乎寻常的一百分”。程其保也指出,在他所有的老师之中,沃老对他一生影响最大。正是由于沃老的个性和智慧所树立的楷模作用,他在事业上小有成就。这一次他又是因为通过沃老的关系获得美国国务院的援助,得以在长岛担任研究教授。①

和程其保一样晚年受益于沃尔科特教授的清华校友还有戊午级毕业生张歆海。张歆海 1918 年赴美后先到约翰霍普金斯大学,1919 年获得学士学位之后转入哈佛。1923 年毕业后回国任教。1928 年进入政界。20 世纪 40 年代末,和程其保一样,作为民国政府的代表在联合国任职。后来在 1951—1953 年到长岛大学担任研究教授,也是沃尔科特帮助联系的功劳②。可见,沃老不仅在早年对清华学生相助,晚年仍对程其保、张歆海这些早年在清华教过的学生照顾有加。他早年在清华讲授伦理学,推崇利他主义,一生不断帮助清华学生,亲身实践其所讲授的伦理学原理,真正体现了一位伦理学者知行合一的美德。事实上,早在 1910 年,汉姆林大学的年报在介绍校内教员时,便在沃尔科特教授照片旁边写上了数行提示文字,说那些了解沃尔科特的人都认为他是一位最实诚和慷慨的朋友(a most sincere and generous friend)③。

上述 1921 年出版的《中国游美同学录》68 页也有汤用彤的信息,注明他生于 1893 年 9 月 31 日,1918 年来美。1919 年获学士学位,现为哈佛大学哲学硕士候选人。该书中汤先生的记录远比程其保的记录简略,也有一些小问题。因为这部名录所收录的学生信息都是学生本人接受编委会问卷调查并将结果返还编委会登记的结果,有一些学生的笔误也未能纠正。仅以此条而言,9 月根本没有 31 日,这里大概是汤先生填写问卷调查时出现了笔误。另外,汤先生未写自己来美的具体月日。

实际上,1918 年清华戊午级学生和其他学生均是 9 月 4 日到达美国。清华戊午级学生 1918 年 8 月 14 日从上海乘“南京号”轮船赴美。当时同行者包括戊午级学生 57 人,其他各类公费和自费生 94 人。汤先生属于 94 人中的公费生。他们 9 月 4 日抵达旧金

---

① The Letter from Chi-Pao Cheng to Admiral Richard L.Conolly, from the Conolly archives at the Long Island University.

② 斯坦福大学胡佛研究所的张歆海档案中有两封沃老致张歆海的信。其中落款于 1952 年 5 月 27 日的一封提到邀请张参加 6 月 4 日的长岛大学毕业典礼。胡佛研究所东亚部林孝庭博士助我看到了这两封信的照片。

③ 见 Hamline University, *The Liner*, 1910, p.103.

山。同船人还包括李济、余青松、张道宏、张歆海[①]、程其保、叶企孙、刘崇鋐、楼光来[②]、查良钊(丁巳级),以及萧叔玉、徐志摩、刘叔和等人。这些学生之中,大概很多人特别是高等科戊午级毕业生都参加过沃尔科特的伦理讲座。因此,汤用彤正是1918年8月14日自上海坐船赴美,9月4日抵达旧金山,再从旧金山坐火车到明尼苏达州圣保罗进入汉姆林大学学习。

沃尔科特除了帮助汤用彤和程其保进入汉姆林大学,后来又介绍浦薛凤来汉姆林大学,并影响了李济早年学术方向的选择。清华戊午级毕业生李济便是最早从沃尔科特课上接触到现代心理学。据李济1962年的回忆《我在美国的大学生活》,他特别提到了在清华上的心理学课:

> 我在出洋的那一年,想专门学习的是心理学。如果问我为什么要选攻心理学,答案却很简单:因为民国六年至民国七年的时候,清华开了一门课程叫心理学,这门课是由特别从美国请来的一位先生担任的,那时我是最高年级的学生,所以有资格选这门课。当初我选这门课的时候,并不是因为有什么真正的兴趣,而完全是由好奇心的驱使,但是读了半年,就渐渐地发生了一种前所没感觉到的新趣味。譬如这位先生说:"人的智慧可以用科学的方法测量,测量人的智力就好像测量人的身高一样。"我们这些听的人都觉得怪好玩的,大家争先要他量量我们的智慧。所以IQ(智商)这个符号,我们这班同学知道得很早。以后又过了好些年,中国教育家才用这种方法测量中国儿童的智慧。就我个人说,清华学校最后的这门课程,却帮我做了到美国学业选择的最后决定。[③]

当时沃尔科特给李济测智商的结果是128[④]。这个结果显示李济智商超出常人,且不说测试方法是否可靠,数据是否准备,李先生当时看到这个结果也许感到高兴吧,后来他果然成就非凡。

李济1977年在和费正清夫人费慰梅的谈话中也提到了这位老师向他推荐心理学名

---

① 据1918年1月3日《清华周刊》第126期第22页,清华学校英文辩论赛预赛在26、27、28日分期举行,巢坤霖、施美士、华尔科三先生任评委,选出张歆海、卢默生、乔万选、刘师舜、宋国祥、钱宗堡六人为代表。所以华尔科对张歆海也并不陌生。

② 以上为戊午级学生,见刘真编《留学教育》第三册,第1060页;其中张歆海、楼光来、李济、叶企孙等人后来都到哈佛学习,见陈怀宇《在西方发现陈寅恪》,北京:北京师范大学出版社,2013年,第454~455页,第461~462页。

③ 《李济文集》卷五,上海:上海人民出版社,2006年,第193~194页。

④ 当时李济是高四级学生。据《清华周刊》1917年11月8日第118期第19页,沃尔科特在11月1日给高等科学生做《进步观》的伦理演讲,之后将高四学生留下做心理试验。不知李济被测是不是这次。1917年11月16日沃尔科特还应清华科学社邀请在高等科141教室为学生演讲催眠术。见《清华周刊》1917年11月15日第119期第21页。22日出版的第120期23页则提到沃氏先讲了催眠术的特点,也介绍了催眠术历史,最后讨论了催眠术的学理。

校克拉克。1978 年他的回忆文章《六十年前的清华》又提到了这位 Dr.Walcott[①]。李济从沃尔科特那儿打听到当时心理学专业最好的大学是克拉克大学,出国第一站便去了克拉克,获得学士学位之后,于 1920 年转入哈佛读人类学。他的学术思路有一系列变化,最初从心理学转向体质人类学,再从体质人类学转向考古学,最后在考古学领域确立了一生的宏伟学术事业。1932 年中研院史语所正是在他领导下因开展安阳考古获得法国金石与美文学院颁发的儒莲汉学奖[②],这是中国学者第一次获得这一汉学大奖。

浦薛凤 1921 年从清华学校高等科毕业[③],和辛酉级留美学生一道于 8 月 12 日坐"中国号"轮船赴美,进入汉姆林大学读大三,主修政治学,副修哲学,其实也主要是由沃尔科特教授指导,1923 年获得学士学位。他在回忆录《万里家山一梦中》一书里说自己早就决定修读政治学,因为翰墨林大学(此为浦使用的名字)的华尔高特教授曾来清华学校教授西洋史,而汤用彤与程其保两君先后前往,以两年时间读得学士学位,再则进入规模较小学校,较多接触教授、参加活动与学习社交之机会。级友(张)祖荫(后来改名海慈)亦选此校。予遂致函华尔高特教授告以九月初到校,恳请代定附近住所[④]。这段话略有一些问题,恐是浦先生晚年记忆有误。其一,Walcott 教授在清华主要讲授伦理学,而非西洋史,有后来结集出版的讲稿为证;其二,汤先生实际在汉姆林只读了一年即毕业,转到哈佛。浦先生可能将主讲西洋史的麦克尔罗伊记成了沃尔科特。后来他又说之所以选择这所学校是因为该校学问渊博之哲学教授华尔高特曾到清华执教。他从旧金山入境,乘火车到圣保罗,由曼虹(Alfred Z.Mann)教授接待。

浦薛凤在校期间最尊敬、最亲近的人仍然是"亦师亦友"的华尔高特教授。但也和其他教授如教务长奥斯本(Henry L.Osborn)、英文教授裴阮(Thomas P.Beyer)[⑤]、社会学教授曼虹、德文教授金哲斯(James S.King)相当熟悉。其中裴阮也是华尔高特的好友。浦薛凤也积极参加各种活动,特别是学校的辩论赛,曾以《美国国务卿海约翰》为题参与全校演讲比赛获得第一名的佳绩,并第一次以外国学生的身份代表汉姆林参加在卡尔登学院举行的明尼苏达州校际演讲比赛,获得第三名。他也在 1922 年 9 月在翰墨林大学发起成立世界学生会(The Cosmopolitan Club),被选为首任会长。这个学生会接纳了来自加拿大、中国、英国、法国、韩国、日本、菲律宾、瑞士等 8 个国家的留学生。1923 年 4 月

---

① 《李济与清华》,清华大学出版社,1994 年,第 143~144 页。

② "Rapport sur le nouveau fascicule du Corpus Inscr. Semit. Relatif aux inscriptions de Palmyre." *Comptes-rendus des séances de l' Académie des inscriptions et belles-lettres* Vol.76, No.1 (1932), p.101.

③ 浦先生号逖生,故英文名为 Dison Poe,系来自浦逖生一名,见于英文文献。

④ 浦薛凤:《浦薛凤回忆录:万里家山一梦中》(上),合肥:黄山书社,2009 年,第 77 页。

⑤ 在前引苏云峰《从清华学堂到清华大学,1911—1929》一书中也作白亚。

25 日他入选荣誉辩才兄弟会(Pi Kappa Delta)[①]。他在汉姆林大学的生活丰富多彩,还参加了法文俱乐部。裴阮教授还介绍他到明尼阿波利斯工会去介绍中国近况。他 1923 年毕业后转入哈佛,1925 年获得硕士学位。1944 年获得汉姆林荣誉法学博士。2005 年被选为汉姆林校史上 150 位名人之一。

GREGORY D. WALCOTT
A. B., A. M., B. D., Ph. D.
Phi Beta Kappa

WILLIAM E. THOMPSON
A. B., A. M.
Phi Beta Kappa

HENRY L. OSBORN
A. B., Ph. D.
Phi Beta Kappa
Psi Upsilon

1920 年在汉姆林大学任教的沃尔科特(左)与奥斯本(右)

浦薛凤在早年回忆录中提到好些汉姆林大学的同学,如萨克德(Everett Sackett)、哈浮(Gerald Harvey)、怀德(Leslie White)、帕麦尔(Willard Palmer)等人。实际上,如果检英文材料,可以发现他还有个好友汉纳(Paul Hanna,1902—1988),此人也是沃尔科特教授的得意门生。浦先生刚到汉姆林时英文口语不佳,一位叫舒曼(Jean Shuman)的女同学帮他辅导。这位舒曼小姐正是汉纳的女友。因此通过舒曼,汉纳也和浦薛凤成了好友[②]。两人实际上同时入选辩才兄弟会。后来两人友谊亦持续终生。浦薛凤在台湾教育部门任职时,曾邀请汉纳于 1961 年 5 月访问。当时汉纳正热衷于参与国际教育项目,也趁机考察了台湾教育。汉纳夫妇对自己大学时代的老师沃尔科特有很深的感情。1982 年,他们在翰墨林大学设立汉纳纪念讲座(The Paul Robert and Jean Shuman Hanna Lectureship),主要是为了纪念沃尔科特老师当年对他们的影响。

最后,值得一提的是,沃尔科特之所以来清华任教,大概也和当时的世界局势有关。

---

① Hamline University, *The Liner*, 1924, p.81.

② Jared Stallones, *Paul Robert Hanna: A Life of Expanding Communities*, Stanford: Hoover Institution Press, 2002, p.25.

沃尔科特差点儿参加第一次世界大战。据汉姆林生物学教授、学院院长奥斯本所编辑的《世界大战中的汉姆林大学》,到1916年暑假,一战的气氛开始笼罩汉姆林,哲学教授沃尔科特被政府征召入伍,到纽约普拉茨堡军事训练营接受军官训练①,沃尔科特第一次近距离接触军事组织和演习常规。1917年3月学院院长巴切尔德(Loren H.Batchelder)建议让汉姆林学生熟悉军事生活。沃尔科特随即组织了一百名学生在体育馆进行了一次演习②。实际上胡适的日记里已经提到1916年4月28日美国国会通过了选拔征兵制(Selective Draft)法案,"此一强迫兵制之一种也"③。胡适在日记里也提及几位美国友人均不愿从军,但胡适本人并不反对美国和中国参战。

当时美国正欲介入一战,沃尔科特正是在这样的氛围下被征召入伍。虽然他被征召入伍,美国很快在1917年3月正式介入世界大战,但是因为他被清华聘为交换教授,当然就此与一战无缘。当时美国大学教授参与战争动员者不少。沃尔科特的朋友白亚教授也担任了1918—1919年全国战争劳动协会(the National War Labor Board)的代表。这个协会是由威尔逊总统下令成立的联邦协调机构,负责处理当时的劳资纠纷,以便在战争时期保障正常的生产秩序。可见白亚也通过服务联邦机构正式参加了第一次世界大战。总之,沃尔科特和白亚都是乱世时期身不由己受国际形势影响的美国教授,也都去清华担任了交换教授。

三、沃尔科特《清华伦理学讲座》

沃尔科特1917年秋季学期在清华花了两个多月时间做了八次伦理学演讲,这些演讲差不多两周进行一次④,一些章节在演讲之后发表在《清华学报》(*Tsing Hua Journal*)

① 有关这个训练营的研究见 John Gary Clifford, *The Citizen Soldiers: The Platsburg Training Camp Movement, 1913-1920*, Lexington, KY: The University Press of Kentucky, 1972.

② Henry L.Osborn, *Hamline University in the World War*, San Paul, MN: Hamline University, 1920, p.12.

③ 曹伯言编:《胡适日记全编》(2),合肥:安徽教育出版社,2001年,第586页,1916年5月6日的日记。

④ 首次演讲在1917年9月20日举行。据1917年9月27日《清华周刊》第113期18页,"前星期四高等科伦理演说由华尔科博士演讲,题为《伦理之见解》。其大意在欲吾人对于伦理问题,宜用科学方法研究之,不当用哲学方法研究之。并须注重主观,勿涉客观"。报道还说本学期高等科伦理演说全由沃尔科特博士担任。此篇乃绪言。同一期《清华周刊》还特别提到图书馆购进心理学书57册,这可能也与沃尔科特来清华有关,因为他很重视心理学。当时负责图书馆的主任是戴志骞,助理是袁同礼。1917年10月4日《清华周刊》第114期14页,"本学年高等科伦理演说,由校中请华尔科博士主讲,所有演讲题目,兹特录如下:(一)伦理之确实范围,(二)道德之两面观,(三)道德之进步,(四)伦理观念之内容,(五)伦理观念之实行,(六)伦理之推论及其回溯"。1918年春季学期则无伦理演讲,只有针对高等科学生的职业演讲。沃氏应邀在2月14日下午三点为高四级学生讲了择业问题。沃氏认为学生择业应该看自己的才能志向与国家社会之需要,不能太早就急着检验自己的特长,范围不宜过窄。他认为职业可分为科学、管理、文学三类,各人的性格也不同。见《清华周刊》1918年2月21日第129期1~2页。

英文版,回美后结集出版了《清华伦理学讲座》一书①。他说这些演讲实际上也是他在汉姆林教书十年的一些内容积累②。这话并没有夸张,他在汉姆林教授的课程涉及逻辑学、哲学史、宗教史、心理学、科学原理、统计学因素③等。而他在清华演讲的内容在这些方面都有涉及④。这也反映了他这些演讲并非专门为清华学生刻意准备的,而是借鉴了他在汉姆林教书的一些课程。最终结集的这本书,从内容来看,是一些对伦理学的概要式介绍,但涉及面很广,反映了沃尔科特广泛的学术兴趣。书中讨论的内容,除伦理学和心理学之外,也涉及人类学和社会学,如介绍安特路朗的理论、摩尔根的《古代社会》。而社会学先驱吉丁斯的著作更是沃尔科特引用最频繁的资源⑤。吉丁斯长期任教哥大。在沃尔科特就读哥大之时,其声誉正如日中天。沃尔科特的学生狄玛就是受他影响,1913—1914 年在哥大追随吉丁斯学习社会学,后来到清华任教。

沃尔科特是比较开明的学者,对当时新兴的学术领域如心理学、社会学、人类学等尤其感觉敏锐。虽然清华请一些人来做伦理演讲主要是为了培养学生的德性,但实际上从沃尔科特的讲座内容来看,他是去讲授伦理学,将西方伦理学史上一些重要流派和观点进行梳理。蔡元培在《中国伦理学史》中讲到伦理学史和伦理学之区别,伦理学以伦理之科条为纲,而伦理学史则叙述伦理学家之派别。沃尔科特则一方面抽象出一些伦理学上的重要议题,一方面也介绍不同伦理学家的主要思想。

沃尔科特的《清华伦理学讲座》一共收入八讲,分别以伦理学观点、伦理学领域、双面的道德、进步之问题、伦理之理想、伦理之理想续篇、理想之现实化、蕴意与反思为题。第一讲是整个伦理学课程的导论。他首先追溯了英文伦理学一词的希腊文起源,以及 morality 在拉丁文中的用法,前者指柏拉图和亚里士多德的用法,后者指西塞罗的用法。他的导论与清华对他的期待紧密结合在一起。这主要体现在沃尔科特已注意到清华开设伦理讲座的实用目的,特意在讲座中探讨了伦理学理论与实践两个层面的问题。

他开篇即从语文学角度,追溯了伦理学一词在希腊、拉丁文中作为风俗习惯的原意,

---

① 据 1919 年 10 月 12 日《清华周刊》第 173 期 5 页,"滑尔考脱博士在本校伦理演说已由拔拳书局出版,名曰《清华学校伦理演说》(*Tsing Hua Ethical Lectures*)。同学中欲得是书者,可向上海伊文思书馆购买可也"。书名原文略有出入。

② Gregory D. Walcott, *Tsing Hua Lectures on Ethics*, Boston: Richard. G. Badger, 1919, 193 页,当时售价 $1.75。

③ 比如他 1913 年开始在汉姆林大学开设"科学原理"(The Principles of Science)课程,见 *Hamline University Catalogue*, September 1, 1913, p.45;1914 开始教"统计学因素"(The Elements of Statistics),见 *Hamline University Catalogue*, September 1, 1914, p.49.

④ 一些清华校史书籍对沃尔科特在清华的演讲活动很少涉及。前面提到的《从清华学堂到清华大学,1911—1929》一书便未讨论沃尔科特的演讲。而 1999 年出版的《清华大学人文学科年谱》(齐家莹编撰,清华大学出版社出版)也未提及沃尔科特。

⑤ Gregory D. Walcott, *Tsing Hua Lectures on Ethics*, p.116.

以及伦理学在希腊哲学中的发展。他在讲座中介绍了哈佛大学帕默尔(George Herbert Palmer,1842—1933)对 ethics 和 morality 两个词的区分,这个区分将 ethics 一词视为伦理学的理论层面,而 morality 一词代表实践层面。不过,他本人不完全同意这样的区分,常常将两者替换使用。他也提示了希腊哲学中所谓"德性"或"美德"(virtue)的概念,主要是指苏格拉底所谓"德性即知识"的概念。他接着介绍了伦敦大学霍布豪斯(Leonard Trelawny Hobhouse,1864—1929)关于伦理学存在群体多样性的思想。

另一个重要议题是道德是他律的还是自律的。沃尔科特引用了莱比锡大学冯特关于他律型和自律型道德的研究,他律型道德见于政治和宗教之中;而自律型道德也有两种,一种来自政治和宗教之内的自我选择,一种来自深刻的自我认识。沃尔科特也从自然科学的角度讨论道德作为一种科学可以进行试验检测预知的问题,这当然是受到当时自然科学勃兴的影响。当时社会学也开始兴起,因此他认为道德与社会学也存在很密切的关系。

在讨论伦理学作为一个领域时,沃尔科特首先介绍了丹麦学者霍夫丁(Harald Höffding,1870—1931)的所谓"四大问题说":知识问题、存在问题、值当问题、意识问题[①]。而"值当"(worth)的议题包括了伦理和宗教,相当于"价值"(value)。其实对当时早着西方心理学先鞭的王国维来说,这位霍夫丁并不陌生。王国维称其为"海甫定",1902 年就已经开始读他的《心理学》,1907 年便根据英译本译出《心理学概要》出版[②]。

沃尔科特也介绍了吉丁斯的社会学理论。从哲学和社会学两个方面,沃尔科特提出伦理学与有目的性的活动联系在一起,而从社会学角度看这些活动特别关注社会福利,换言之,伦理学注重有意识的以促进社会福利为目的的活动,而这样的伦理学注重两个原则,利他主义和合作。在讨论合作原则时,沃尔科特引用了俄国作家克鲁泡特金的作品。他的最终结论是,从社会学上讲,任何事,如果是伦理性的,也一定是社会性的。

而沃尔科特所谓"双面之道德",指一方面存在所谓传统的、个人所属社区的旧道德,另一方面也有来自超出个人所属特定社区之外部世界的道德。他最后特别举清华听众为例,认为中国人已经在很长时间内接受了先王先圣传下来的道德,这些道德可能对中国人来说是最好的。但是时代在变化,民众生活的环境也在变化。他认为,来自中国各地的学生到清华来学习,将来去美国留学,随着环境的变化,会构建新的道德,和以前

① 《清华周刊》1917 年 10 月 11 日第 115 期 16 页云:"上星期四(10 月 4 日)高等科伦理演说由华尔科博士演讲《伦理之确实范围》。先生谓依哲学社会学观察,天下万事虽不敢必言——唯心,然饮食起居,咸有几分之心思,在伦理范围所及。囿于为社会求福利之行为,然论贵诛心。考此行为之是否合于伦理,当先问其心思之公私。事物之公私既明,伦理之范围亦自定矣。"

② 陈洪祥:《王国维与近代东西方学人》,天津:天津古籍出版社,1990 年,第 120 页。

传统的社会意识不同的道德。这一演讲在 1917 年 10 月 18 日下午 3 点举行，当时《清华周刊》也作了报道："华尔科博士为高等科同学演《道德之两面观》。大意谓人一抱定宗旨，目中常存有一理想之人格，则其行为必合乎道德。如以盗跖为帜志，竭力尽心为之，在一方观之，实合乎伦理；如希圣希贤，神志专一，在又一方观之，亦即道德。故社会之中，实有两种道德，有消极之道德，凡所举措，咸主保守。对于旧日之文化，涵养爱惜，究其所止，不外个人身性之间。有积极之道德，旨在福利社会，其所秉受，富进取勇往之心，苟利生民，不惜受人讥刺，破坏千年成规。然其确为道德。则一也。说者谓博士乃观于我国新旧纷争，有感而言此。"[①] 当时新文化运动方兴未艾，清华虽系一美式学校，校内孔教会却也非常活跃。也许沃尔科特确实看到了这些情况，故在演讲中有所暗示。

在沃尔科特看来，进步虽然给现代人带来了更多的自由和快乐，但也带来很大问题，特别是在欧洲存在严重的劳资问题[②]。我们必须注意到，沃尔科特 1917 年秋季来华任教的时候，欧洲正处于一战当中，而在欧洲不少国家，也存在严重的劳资冲突。正是在这一年的 11 月 7 日，俄国发生了社会主义革命，结果发生政权更迭。沃尔科特的演讲正反映了当时美国学者对欧洲政治局势的观察和反思。这应是 1917 年 11 月 1 日沃尔科特为高等科做伦理演讲《进步观》，"先生略谓凡事由简至繁，大演公例。即以道德言，今日之积极观，已非昔日之消极观可比。所谓积极观者，人生价值、人生能力，及自由乐利之增进是也"[③]。这次演讲之后，他还将高四级学生留下来做心理试验。

关于伦理学的理想，他主要从社会学的角度以吉丁斯的看法为例，讨论了"强有力型""快乐型""清教徒型""理性式良心型"四种理想，基本上是强调人需要过一种理性控制的生活，保持强健的身体，拥有力量、能力、勇气，服务他人，富有责任感。他也特别强调这种所谓理性控制的生活主要体现在亚里士多德所提示的节制和自控两个方面。他批评节制一词在当时的美国的日常生活中仅限于禁酒运动[④]，而非体现在饮食、行动、思想、言语等各个方面[⑤]。这主要来自 1917 年 11 月 15 日他在清华的演讲，题为《伦理之理想》："大意以历史眼光归纳之。谓欧洲学术悉源于苏格拉底，后人各得一体。一曰乐利派，主张怡情悦性，终身逸乐，以一时之快乐与终身之快乐较，则重终身之快乐。惟其尚情，故蔑理；惟其弃理，故纵欲。一曰惟理派，源于犬儒学者。其学一以理立极。凡诸事物，一断之以理。务窒欲遏情，使理得以战胜。三曰折衷派，柏拉图、亚里士多德倡之。

① 1917 年 10 月 25 日第 116 期 15 页。

② Walcott, *Tsing Hua Lectures on Ethics*, pp.98-99.

③ 1917 年 11 月 8 日《清华周刊》第 118 期 19 页。

④ 有关 20 世纪初的美国禁酒运动研究，参见 James H. Timberlake, *Prohibition and the Progressive Movement, 1900-1920*, Cambridge: Harvard University Press, 1963.

⑤ Walcott, *Tsing Hua Lectures on Ethics*, p.131.

则理与情并立，而以理为主。虽谓理情不可偏废，而情欲亦当经理断而后发表，乃为至当。”[①]其后，12 月 6 日他在清华讲《伦理理想之内容》[②]。

他也主张道德理想的另一个因素是思想之自由性（liberality），即一种脱离了偏见、狭隘的思想状态，一种不受偏见限制的认知能力。对沃尔科特来说，亚里士多德的德性说也体现于诚实、谦逊和正义的怨恨。沃尔科特主张以社会福利为原则来选择亚里士多德的德性说予以实践。他也主张人们应该学习和借鉴东方人如犹太、印度、中国思想家所传下的戒律和道德，如孝道、慈爱、中庸等。尽管沃尔科特的背景是西方哲学训练，但他很显然对所谓东方文明、东方智慧并不是持贬斥的态度，而是抱有一份敬意。这恐怕也是他特别提携清华学生的一个原因。

在最后一讲中，沃尔科特将宗教提出来作为讨论的主要对象[③]。他首先解释了在美国政治和宗教是最容易引起争论的主题，尽管讨论伦理几乎不可避免地要涉及宗教，但他考虑到来清华主讲伦理学，因此一直未特别注意讨论宗教，只是在最后作一个提示。他将宗教理解为类似于哲学的对生活经验的解释，他也很重视理解一个社区的宗教生活。他所理解的宗教重视对世界观的认识、对生命难题的解决特别是对生命起源和人类目标的认识、对个人情感表现、对个人活动及其世界观之关系的考察[④]。这样的思路，很显然受到当时蓬勃发展的生物学、心理学、社会学影响，而并非传统圣经学和神学的思路。他引用康德在《纯粹理性批判》中的观点来说明自己的思路。这样的思路与沃尔科特一贯重视以科学、理性的态度来理解人的行为和道德是分不开的。不过，从《清华伦理学讲座》一书来看，他参考的主要还是当时美国一些学者的社会学著作，特别是吉丁斯的论著。

四、沃尔科特生平与事业

前文主要讨论了沃尔科特与清华之因缘，但读者或许应对其个人一生学术经历有所了解，方可对其人其事有个清晰的总体把握。沃尔科特是位传奇式人物，年轻时经历坎

① 据《清华周刊》1917 年 11 月 22 日第 120 期，这次演讲在 15 日举行，根据《清华周刊》的报道，本学期最后一讲在 1917 年 12 月 13 日举行，为高等科学生讲《演绎及归纳》，实际是“将以前所有演讲引申而明其应用”。见 1917 年 12 月 20 日《清华周刊》第 124 期，第 18~19 页。

② 1917 年 12 月 13 日《清华周刊》第 123 期 20 页，认为伦理的理想应该分析古今圣者之格言，分析而判断，不能人云亦云。他用亚里士多德的伦理理想来鼓励同学们，主要包括勇敢、节制、度量、卫生等方面，鼓励学生不自暴自弃、豁达等。8 日沃氏还为清华文学会辩论“中国应否派兵赴欧助战”充当裁判一职。

③ 这一讲在 1918 年 1 月 3 日举行，题为《伦理对于宗教之关系》。据 1918 年 1 月 10 日《清华周刊》第 127 期 16 页，此讲主要讲“道德为宗教之表示，而宗教为道德之护身，二者不能远离”。

④ Walcott, *Tsing Hua Lectures on Ethics*, pp.172-174.

坷,晚年突遭服务超过20年的大学解聘,最后却在科学史上留名。他的祖上大约在1634年从英格兰移民到麻省,此后数代人都在新英格兰地区求生。他父亲查尔斯(1826—1871)早年主要在罗得岛州的农场和工厂做工,曾短期在加州居住,后来搬回罗得岛,转而做一位火车工程师。尽管查尔斯曾志愿服务于内战中的北军,但却因为身体状况不佳被拒,只得留在罗得岛和纽约等地从事工程工作 ,在纽约认识了来自长岛格伦代尔的玛丽(Mary Catherine Leary,1850—1913),两人1867年结婚,育有一女(Mary D.Walcott)、一子(Gregory D.Walcott)。沃尔科特 1869 年 8 月 29 日出生于罗得岛州的林肯镇。他的启蒙教育始于一个只有一间屋子的学校,但因为年幼时便失去了父亲,他从 14 岁起就不得不自立, 历尽磨炼。为了谋生,从事过各种商业和制造业工作,早年在干货店做勤杂工,1883—1884 年曾服务于小镇图书馆,1886—1890 年在一家棉纺厂打工,辗转于宾州、罗得岛州、佛蒙特州等地。1890 年才去麻省沃切斯特念高中,并获得巴克纳尔奖学金①。由于家境不好,在校期间他一直在学校洗衣房和餐厅打工。毕业后进入布朗大学,1897年获得学士学位,在校期间因学习优异被选入本科生特别看重的斐陶斐荣誉学会。他在读书时曾在几个教会做过临时布道师,且从小在浸信会传统中长大,但他因不能接受耶稣复活的说法,从未想过成为牧师,而是决心成为教师。大学毕业后,他进入哥大读研究生,并同时在纽约市协和神学院求学。1900 年他获得了洛克菲勒基金会三百美金的资助,于是 1900—1901 学年他到波恩和柏林大学游学,1904 年 6 月获得哥大博士学位,论文主旨是研究 19 世纪德国神学家立敕尔(Albrecht Ritschl,1822—1889)所论上帝概念中的康德式与路德式思想因素②。

沃尔科特博士毕业后,首先在伊利诺伊的布莱克伯恩学院(Blackburn College)任希腊、拉丁文教授,次年转为希腊文和哲学教授。他在该校任教期间,对一位女生产生了很大的影响。这位名为斯图尔德(Helen Rebecca Steward,1889—1980)的女生在沃尔科特的希腊文课上深受启发,在 1908 年毕业之后决心从事学术研究。她在当地高中短期任教之后,进入伊利诺伊大学学习圣经文献、历史、经济学、教育学,1914 年获得硕士学位。之后先后在伊利诺伊州的高中和女子学院任教。1917—1919 年转至堪萨斯州劳伦斯中央高中任教历史学。1919 年以后到北卡担任依隆大学女生部主任及历史学教授。③ 后来她再次邂逅青年时代的希腊文老师沃尔科特,两人于 1944 年 6 月 17 日结合,当时沃

① Adam Alles,"Gregory Dexter Walcott." *Proceedings and Addresses of the American Philosophical Association*, vol. 33 (1959-1960), pp.120-121.

② 论文题目为"The Kantian and Lutheran Elements in Ritschl's Conception of God"。

③ Isabel Maddison compiled, *Bryn Mawr College Calendar*, *Register of Alumnae and Former Students*, Philadelphia: The John C.Winston Co., 1920, p.267.

老已经75岁了，而斯小姐也年届55，这段黄昏恋可谓一段学林佳话。沃老后来谈到这件事时说，他当年在布莱克伯恩学院任教时有位女生很恨他，后来跟他结婚了，因为她唯一报复他的手段便是嫁给他，而她为了报复他等了40年。①

1921年在依隆大学任教的斯图尔德女士

1907年，沃尔科特转到汉姆林大学任哲学和心理学系系主任，他当时主讲的课程包括“逻辑学”“心理学”“实验心理学”“基因心理学”“哲学史”“理论伦理学”“宗教史”“宗教哲学”②“德国哲学”（主讲康德《纯粹理性批判》，也涉及费希特、谢林、黑格尔、叔本华）、“英国哲学”（从培根到斯宾塞，特别注重洛克、伯克莱和休谟）③。他任教期间颇受学生欢迎。他1911年发起出版汉姆林大学校刊（*The Bulletin of Hamline University*），并成为首任主编，1916年由白亚接任。

沃尔科特兴趣非常广泛。作为一位在世纪之交目睹世界发生天翻地覆变化的学者，也热衷于了解20世纪初逐渐蓬勃发展的各种新兴学科。1920年4月在威斯康辛大学召开了美国哲学学会西部分会年会，与会者就20世纪初现代生活一些重大变化提出的挑战展开讨论，希望找到办法让学生对这种现代生活的物质与社会环境有比较清晰的认识，培养20世纪的世界观。沃尔科特报告了他在汉姆林开设的新课“哲学上的新内容课程”（A New Content Course in Philosophy）。这门课帮助学生在进行形而上学研究之前了解一些现代学科的基本背景知识。为了让学生了解新兴学科的情况，他当时让学生主要参考的文献是“现代知识家庭大学文库”（Homc University Library Of Modern Knowledge）丛书。他还计划开设一门题为“人类文化的哲学概观”（A Philosophical Survey of Human

① “Professor at L.I.U.Going Strong at 83.” *The New York Times*, Sunday, September 28, 1952.沃老认为当时学生的素质跟他上大学时比有所下降，学习标准也有所降低，学生虽然学数学，但学习逻辑不够。

② 沃尔科特在宗教哲学方面很熟悉哈佛哲学教授罗伊斯（Josiah Royce, 1855—1916）的论述，罗伊斯以研究宗教哲学知名，而沃尔科特1920年在汉姆林的公开演讲中引述了罗伊斯在《现代哲学精神》（*The Spirit of Modern Philosophy*, 1892）一书中对康德式学者的阐释，认为一个哲学家的生活即无休止地思考。见Gregory D.Walcott, “Philosophy as a Function of Modern Life.” *The Chinese Students' Monthly* Vol.17, No.6 (April, 1922), pp.506-507.罗伊斯的《黑格尔学述》由贺麟译成中文，1936年商务印书馆刊行，贺将其名字译为鲁一士。

③ *Hamline University Catalogue*, September 1, 1907, p.6.当时他的头衔便是心理学和哲学教授，47～50页有他所授课程目录。1908年的学校目录中他的头衔变为心理学、伦理学和哲学教授。见 *Hamline University Catalogue*, September 1, 1908, p.6；而他所授的课程也增加了一门“形而上学、知识论和美学”。

Culture）的新课，作为前述课程的补充。[①]

沃尔科特1917年来清华时是他转任汉姆林大学第十年。他在汉姆林任教期间获得了许多荣誉，包括被选为美国科学促进会会士、英国皇家艺术学会会士，入选《美国名人录》。他也是美西哲学学会会员，1916年被明尼苏达历史学会列为明尼苏达20世纪名人之一。1917—1918学年他来清华任教期间，在汉姆林大学的系主任职务由迪利（William L.Dealey）代理。迪利专攻心理学，和沃尔科特是布朗校友，本科也毕业于布朗大学，1916年博士毕业于心理学名校克拉克大学，曾在莱比锡大学留学[②]。不过，1918年4月迪利接到政府的紧急征召令，需要去佐治亚绿叶营的心理战第一连报到。其职务由妹妹迪莉（Hermione L.Dealey，1893—1991）接替，迪莉是教育心理学专家，本科也毕业于布朗大学，硕士也毕业于克拉克大学，博士又毕业于布朗[③]。他们后来都离开了汉姆林。沃尔科特从中国回美之后，仍不忘自己的这段奇特经历，在汉姆林介绍中国。1919年1月20日沃尔科特在汉姆林大学做了一个题为“中国掠影”（Glimpses of China）的讲座，用了很多图片，介绍他在中国任教期间的所见所闻。

不过，1928年6月上任才一年的校长休斯（Alfred F.Hughes）宣布让沃尔科特1928—1929学年带薪休假，休假之后解聘。9月7日，沃尔科特写信给校长进行申诉。休斯认为，沃尔科特未能执行学校的一些政策。虽然沃尔科特获得一些同事的支持，但9月11日的校董会仍然支持了校长的决定。休斯当时正大力加强汉姆林教育系统中的宗教因素。当时的调查表明，沃尔科特未能支持作为卫理宗教会支持的汉姆林大学的宗教教育理念是一大理由。即便是美国大学教授协会也很难介入这种宗教学校的人事纠纷[④]。沃尔科特是美国大学教授协会资深会员，曾提名白亚、哈特维尔等汉姆林同事进入该协会。但在这次与校长的纠纷中，该协会仍然无法帮助他。

沃尔科特早年曾是罗得岛浸信会成员，政治上支持当时的共和党，但中年以后似乎在宗教活动上不甚活跃，和汉姆林背后的卫理宗教会可能存在理念上的差距。从他在清华所做的伦理学讲座来看，他也是一位非常重视科学、理性，偏重从社会学、心理学角度解释宗教经验的学者。这种思路自然与汉姆林背后教会的思路背道而驰。十分讽刺的

---

① “The Twentieth Annual Meeting of the Western Philosophical Association.” *The Journal of Philosophy, Psychology and Scientific Methods*, Vol. XVII, No.12, June 3, 1920, p.316.

② *Alumni Quarterly of Hamline University* Vol.14, No.2 (October, 1917), p.11.

③ *Alumni Quarterly of Hamline University* Vol.15, No.1 (July, 1918), p.25.迪莉1915年在克拉克完成的论文是《关于卫斯理、史密斯、凡萨三所女子学院课程设计的比较研究》。1918年从布朗获得博士学位。她结婚后改名为Hermione Dealey Dvorak，后来在明尼苏达大学和西雅图华盛顿大学任教，丈夫August Dvorak（1894—1975）也是心理学家。

④ H.R.Fairclough, “Hamline University.” *Bulletin of the American Association of University Professors*, Vol.15, No.2, February, 1929, pp.127-128.

是,早在 1911 年,沃尔科特曾经在《科学》杂志撰文指出明智的治校政策应该是教授治校,而非校长治校①。他当时绝对没想到自己以后会因为和校长存在理念上的冲突而被解聘。

1928 年秋季,在汉姆林做了 20 年哲学系系主任的沃尔科特不得不辞职,转到纽约长岛大学任哲学系副教授。尽管被解聘,又从正教授退回副教授,但他能从寒冷的明尼苏达圣保罗市搬到纽约长岛,大概心境不会非常差,再说他对长岛并不完全陌生,这里是他母亲玛丽的家乡。而且,在他离开之后,1929 年经济大萧条开始,汉姆林面临财政危机,几乎关门,校长休斯因面临巨大压力不得不在 1932 年辞职离去。沃尔科特其实还算走得及时。1928 年 12 月,他被选为科学史学会理事。1929 年他才转为正教授②。他被解聘时已经 59 岁了,但仍然能找到一份工作,实属不易。这要比黄仁宇幸运得多。黄仁宇被纽约州立大学解聘时已 61 岁,尽管著作颇多,但再也没能找到教职。而沃尔科特在长岛大学竟然又教了 25 年,一直待到 1954 年 5 月才以 84 岁高龄退休。而退休之前,还做了一件大好事,就是帮助程其保、张歆海得到研究教授的位置,暂时安身③。

相比于他一生漫长的教学生涯,他的著述并不多。只出版了《清华伦理学讲座》(*Tsing Hua Lectures on Ethics*, Boston, 1919)、《初阶逻辑学》(*An Elementary Logic: A Textbook for Beginners with Special Emphasis on Scientific Method*, New York, 1931)④、《世界的理性》(*The Rationality of the World*, Brooklyn, NY, 1950)⑤等几本书。这三本书基本都是在给本科生授课的讲义基础上修改出版,其实算不上是原创性的学术专著。《清华伦理学讲座》出版之后,因为不是很专门的学术论著,似乎并未引起学界广泛注意。仅由康奈尔大学哲学教授莱特(Henry Wilkes Wright, 1878—1959)发表了不到 250 词的简短书评,认为此书虽主要面对清华学生进行一般性介绍且篇幅有限,却能抓住一些主要伦理学家的主要论题予以清楚地阐释⑥。

沃尔科特最为学界所知的贡献是他自 1924 年开始主编的一套"科学史史料集"(Source Books in the History of the Sciences)。这套书的编辑出版是学术史上一件大事,

---

① Gregory D.Walcott, "Faculty or President?" *Science*, New Series, Vol.33, No.836, January 6, 1911, pp.31-32.

② *The Journal of Philosophy*, Vol.26, No.11, May 23, 1929, p.308.

③ "Former Hamline Prof.Honored." *St.Paul Pioneer Press*, April 12, 1954.沃老当时被称为"长岛大学大长老"(the grand old man of Long Island University),从事教学工作五十年。参加其荣休晚宴的客人包括当时长岛大学校长、退役海军上将康奈利(Richard L.Connolly),中国外交官及沃老以前的弟子张歆海,还有沃老另一位弟子、全国多发性硬化症协会医学主任温奈迪(Harold R.Wainerdi)等。

④ 这本书的书评也不多,仅有 Jesse V.Mauzey, "Review of *An Elementary Logic* by Gregory Dexter Walcott." *Journal of Philosophy* Vol.31, No.8 (April 12, 1934), pp.218-219.

⑤ 此书是本 64 页的小册子,在 *Journal of Philosophy* Vol.48, No.11 (1951), pp.369-370 有一个简介。

⑥ H.W.Wright, "Review of *Tsing Hua Lectures on Ethics* by Gregory Dexter Walcott." *Journal of Philosophy, Psychology and Scientific Methods* Vol.17, No.18 (August 26, 1920), pp.501-502.

自从沃尔科特开创此套丛书以来,一直由一些顶尖学者组成编委会,其出版得到纽约卡耐基基金会慷慨资助,并获得美国科学促进会、美国哲学学会等学术组织支持。这套书长期以来出版了很多本重要著作,现在仍由哈佛大学出版社继续刊行。这套书也因此成为沃尔科特留给学界的一笔珍贵学术遗产。

沃尔科特博士阶段在哥大和协和神学院学习,所以他终生的学术兴趣主要是哲学和神学,但他亦对心理学和统计学有着浓厚的兴趣。他在 20 世纪美国哲学和神学研究领域并非顶尖学者,原创性的学术成果并不多。但他在一些交叉学术领域对一些课题却有开创性贡献,比如从统计学的角度研究美国博士教育,以及从统计学、心理学角度研究中国学生的智力。这些都是当时其他美国学者所没有注意到的学术课题。这说明如果一位兴趣广泛的学者愿意将视野放宽并对新领域进行尝试性探讨,则可能做出令人意想不到的开拓性学术贡献,并对参与的学生形成影响。沃尔科特对清华学生的心理学测试,不但对他自己的学术发展是个极大的挑战,也激发了李济对心理学的兴趣。

早在他来中国之前的 1915 年,他便发表了美国博士生培养的一些初步性统计研究①。1918 年春季学期期末,他对所教的清华高等科毕业生进行了智力测量②。这些高年级男生平均年龄为 22 岁,学习程度相当于美国大学的大二和大三学生水平。在沃尔科特看来,这些学生因为受到很好的中国旧学熏陶,在心理上其实远比美国的大二、大三学生成熟,当然岁数也略大于同一阶段的美国学生。沃尔科特的描述比较符合当时清华学校高等科的设计,这些学生大多数留美之后转入大三或大四继续学习。比如汤用彤到汉姆林是直接进入大四,所以读了一年即获得学士学位,程其保是入读大三,两年后正式毕业获得学士学位。

沃尔科特测量清华学生智力的方法主要采自斯坦福大学推孟(Lewis Madison Terman,1877—1956)教授的《智力测量》(*The Measurement of Intelligence*)一书。推孟 1905 年获得博士学位,做过短期的中学老师,1910 年应知名教育学家克柏烈(Ellwood Patterson Cubberley,1868—1941)邀请转入斯坦福任教。推孟 1916 年出版《智力测量》一书,对当时流行的比奈-西蒙量表(Binet-Simon Scale)进行了修正,推出了新量表,这一新量表被称为斯坦福-比奈量表(Stanford-Binet Scale),在学界影响很大。推孟读博士的母校正是当时全美心理学最出色的克拉克大学,沃尔科特后来将李济介绍到克拉克大学去学心理学,不是没有缘由的。沃尔科特同时也参考了 1916 年 12 月 31 日《明尼阿波利斯

---

① Gregory D. Walcott, "Statistical Study of Doctor of Philosophy Men." *School and Society* Vol.1, No.2 (January 9, 1915), pp.66-71.

② Gregory D. Walcott, "The Intelligence of Chinese Students." *School and Society* Vol.11, No.277 (April 17, 1920), pp. 474-480.

杂志》发表的斯科特(Walter D.Scott)教授的一个研究,将学生分成不同的群体进行测试。从清华回去之后,在1919年9月,他又用这样的方法测量了汉姆林大学大一新生,包括平均年龄为19岁的96位女生和94位男生,用来考察大学新生的一般智力水平,并用这个实验的结果来比较他在清华测量学生智力的数据。

他在清华从事的心理学试验包括从收有23000单词的韦伯斯特《袖珍辞典》(*Little Gem Dictionary*)中选择一些词来测试学生。一开始他想忽略这个词汇测试部分,但后来通过自己的清华教书的经验意识到这些学生在英语能力方面表现良好,所以还是决定采用这一测量方法。不过,他考虑到这些学生并非从小学英文,和美国学生不同,对使用的测试词汇也适当进行了调整。他的实验设定为测试14岁的学生。当时班上共有63位学生,35人通过了测试。他认为如果采用和测试美国学生同样的标准,可能只有一人能通过测试。此人认出了100个单词中的74个,认出60到64个词的学生有7位。可惜因为学期结束,学校很快放假,沃尔科特未能进行更多的综合性测验。不过,他也进行了成人心算测验,中国学生表现非常好。这些学生告诉他,在中国很多地区,家长和老师从小便训练学生进行心算。这在美国是不可想象的。总之,沃尔科特在这次测试中所得到的结果是44人智商在100以上,100以下的只有19人。

沃尔科特在清华试验智力测量之后,这一心理学方法始为中国学者知晓。到1922年,哥大师范学院教授麦柯尔(William A.McCall,1891—1982)也应中华教育改进社邀请来华访学,指导中国学者进行智力测验和教育统计研究。

相对于他在研究上的弱势,沃尔科特在教学上极为成功。他在汉姆林极受学生欢迎,因为他是一位特别会教书的老师。这里举其学生汉纳的经历为例予以说明。汉纳认为这位老师在学术上并不突出,并非一位有许多原创性研究的教授,而是一位教各类概论课的哲学老师(a generalist in philosophy),类似于万金油哲学老师,什么哲学专业课都可以教一教。但他对教学和指导学生充满热情,很适合教本科生。汉纳说这位老师很善于将历史上大哲学家的心掏出来交给学生,让学生明白什么是哲学,可谓历史上一些伟大哲学家的推销员。汉纳曾上过沃尔科特一门给大四学生开的课《创造性实在论》(Creative Realism),这门课涵盖了古今一些主要思想流派的历史①。汉纳对沃尔科特的观察应该是比较准确的。汤用彤在汉姆林留下的三篇论文无疑是沃尔科特所授课程的作业,内容十分广泛,涉及古代希腊哲学、中世纪神秘主义到近代认识论。

沃尔科特这样一位极有感染力的老师影响了汉纳走上哲学之路。汉纳作为哲学专业的荣誉学生,1924年毕业,随后进入哥大学习。因为沃尔科特和哥大教育学院的克伯

① Jared Stallones,*Paul Robert Hanna:A Life of Expanding Communities*,p.27.

屈教授很熟,便将汉纳介绍给克伯屈照应。克伯屈 1898 年在芝加哥大学上暑期班时初识杜威,1907 年到哥大师范学院学习,正式成为杜威的学生。他在 1908 年的日记里说杜威改变了他整个思维方式。他在 1912 年获得博士学位,随后留校任教,成为杜威在哥大的同事。他 1915 年升为副教授,1918 年又升为教授,这些升迁主要得益于善于授课。当时他是人气最高的教授之一。但他也面临出版的巨大压力①。胡适和陶行知均在 1915—1917 年在哥大求学于杜威。但胡适并未上过克伯屈的课,陶行知则听过克伯屈的授课。胡适主要关注哲学,服膺杜威,故在 1916 年 6 月 16 日的日记里谓"杜威(John Dewey)为今日美洲第一哲学家,其学说之影响及于全国之教育心理美术诸方面者甚大,今为哥伦比亚大学哲学部长,胡陶二君及余皆受学焉"②。克伯屈八十大寿时,寓居纽约的胡适和 1950 年诺贝尔和平奖得主本奇(Ralph J. Bunche,1903—1971)被邀请参加,与克伯屈一起讨论世界局势③。

克伯屈对杜威推崇备至,甚至在 1935 年 3 月 18 日的日记中称赞杜威作为哲学家对思想和生活的贡献仅次于柏拉图和亚里士多德,而超过了康德和黑格尔④。他见到好友沃尔科特推荐来的汉纳之后,当即要将汉纳介绍给杜威,特意安排汉纳做杜威的助理,攻读硕士。不过,1924 年秋杜威正在中国访学,要年底才能回来。汉纳只得跟克伯屈先读着,结果他又受克伯屈影响,学术重点从哲学转向了教育学,1925 年获得教育学硕士学位,1929 年获得博士学位。毕业后留校任教,因为参加克伯屈组织的每两月一次的晚餐谈论,他和杜威等人也很熟。克伯屈与中国渊源很深,指导了不少留学哥大的中国学生,比如 1922 年指导了清华毕业生张彭春(1892—1957)的博士论文。张彭春早在 1910 年便考取留美预备处,后来先后留学克拉克大学和哥伦比亚大学,和沃尔科特也是校友。张彭春从哥大取得博士学位之后,赶上清华学校大力引进留美归国校友的潮流,也回到清华学校教书。

---

① John A.Beineke,"And There Were Giants in the Land." *The Life of William Heard Kilpatrick*,New York:Peter Lang,1998,pp.95-96.

② 曹伯言编:《胡适日记全编》(2),合肥:安徽教育出版社,2001 年,第 408 页。"胡、陶"指胡天濬和陶行知。

③ John A.Beineke,"*And There Were Giants in the Land.*" *The Life of William Heard Kilpatrick*,p.342.这次会谈由 Helen Parkhurst 进行了录音和整理。不过胡适未在日记中提及这次讨论。克伯屈真正的八十大寿庆祝会在 1951 年 11 月 17 日举行。

④ 克伯屈传记有两种,Samuel H.Tennenbaum,*William Heard Kilpatrick:Trailblazer in Education*,New York:Harper,1951.及 John A.Beineke,"And There Were Giants in the Land." *The Life of William Heard Kilpatrick*,New York:Peter Lang,1998.但 Beineke 认为前者未能对克伯屈的思想和事业进行严肃的分析。有一个简单的介绍,见 London E.Beyer,"William Heard Kilpatrick,1871-1965." *Prospects:The Quarterly Review of Comparative Education* Vol.27,No.3 (September,1997),pp.470-485.

克伯屈是沃尔科特的好友,也对中国非常感兴趣,分别于1927、1929年访问中国①。他1927年访问中国是应陶行知主持的中华教育改进社邀请。他在来华之前先在欧洲各地游历,从土耳其转道埃及,并于1926年11月在印度见到了甘地。1927年年初开始经香港来大陆。2月他在广州中山大学演讲期间,见到了国民政府领袖蒋介石,之后去了上海、北京等地。他在上海的行程和活动主要由其两位弟子即光华大学的朱经农和上海商科大学的程其保安排,除了公开演讲,也和当地教育界人士一起举行了中等教育、初等教育、职业教育等三场研讨会。这次访问的大部分活动在当时的《申报》上都有详细报道,影响很大②。克伯屈1929年再次来华是因为要去日本大阪参加10月底召开的太平洋关系协会大会,他坐火车从德国经苏联到中国,再转往大阪。在会上结识了英国学者汤因比和美国学者拉铁摩尔③。1939年孙承光将其《教育与现代文明》一书译成中文出版。这也说明哥大和清华在20世纪初学术上的联系比较密切。

结　语

民国初年的清华校龄只有数年,并没有和很多古老的名校建立稳定的学术联系,更不容易将学生直接送往这些名校读学位。很多学生都是先在其他学校读完学士学位,再转入名校研究院。上述学生中,汤用彤、李济、张歆海、浦薛凤虽然后来都转到哈佛研究院继续深造,但初到美国都先在其他学校读完学士,汤用彤、浦薛凤都在汉姆林大学求学,而李济在克拉克大学学习,张歆海在约翰霍普金斯大学学习。这些人赴美留学都多多少少在沃尔科特任教清华期间获其启发和帮助。美籍教员帮助清华学生留美是很常见的,除了在校任教期间介绍美国大学制度,为学生申请提供信息,有些教员甚至直接将学生介绍到自己在美国任职的学校。沃尔科特是直接将汤用彤、程其保、浦薛凤介绍到汉姆林。而谭唐离开清华之后到奥伯林学院任教,也介绍陈铨到奥伯林学院留学。

总而言之,沃尔科特在乱世之中能与清华结缘,不仅是他个人的一件幸事,也是多位清华学生的人生机遇。通过上文的讨论,一些相关史实亦变得更为清晰。

---

① 关于杜威和克伯屈影响中国教育的讨论,见 Barry Keenan, *The Dewey Experiment: Educational Reform and Political Power in the Early Republic*, Cambridge, MA: Harvard University Press, 1977;周洪宇、陈竞蓉编:《中国最需要何种教育原则——克伯屈在华演讲录》,合肥:安徽教育出版社,2013年。关于他来华的简短讨论,见张彩云《克伯屈与近现代中国教育》,《内蒙古师范大学学报》(教育科学版),2011年第24卷1期,第14~19页。不过,这篇文章未提克伯屈与程其保的师生之谊。

② 陈竞蓉:《教育交流与社会变迁:哥伦比亚大学与现代中国教育》,武汉:华中科技大学出版社,2011年,第三章第三节,第89~95页。

③ John A.Beineke, "And There Were Giants in the Land." *The Life of William Heard Kilpatrick*, pp.168-169.1948年4月汤因比来纽约,两人再次见面讨论,见322页。

第一,沃尔科特大概是通过哥大校友和汉姆林大学学生的联系获得来清华担任1917—1918学年交换教授的机会,一方面是当时驻美公使顾维钧帮清华物色美籍教授,另一方面是沃尔科特的学生狄玛已经在清华任教。沃尔科特在清华学校任教期间,主要讲授伦理学,介绍了西方哲学史上的主要伦理学思想及其代表人物。今天如果讨论伦理学在现代中国的兴起和发展,沃尔科特的贡献和影响不能不记上一笔。他也给清华学生介绍了当时新兴的心理学,在清华学校高等科做了心理学测量,测量清华高等科毕业生的智力发展。

第二,沃尔科特帮助多位清华学生联系赴美留学,并关照他们在美国的学习和转学。他将汤用彤、程其保介绍到汉姆林大学就读,并帮助他们分别转往哈佛大学和哥伦比亚大学继续深造。程其保进入哥大之后,也是他托好友克伯屈指导。他也引发了李济对现代心理学的兴趣,并介绍李济去心理学重镇克拉克大学就读。浦薛凤去汉姆林大学就读,也是他介绍的。浦薛凤在汉姆林就读时,得到他的弟子汉纳帮助,两人结下终生情谊。虽然清华学校高等科戊午级毕业生大多都参加了沃尔科特的伦理学讲座,但其中汤、程、李等人与沃尔科特联系更为密切,以至于他们的学术经历都受到沃尔科特的影响。

第三,清华的任教经历也塑造了沃尔科特本人的治学方向。他将在清华进行心理学测试的结果发表在美国杂志,也引起了一些读者的注意。沃尔科特和杜威先后任教清华,给当时成立不久的清华和正在发展中的中国学界带来一些伦理学和哲学新识,在20世纪学术史上留下了深刻的影响。尽管沃尔科特来自美国中西部地区一个教会支持的大学,但他青少年时代主要生活在新英格兰地区,又在纽约这样的大都会接受研究生教育,其个人对自由和理性相当推崇,对新兴心理学、社会学相当偏好,这些因素都使得他能够给清华学生提供一些极富启发意义的思考。沃尔科特在这些方面的影响,除了本章涉及的讨论,也许还值得学界进一步探讨。

第四,沃尔科特一生坎坷,59岁被汉姆林大学解聘转到长岛大学,但为人慷慨仗义,晚年任教期间还帮助程其保、张歆海等早年清华学生在长岛大学获得研究教授的位置,真可谓清华人的老朋友。

沃尔科特之所以到清华任教,和他专长于哲学特别是伦理学分不开,也和他在美国所处的社会关系紧密联系在一起。他和顾维钧是哥大校友,大概多少由于顾维钧与周诒春是圣约翰大学校友而帮助清华物色美籍教授,他很可能因为哥大校友的关系,加上学生狄玛在清华任教,也被聘到清华任交换教授。也正由于他广博的学术兴趣,特别是在心理学上的兴趣,他才有机会给清华学生介绍心理学,并在清华主持了第一次现代学术意义上的智力测量。他对清华学生的帮助也很大程度上借助了他在哥大校友网络中的联系,如介绍程其保到哥大随克伯屈深造。这反映出美国现代大学文化中的校友网络在现代教育和学术发展史上的重要意义。

清华学校早年作为培养留美预备生的机构确实比较倚重美国教授,但当这些学生逐渐在美国学成回国,有些人也返回母校效力。不少清华学校学生要么是沃尔科特的学生,要么是沃尔科特弟子狄玛的学生。比如受惠于沃尔科特的上述几位清华毕业生,李济、张歆海均在哈佛获得博士学位,毕业后也都曾回到母校清华任教。受业于沃尔科特弟子狄玛的陈达从哥大毕业后回清华,成为社会学系创系系主任。而浦薛凤获博士学位后也回清华任教,后来担任了政治系系主任,是清华政治学的主要奠基者之一。而汤用彤、程其保在美国毕业后都在清华校友郭秉文任校长的东南大学任教,未曾回母校任教。郭秉文毕业于哥大师范学院,程其保被其召去也是因为是清华、哥大两校校友。美国大学制度中的校友文化对清华早期发展中的校友无疑也有十分深刻的影响。

我们可以看到,吉丁斯、克伯屈、狄玛、程其保、汉纳这些人,尽管各自的专长和领域不尽相同,但都因为沃尔科特的关系构成了以哥大为中心的社会关系网络,而这个网络也将清华与汉姆林联系在一起。人们对北大和哥大的密切联系并不陌生,因为像胡适、蒋梦麟那样的著名哥大校友担任过北大校长,在北大校史上举足轻重。而本章通过考察哥大校友沃尔科特、狄玛等人在清华任教的情况,加上顾维钧、克屈伯、程其保、陈达等人与清华学校的渊源,不难看出清华学校及其校友对哥大学术传统的倚重一点儿也不比北大少。张歆海、浦薛凤、程其保原本都在教育界服务,后来都弃学从政,大概主要是受日本侵华影响,他们基本上都怀着报效国家、服务公众的心态进入政界。这不能不说他们早年在清华所受到的中外伦理教育熏陶对其品质塑造有潜移默化的正面影响。

最后,本文所梳理出来的沃尔科特与清华之关系可以表明,尽管清华并非历史最悠久的近代大学,但它却在中国近代人文社会科学尤其哲学、伦理学、心理学、社会学等领域的兴起中扮演了先驱者的角色。今天世界学术的联系和交流远比20世纪初广泛而深入,但我们仍不能不感念一个世纪前克伯屈、沃尔科特、狄玛、汤用彤、程其保、李济、张歆海、陈达、浦薛凤这些前辈学者的筚路蓝缕之功。

[陈怀宇,美国亚利桑那州立大学历史哲学宗教学院副教授]

论文

巴色会与太平天国

罗颖男

摘要：1847年，瑞士新教差会巴色会派遣韩山明(Theodore Hamberg)和黎力基(Rudolf Lechler)为首批入华传教士，开启在华传教事业。巴色会在华传教的初期正值太平天国运动时期；当时太平天国与多个来华新教团体保持着联系，巴色会也是其中之一，而且二者的联系因为巴色会专注于向客家人传教而更显特别。本文试图通过对巴色会原始档案的爬梳，还原巴色会与太平天国之间的紧密联系。

关键词：巴色会　太平天国　韩山明　黎力基　韦永福　洪仁玕

前　言

1847年，瑞士新教差会巴色会①派遣传教士韩山明(韩山文，Theodore Hamberg，1819—1854)和黎力基(Rudolf Lechler，1824—1908)来华，成为欧陆德语区传教团体中最早来华开拓传教事业的两个团体之一。巴色会专注于香港和广东省东北部的客家人，并

① 巴色会(Basel Evangelical Missionary Society/简写：Basel Mission)起源于瑞士北部城市巴塞尔(Basel)，1780年，该城商人受到位于其北部的德国城市符腾堡(Württemberg)虔敬主义的影响，成立了"德国基督教学会"(Deutsche Christentumsgesellschaft)。该学会出版了高质量的基督教书刊，并将英国新教差会的海外宣传报告翻译成德文，激发了德语区的虔敬主义者自行组织差会。1815年9月25日，巴塞尔的8位牧师和商人共同呈请政府批准建立差会。由于该会设立于巴塞尔，故以城市名为差会命名(中译选取德语发音为"巴色会")，是为巴色会之始。巴色会创立至今，总部仍设于巴塞尔。巴色会成立后，立刻开办神学院，训练传教士，完成训练的学员，交由其他差会分派工作。1821年，巴色会决定自行差派传教士，首位传教士前往俄罗斯与亚美尼亚交界的伊斯兰地区宣教。随后，巴色会分别于1828年在西非黄金海岸(今加纳)、1834年在印度、1847年在中国、1886年在喀麦隆、1912年在北多哥(North Togo)、1921年在加里曼丹、1952年在北婆罗洲(今马来西亚沙巴州)及1959年在北喀麦隆山区(今尼日利亚)建立宣教工场，进行传播福音的工作。巴色会虽然总部设于瑞士，但早期人员多来自德国符腾堡，瑞士人只占少数。就经济来源而言，主要包括德国南部、瑞士和奥地利的教会，巴色会跨国界的特色可见一斑。至于其宗派所属，因巴色会在华发展过程中与信义宗关系密切，多数华人学者亦将其列入"信义宗"，实则其神学背景与方向并无强调信义宗之教义，而更看重普世性的教会关系。综上可知，巴色会属于一个跨国界及跨宗派之差会。

在长达一个世纪的时间里一直是客家地区最大的在华新教传教团体,对中国近代客家基督徒产生了重要的影响;巴色会与太平天国的关系也因此而受到关注。作为最大的在华德语传教团体,巴色会采取完全不同于英美差会的沿海传教策略,将重点放在广东省东北部内陆,并在建立堂区、兴办教育和提供医疗服务等方面取得了一定的成就。虽然在信徒人数方面逊于英美的大型差会,但是巴色会因其特殊的传教对象和策略在中国近代传教史上扮演着不可或缺的角色,值得学界展开进一步的研究。

关于巴色会在华传教的研究,香港学者李志刚、汤泳诗已有涉猎,但其视角集中于香港崇真会的发展,巴色会来华早期传教史常常被忽略或者沦为崇真会研究的一个注脚。目前大陆学者的相关研究尚为空白。而关于巴色会与太平天国的关系,国内多位学者曾经谈及,特别是刘中国详细论述了巴色会传教士韩山明与洪仁玕的交往。本文希望在此基础上,以原始档案为依据,进一步整理和探究巴色会与太平天国之间的联系。[①]

一、初期:宗教和政治上的不同观点(1850—1854)

起初,1850 至 1851 年的时候,西方报纸是当时唯一的信息来源,对太平天国运动报道的规模也十分有限,鲜有的报道多是基于推测和传闻,故而并未引发西方读者的强烈兴趣。太平天国的世界观也没有得到系统的阐述,一些报道只是把太平军笼统地称为“海盗”和“土匪”,巴色会传教士的报告对此也有所提及:“广西省的叛乱尚未平息;……这次骚乱没有蔓延到更远的地方,也不是一次革命运动;而是一次海盗事件,主要由官员的严厉和社会不公所致。”[②]

当 1852 年不断传来太平天国的军事胜利后,所有媒体的热情被瞬间点燃了。西方报纸不再使用“暴徒”“不法之徒”等来形容太平军,转而称其为一次全新的基督教运动。受此氛围影响,传教团体也开始密切关注这一运动,巴色会杂志《新教皈依者信使》(*Evangelische Heidenbote*)在当年的 6 月刊中就欢呼道:“反抗者的领袖洪秀全从前是个海盗,在郭士立的影响下皈依基督教并受洗,现在宣布民族独立并高举新信仰的旗帜,他的支持者自称为上帝会……”[③]

---

① 李志刚:《香港客家教会(巴色会)之设立及其在广东与北婆罗洲之传播》,载李志刚《基督教与近代中国文化论文集(二)》,台北:宇宙光出版社,1993 年,第 271~295 页;汤泳诗:《一个华南客家教会的研究——从巴色会到香港崇真会》,香港:基督教中国宗教文化研究社,2002 年;刘中国:《洪仁玕、韩山文与中国第一部口述回忆录》,载《南方论丛》,2008 年 01 期,第 104~115 页。

② BM/A A-1,2 (1852)/2a:Lechler,Namo,12.2.1852.S.4.

③ *Der Evangelische Heidenbote*,Juli 1852,No.6,S.49.

当时已经去世的郭士立关于中国人自传的概念,及其争议不断的“福汉会”,成为所有混乱猜测的来源。他借助散发圣经手册的闪电式传教、派遣中国传道人外出布道等方法,使人们不自觉地将其与广西太平军的起义联系在一起。其他的传教士对于郭士立“中国人使中国人皈依基督”的策略是否直接引发了太平军起义也十分好奇,他们试图寻找两者联系中的蛛丝马迹。不过,根据黎力基的报告,两者唯一的联系只限于“福汉会”的一些前成员跟随太平军去了南京:

我雇佣了一个中国人作学校教师,他之前是福汉会的成员,而且认识韩山明。他现在收到一封朋友们的来信,他们加入了太平军,在信中邀请他去南京教授耶稣的教义;他发现,此外还有三四个福汉会的成员已经在那边了。他很快决定出发去南京,因为我没办法阻止他,只好让他走,临行前给他带了几本圣经。①

后来,郭士立与太平天国的联系再没有被提及,但是关于太平军的思想起源、组织结构等方面依然不清楚。韩山明在给差会总部的信中也承认他无法得出一个清晰的结论:

我不得不承认,对洪秀全这个人我没能获得清楚的认识。有时他好像是核心人物,有时又好像有很多个首领共同对抗大清皇帝(但是洪秀全根本没有被提及)。我倾向认为,洪秀全是一个顾问或一个隐藏起来的领袖,而多过他是一个叛军的皇帝。……但可以确认的是,他吸引了一大群人,多数是客家人到他的队伍中,他竭力反对多神崇拜,想要采用一种基督教的礼拜方式……②

总之,传教士们意识到必须尽快将相关的认识梳理清楚,并作出适当的评价。

1.1 黎力基的保守

巴色会传教士对太平天国的基本态度是基于其虔敬主义背景的,虔敬派在19世纪初的欧洲经历了复兴运动,其主要思想是耶稣从天国返回人间。他们常使用的神秘学和幻象,与洪秀全的病中幻觉存在相通之处。韩山明和黎力基一开始都以为洪秀全的幻觉印证了他们渴望已久的觉醒,预示着耶稣基督将要返回人间。然而,两人对太平天国的态度截然不同。

经过冷静的分析,黎力基否定了洪秀全的预言:“洪秀全生病时还是一个对基督教

① BM/A A-1,2 (1853)/41:Lechler,东湖,22.10.1853.S.1.

② BM/A A-1,2 (1852)/22:Hamberg,半年报告,香港,20.7.1852.S.7.

一无所知的异教徒，却已经有了对上帝的幻觉，他甚至还说一个中年男子，即上帝的儿子给他分配了任务、预言了帮助，这可能吗？我无法回答这个问题，并为此与韩山明弟兄进行讨论，但是他其实只想对洪秀全的经历进行报告，而不追究针对其陈述应该给予何种解释……因此我非常担心，洪秀全对其幻象的记忆没有那么清晰，并在事后随意描述他的经历。"①

黎力基对太平天国运动自始至终持批判和怀疑的态度，后期甚至完全否定。他的观点在传教士中属于少数派，特别是在太平天国初期。平日里，黎力基将报纸上的各种观点悉数寄给巴色差会参考。比如，英国传教士麦都思（Walter Medhurst）②首次访问南京后带回了太平军的宣传册，并于1852年5月翻译出版在《北华捷报》（*North China Herald*）上。黎力基将德译本寄回巴塞尔，并附上一页自己的评论：

> 对此，我寄给您一页报纸，上面除了一些关于太平天国的有趣报道外，还有一篇文章，作者因奎尔（Enquirer）阐述了自己对于这一政治宗教运动的看法和评价……与理雅各博士相比，我更同意因奎尔的观点，我不认为应该对叛乱者向中国引进真正的基督教抱有太大期望，即使他们可以作为自由传播基督教的一种介质，即使他们对清政府保持军事上的胜势并承诺为外国人进入中国敞开大门。③

因奎尔应该是某位作者的笔名，在1853年7月香港报纸《陆上中国邮政》（*Overland China Mail*）上，他公开警告要小心传教团体内部日益高涨的热情。因奎尔认为，与基督教教义相比，太平天国的主张更接近儒家思想，并强调其理论和实际行动之间存在较大的矛盾，比如太平军内部依然普遍存在的祖先崇拜和一夫多妻制。最后他总结道，太平天国与基督教没有直接的关系，因此也不应该得到西方的同情和支持④。这篇评论表明传教士的兴趣所在：他们更看重太平天国是否能够传播一种以西方基督教为模板的宗教，或西方是否为了自身利益而利用太平军对基督教的好感。黎力基对此就指出：

> 我们不应指望这些人立即变成基督徒，而且越来越清楚的是，叛军所信仰的并非真正的基督教，而是他们自认为正确和随意的一种方式，在希望中借以通过一种保护和成

① BM/A A-1,3 (1854)/18：Lechler，香港，20.7.1854.S.4.

② Walter Medhurst（1796—1857），中文名麦都思，英国伦敦会传教士。

③ BM/A A-1,2 (1853)/38：Lechler，东湖，18.8.1853.S.1-2.

④ Enquirer：The Rebels.Their Religion and Organization.In：Overland China Mail，Hongkong，7.7.1853.报纸收藏于BM/A A-1,2 (1853).

功来确保他们的目的,而这恰恰是偶像崇拜所达不到的。不过已经可以看到一些重要的变化:他们能够抛弃多神偶像,烧毁迷信的书卷,并一定程度上相信上帝,并奉其为唯一的真神。①

从中可以看出黎力基对太平天国的期望:军事上的胜利意味着对基督教持敌视态度的清朝的衰亡,一个全新的、具有基督教思想倾向的政权得以通过颁布法令废除民间的异教习俗,同时外国传教士将获得自由进入中国内地的权利。同时,黎力基不相信太平天国会构建一种符合西方标准的基督教,也否认其具有独立使中国人皈依基督的能力。他认为太平军扮演的是一种政治性的角色,以保证西方传教团体在中国的工作自由。这一模式也适用于世界其他传教区域的情况,比如非洲和印度,当地的传教活动往往建立在一个具有基督教思想的殖民政府和一个独立的教会基础之上。中国属于半殖民地社会,没有外国政权的统治,传教活动无法得到保护,因此传教士们对太平军的军事胜利寄予厚望。在黎力基眼中,支持和反对的争论以及所有相关的建议更多是与中国的政治现状相关,而非太平天国运动本身。

第二个问题在于,怎样将这一运动的军事性与基督教协调一致。黎力基在论证太平军与政府军的军事斗争时遇到了极大的困难。一方面他非常欢迎针对异教政权的斗争,特别是破除迷信的做法;另一方面这一立场有悖宗教伦理,毕竟基督教所追求的是一种温和的皈依方式。于是,他一边为武力作为传播基督教的工具辩护,一边出于道德原因而加以批判。因此,在下面的引文中出现了一种前后矛盾的论述:

此外应该注意到,他们(指太平军)以一种负面的方式,将所到之处的寺庙焚毁、神像拆除,在某种程度上产生了前所未有的影响,因为敬拜多神偶像是一种罪,他们只相信天父及其儿子耶稣基督。②

黎力基否认太平天国运动的最后一个原因在于它强烈的异端特征。洪秀全宣称奉上帝之命拯救世界,在复兴主义的传教士眼中是可以理解的。但无法想象的是,拯救世界的使命居然落在了一个中国人的身上。而且,洪秀全自称是耶稣的胞弟、亲眼见过天父,对于黎力基而言,这完全是一种对上帝的亵渎。

---

① BM/A A-1,2 (1853)/41:Lechler,东湖,22.10.1853.S.1.

② BM/B A.1a, Lechler, Rudolf: *Acht Vorträge über China*(关于中国的八次演讲), Basel: Verlag des Missionshauses, 1861.S.136.

根据最新的消息,叛军在政治方面毫无进展,在宗教方面也深陷歧途。东王杨秀清多次天父附身,天王洪秀全则被排在与上帝和耶稣基督同等重要的位置而受到膜拜。①

19世纪50年代中期之后,黎力基对太平天国运动的评论越来越少。特别是1854年以后,几乎找不到他的政治性评论,与太平天国相关的消息仅限于巴色会传教士与太平军个别成员的私人联系。后来,黎力基将洪秀全与清朝皇帝相比较,认为两者之间没有本质的区别:

基督教的灵魂并未深入这些人的心中。事实证明,不仅太平军倾向于肉身,就连他们的领袖也更多地被肉身支配,而非灵魂。根本不能指望这些人将基督教引进中国。他们在战争中犯下的滔天大罪,玷污了这些上帝崇拜者在中国人中的名声。②

直到1864年天京陷落之前,黎力基回忆了太平天国运动并给予了较为正面的评价。他强调,大量的中国异教徒在太平天国运动的影响下皈依基督教,而且中国人不再严守传统的宗教和习俗,更容易接受外来的新思想和新事物。③

1.2 韩山明的狂热

韩山明对太平天国的态度与黎力基截然相反,根本原因在于他对历史的宗教阐释倾向:"每个个人或整个民族的皈依不可能是偶然实现的……神的天意的起源通常是微小而不明显的,但恰恰是最细微的起因会导致最重要的结果。人们被上帝指引的地方,起初都是很微小的,之后上帝会带领一切走向胜利……当前的情况和中国革命的规模不应再被怀疑,其结果不久后便会众所周知,但它最初的起源尚未可知。"④

由于迟迟未到的中国民众的皈依、自身容易冲动的性格,加上来自巴色差会的压力,韩山明对太平天国充满了期待。韩山明作为中国教区的总主席,每年都要向差会汇报少之又少的皈依人数;面对植根于中国人心中的异教习俗,他内心的无助感与日俱增,而太平天国运动就像是一道希望的曙光,甚至是中国实现基督教化的一次历史转折点。特别是当时差会迫于传教业绩和资金的压力,一度考虑从中国撤退⑤。另外,韩山明与差会

① BM/A A-1,3 (1854)/18:Lechler,香港,20.7.1854.S.4.

② BM/B A.1a,Lechler,Rudolf:*Acht Vorträge über China*,S.135.

③ Ibid.,S.136.

④ BM/A A-1,2 (1853)/47:Hamberg,布吉,半年报告,1.1854.S.2.

⑤ BM/A A-1,2 (1852)/17:Hamberg,香港,18.12.1852.S.12.

总理尤生汉(Friedrich Josenhans)的关系也十分糟糕,后者曾怀疑韩氏报告的真实性和准确性[①]。于是,太平天国运动似乎成为韩山明黑暗中的最后一棵救命稻草,他不仅把叛乱者塑造成带领中国摆脱清政府统治的爱国主义者,还将传教的失败归罪于清政府。

> 过去一年对于传教事业和整个中国都具有非凡的意义,太平天国不仅在政治上所向披靡,而且它的动力显然植根于一种宗教生活,促使这一切以令人惊奇的速度得以实现。现在只是一个开端,就已足够宏伟,使人们有理由对它充满希望,至少在宗教问题上可以期待最好的结果。[②]

韩山明和黎力基一样,都把太平天国看作中国未来的政治军事力量。但是前者还赋予太平军一种虔敬的能力,此类看法多为猜测,从侧面表达了他对太平天国的愿望。因此,他的相关评论与黎力基的客观分析形成巨大反差,差会总部对二人的分歧也非常清楚。

> 如果你们比较一下黎力基弟兄和韩山明弟兄关于叛乱者的报告,比如阅读差会杂志,就会发现,两者之间存在一些不同,请注意他们信中的这些微小区别。[③]

然而,这显然不足以引发韩山明的狂热,而且是太平天国在传教团体中掀起热潮以后才出现的。截至1852年上半年,韩山明对太平军甚至只字未提。但他之前肯定已经得到一些相关的消息,特别是在他工作的香港,获得可靠的信息不是难事。他为何没有更早谈及太平天国,现已不得而知。但可以肯定的是,1852年4月与洪仁玕的相遇点燃了他的热情。

> 1852年4月26日,一个年轻人来香港找我,他说他叫洪仁玕,是太平军首领洪秀全的堂弟,他想回到他们共同的家乡广西布道,让亲戚们了解他们的状况。但是他回不了家,官员一直在当地调查他的行踪;他的一些朋友被抓起来斩首了,他身无分文地逃到了

---

① 施拉德(Wilhelm Schlatter):《真光照客家——巴色差会早期来华宣教简史》,戴智民(Richard Deutsch)、周天和译,香港:基督教香港崇真会,2008年,第49~50页。Friedrich Josenhans (1812—1884),于1850—1879年任巴色差会总理。

② BM/A A-1,2 (1853)/47:Hamberg,布吉,半年报告,1.1854.S.1.

③ BM/A A-2,1 (1850-1874)/10:Josenhans,Basel,29.5.1854,S.78.

香港。他对《圣经》相当熟悉,之前曾和洪秀全在广州罗孝全(Issachar Roberts)[①]处逗留一段时间,现在请求我为他施洗。虽然他的堂兄现已攻占南京,而且据说要宣布称帝,但是他因为害怕途中被官员逮捕而尚未前往。[②]

洪仁玕还呈上了《洪秀全来历》一文,介绍洪秀全与自己的生平,希望借此机会受洗入会,无奈遭到了韩山明的婉拒。一方面,在香港主持福汉会期间,韩山明发现很多教徒把受洗入会当成赚钱谋生的手段,有人还牵涉到吸食鸦片、偷盗事件中,谎言和欺诈行为肆虐[③],糟糕的大环境使他无法轻易相信贸然前来的洪仁玕,况且洪氏的圣经知识并不成熟。另一方面,韩山明当时正忙于准备重返内地传教,根本无暇顾及洪仁玕所托之事,只能将洪氏所述材料收藏起来,以备日后考证之用。洪仁玕离开后,在香港周边地区靠做学校教师和算命先生糊口度日,与韩山明失去联系。

直到第二年夏天,韩山明才又得到关于洪仁玕的消息:他其间返回内地,在清远县的一个小学教书,离韩氏定居的布吉不远。韩山明主动遣人请洪仁玕前来相聚,洪氏递上一封亲笔信,详细叙述了这段时间所受的苦难,并再次请求韩氏为他施洗。韩山明应允下来,经过一段时间的圣经课程培训,于 11 月中旬在布吉为洪仁玕施洗。为避官府追查,特将洪仁玕更名为洪仁。[④]

韩山明认为,通过洪仁玕他将有机会对太平天国施加影响。他还公开承认,希望洪仁玕能尽快探访南京,和那里的亲戚们联合在一起。[⑤]

后来,韩山明利用在香港养病的日子,将他与洪仁玕关于太平天国的对话整理成一本英文小册子《中国叛乱首领洪秀全以及中国叛乱之缘起》[⑥]。黎力基多年后谈到韩山明撰写此书的动机时说:

韩山明弟兄在 1854 年去世前写了一本小册子,内容是关于叛乱者的起源,描述了洪秀全在起义之初怎样认真辛勤地劝导他的同胞皈依基督,告诉他们不要再敬拜多神偶

---

① Issachar Jacob Roberts(1802—1871),中文名罗孝全,美国浸礼会牧师。

② BM/A A-1,2 (1853)/34:Hamberg,布吉,13.7.1853.S.5.

③ 施拉德:《真光照客家——巴色差会早期来华宣教简史》,第 35~36 页。

④ BM/A A-1,2 (1853)/45:Hamberg,香港,26.12.1853.S.1.

⑤ BM/A A-1,2 (1853)/47:Hamberg,布吉,半年报告,1.1854.S.28.

⑥ 原著为英文,题目是 The Chinese Rebel Chief Hung-Siu-Tsuen and the Origin of the Insurrection in China。1854 年韩山明去世后,该书于当年在香港出版,随即分期转载于《北华捷报》(*North China Herald*)。该书德文版也在同一时间于第一季的《巴色宣教杂志》(*Basler Missions-Magazine*)上面世,不过与原书相比篇幅简短许多,有一部分资料重新编排过。次年,英文原版又重印于 Shanghae Almanac and Miscellany 中。1855 年,中国宣教协会(CES)在伦敦出版了别印本,更名为《洪秀全之异梦及广西乱事之起源》(The Visions of Hung-Siu-Tsuen and the Origin of the Kwang-Si Insurrection)。

像,而应该侍奉真神;上帝派他的儿子来到人间,世界从此有了福音。①

韩山明想知道,缺乏基督教知识的异教徒是出于什么动机在自己的土地上传播福音的。此外,他还想将卖书所得费用用于资助洪仁玕,并在书的结尾写道:这笔钱是对洪仁玕及其家人饱受官府追捕之苦的补偿。② 但这一目的明显与他寄回巴塞尔的信中所写不符,信中称他的首要目的是支付太平天国联系人的教育费用和前往南京的旅费。他为何刻意避讳资助洪仁玕的真实动机?

首先是为了避免像罗孝全一样遭到嘲笑。后者曾是洪秀全的宗教导师,应天王之邀准备前往南京,却被困上海一直未能成行。各个在华新教团体在皈依信徒方面存在竞争关系,罗孝全一事一时间成为西方传教士之间的笑柄。韦永福(Phillip Winnes)③便以罗孝全为例写道:"我发现,罗孝全为了从上海到达南京,在那里已经停留超过了一年;他不得不为此忍受不少嘲笑,屈服于自己夸张的想法。"④

其次,韩山明意识到清政府方面可能会做出反应。他不想把自己公开塑造成太平军的支持者,因为他必须避免巴色会在清政府面前失去信任,何况清政府本来对传教活动就毫无好感可言。他一开始就明白,一旦太平天国运动失败,公开的支持者会面临怎样的后果。因此,他特别关注 1853 年开始的北伐,认为这一事件具有指导性的意义,并将影响太平天国未来的走向。

北伐刚刚开始,尚不明朗;好的起点至关重要。如果太平军被击退至南京,他们将被困在那里,终因无法获得补给而大败。那么后果就是,不仅全国范围内大肆抓捕、铲除叛军,而且将不再容忍上帝的崇拜者——外国传教士及其中国教徒,因为在清政府眼中,他们和叛军是完全一致的。⑤

除了洪仁玕,韩山明还想把他的朋友一起秘密送往南京。他曾在给差会的信中提到洪仁玕从家乡带来一些朋友,后来受洗成为巴色会信徒,他强调:"为了洪仁玕和他的朋友,我有好多任务要完成,才能避免他们成为差会的负担。我把他的消息译成英文并写

---

① BM/A A-1,6 (1869)/25:Lechler,香港,25.10.1869.S.3-4.

② Theodore Hamberg,*The Visions of Hung-Siu-Tsuen and the Origin of the Kwang-Si Insurrection*,Hong Kong:The China Mail Office,1854.p.63.

③ Phillip Winnes(1824—1874),中文名韦永福,巴色会第三位来华传教士。

④ BM/A A-1,3 (1854)/25:Winnes,香港,2.10.1854.S.1.

⑤ BM/A A-1,3 (1854)/10:Hamberg,香港,4.5.1854.S.2.

成一本小册子,现在正在印刷,希望不久后也能给您寄一份。”①

根据黎力基的估算,这笔钱共计二百美元②。韩山明的资助不仅如此:“洪仁玕和他的两位友人今天(1854 年 5 月 4 日)刚刚启程前往上海。我给他带了旧约,三种不同译本的新约,巴特的圣经历史,叶纳清的基督教问答手册,历书等等。此外还有中文版的世界、中国和巴勒斯坦地图;钢板寺庙模型、铜片和普通的活字,用于展示汉字在欧洲是如何被印刷的;以及望远镜、指南针、寒暑表、刀具等小物件。”③

为了维系与洪仁玕的良好关系,韩山明不辞辛劳,也体现出他对洪氏的高度信任。不过,鉴于当时的局势,他还是做出了谨慎的预估:

> 洪仁玕尊敬我,曾对我说想在南京看到我,但这件事他不能做主,我们甚至不知道他是否能够成功抵达南京,也不清楚他在那里的朋友多大程度上认同他的观点。他们会否因为他对外国人的信任而感到反感?是否真正渴望引入上帝的真理?总而言之,一切仍旧是个未知数。④

同样,洪仁玕也非常珍视他与韩山明的情谊。五年后,他在《资政新篇》中怀念道:“惟瑞国有一韩山明牧司,又名咸北者,与弟相善。其人并妻子皆升天,各邦多羡其为人焉;爱弟独厚,其徒皆客家,多住新安县地也。”⑤

除了满满的期待,韩山明也担心,洪仁玕两年来积累的宗教知识不足以在太平天国发挥作用,为此他建议差会准许他访问南京,以便凭借与洪仁玕的良好私交进一步促进基督教的传播。

> 假如洪秀全成为中国的皇帝,当务之急就是,越早教导他们基督教的真理越好。可以说,对上帝和基督教的正确认识能提高他们内心和外在的力量,也将加速其事业的进展。⑥

---

① BM/A A-1,3 (1854)/10:Hamberg,香港,4.5.1854.S.2.

② BM/A A-1,3 (1854)/18:Lechler,香港,20.7.1854.S.4.

③ BM/A A-1,3 (1854)/10:Hamberg,香港,4.5.1854.S.2.

④ Ibid.

⑤ 中国史学会主编:《太平天国》(二),上海:上海人民出版社,2000 年,第 530 页。

⑥ BM/A A-1,3 (1854)/10:Hamberg,香港,4.5.1854.S.2-3.

1.3 差会:持保留态度

在同一封信里,韩山明向巴色差会总部提出两个关键问题,即传教士应该怎样对待叛乱者,以及是否应该与南京的太平军取得联系。差会也意识到问题的重要性,并为此召开了一次特别会议。在7月20日给香港的回信中,差会传达了这次会议的决议。关于第一个问题,差会严厉禁止在华传教士偏袒太平天国运动中的任何一方。"非常清楚的是,我们的弟兄与政治毫无关系,也不应该以任何方式对此发表意见,在这方面我们之间已达成某种共识。"①

第二个问题令差会感到为难。差会写道,与叛乱者取得联系的任务应该交给规模更大的传教团体,比如经验更加丰富的英国伦敦会。同时,差会以一种略带自豪的口吻自视身负使命,"与太平军的皇帝进行谈判",并进一步解释了原因。

> 另一方面,我们不能否认这样的可能性,上帝已经选定我们可怜的差会弟兄,以一种决定性的声音加入到这一世界历史的进程中。这可以通过您(韩山明)与洪仁玕的联系显现出来,后者据说是太平王的亲戚。因此差会不能阻止韩山明弟兄与太平王和太平军建立联系。②

在差会看来,是"上帝的使命"选中巴色会去完成归顺太平天国的任务。韩山明与洪仁玕的交往不是偶然,而是"上帝的使命",为的是给异教徒带去基督教的真谛。但是差会并不坚信这是上帝的托付,特别是领导层看不到这一使命成功的保证。

> 如果(与太平天国的联系)是书面的或直接通过中国人,会容易决定,是否应该做出反应,以及做出多大的反应。不仅传教士本人要安全,另外两个弟兄(黎力基和韦永福)也得共同商量,更需要其他弟兄在紧急情况下出谋划策。③

差会希望韩山明能得到一份太平天国高层的书面邀请函,作为他进入南京的通行证。差会相信,作为太平王的亲戚,洪仁玕完全有这个能力;但没料到的是,洪氏被困上海许久而无法进入南京、加入太平军,更谈不上担任太平天国的要职了。

此外,差会要求韩山明不可自行决定南京之行,而要在与黎力基和韦永福进行协商后,将最终决定上报差会。同时,差会对洪仁玕的身份也有所疑虑,尽管明白只有洪氏可

---

① BM/A A-2,1 (1850-1874)/12:Josenhans,Basel,20.7.1854,S.81-84.

② Ibid.

③ Ibid.

以邀请韩山明去南京,但对他的陈述仍不放心,并提醒韩山明“不要被这个人欺骗”。①

最后差会决定,对这一“使命”将不会提供任何资助,因为南京之行是受上帝之托,自然会有上帝庇佑。

> 正因为我们这样看待此事,所以不会事先寄钱到中国。如果上帝需要我们做一番大事,他会给我们一些办法。您不需要大型的装备,上帝会在天国奉献最必要的东西,也会寄给您您所必需的东西;或者,资金将不通过信用证而预付给您,您也不必全世界地动员募捐人。②

可见,比起“上帝的使命”,差会更看重巴色会的声望,并且以韩山明之前擅自接管福汉会的错误决定为例,提醒在华传教士避免再有不妥之举。

然而,差会的指示韩山明却再也看不到了,他于 5 月 13 日因病离世,距离他寄给差会的那份报告只过了 9 天。韩山明的命运似乎也预示了差会的最后决定,访问南京的计划最终化为泡影。差会总理尤生汉反而松了一口气:“当我们还在讨论和表决时,他(韩山明)已经回天家去了,那里没有叛乱、没有争吵,也没有怀疑。”③

向太平天国传教的计划也随之搁浅,巴色差会在韩山明的命运中似乎看到了上帝的指示,于是彻底放弃了这一冒险的行动。好在黎力基和韦永福并不热衷于韩山明的计划。在一封给差会的信中,韦永福划清了与韩山明的界限,并对其南京之行充满怀疑:

> 即使洪仁玕成功抵达南京、投奔他的堂兄,他能否得到承认仍是个问题,因为他和洪秀全分开已久,而且未曾并肩作战。不管怎样,我不会做出前往南京的不理智决定,因为我从未参与此事,甚至不知道韩山明弟兄曾将这一问题提交差会,直到我看到您的回信(1854 年 7 月 20 日),这完全出乎我的意料。④

二、中期:与太平军的私人交往(1854—1859)

1854 至 1859 年,巴色会传教士和差会的通信中很少涉及太平天国的话题,很难讲

① BM/A A-2,1 (1850-1874)/12:Josenhans,Basel,20.7.1854,S.81-84.

② Ibid.

③ *Der Evangelische Heidenbote*,Okt.1854,No.10,S.87.

④ BM/A A-1,3 (1854)/25:Winnes,香港,2.10.1854.S.1.

是由于韩山明的离世，还是因为西方报纸不利于太平军的报道改变了巴色会的总体观点，可能两方面的原因缺一不可。《新教皈依者信使》上鲜有的几篇报道只是重复一些表面的内容；黎力基几乎没有发表过个人评论；韦永福持观望态度，视政治局势而表达看法。两人对太平天国的态度局限在与个别叛乱者的私人交往上。韩山明离世后，与太平天国最重要的联系集中在洪仁玕及其好友李正高身上。

2.1 洪仁玕

1854 年 5 月，被困上海的洪仁玕逐渐失去进入南京的希望。1853 至 1855 年，占领上海的三合会拒绝放他通关，因为他们不相信洪仁玕和洪秀全的亲戚关系。洪仁玕回到香港后曾与黎力基见过一面，后来在伦敦会理雅各(James Legge)[①]处找到了一份语言教师的工作，并从英国传教士那里接受了基本的神学、历史、地理、政治学等西方教育，为他后来撰写《资政新篇》、推行政治和宗教改革奠定了基础。洪仁玕凭借出众的才干很快受到伦敦会的赏识，不久便晋升为传道人、传道助手，特别是他深厚的文学功底和牢固的基督教知识引起了香港各个传教团体的关注。洪氏的上级、英国传教士查默斯(John Chalmers)[②]曾在 1857 年寄给巴色会一份洪仁玕的工作证明书，并且毫不吝惜赞扬之词：

> 他的整体表现已经堪比福音书；分配的工作他都能令我们十分满意地完成；不仅如此，他对基督事业的促进非常显著。他是一个能力极强的年轻人，我希望今后他能致力于向他的同胞传播福音并取得成功。[③]

就连一向持批评态度的黎力基也重新评价了洪仁玕在香港客家地区的巡回布道工作："我满怀信心地看到，他给人们上课，不仅在香港，还到村子里去传播福音，我确信，我们的工作不会白费。"[④]

2.2 李正高

黎力基在 1854 年 8 月的信中提到，他收到一封洪仁玕来自上海的信。从中可知，洪氏按照韩山明的建议住到伦敦会传教士麦都思的家中，一边等待下一次进入南京的机会，一边补充圣经知识。黎力基指出，和韩山明一样，麦都思也希望通过洪仁玕对洪秀全施加影响。洪氏的两位随行友人则难以达到伦敦会的要求，而且因为不懂上海方言而找

---

① James Legge(1815—1897)，中文名理雅各，英国伦敦会传教士，著名汉学家。

② John Chalmers(1825—1899)，英国伦敦会传教士。

③ BM/A A-1,4 (1858)/1b:John Chalmer 寄给 Lechler 的信，香港，24.1.1857，Lechler 于 13.2.1858 寄出，S.1.

④ BM/A A-1,4 (1857)/20:Lechler，1857 年度报告，香港，11.1.1858.S.2.

不到工作,只得打算返回香港[①]。其中,李正高因意见不合与洪仁玕分道扬镳,在麦都思的资助下于秋天启程返回香港[②]。

他回到家乡,但在那里生活不安全。后来,他筹了一些钱找到我们,想自费上圣经和基督教义的课程。渐渐的他的钱花完了,却不敢回家乡。因为他的生活十分穷困,请求得到我们的帮助……就当是为了韩山明弟兄写的小册子的收入,他把书卖给受官府压迫的太平王的亲戚们,从而确保了书的销量。于是最近我们开始给他一些资助,每月二两钱,他帮我们给老百姓看病。[③]

1856年第二次鸦片战争爆发后,两位巴色会传教士和助手李正高一起撤退至香港。因为短时间内不可能返回内地传教,李正高便在香港一家教会医院谋得了一个助理医生的职位。19世纪50年代末他再次被聘为巴色会的传道人,并于1861年年初收到一封洪仁玕的信,邀请他加入太平军。信中写道,李正高可以租一艘汽船,带上全家人。洪仁玕还寄了四千两白银,用于支付李正高的旅费,以及补偿由于太平天国而遭受官府没收财产和压迫的亲友[④]。韦永福建议李正高不要前往南京,后者也立刻回绝了洪仁玕的邀请。

他(李正高)已经认识到,洪秀全的事情是魔鬼的欺骗行为。证据就是,洪秀全声称在梦中看到了一位令人尊敬的长者,穿着黑色的长袍,这个人应该就是上帝。但是圣经描述的所有天堂的形象都穿着白色的衣服。[⑤]

三、晚期:从重新关注到最终放弃(1859—1864)

查默斯希望洪仁玕继续留在香港开展宣教活动,但被洪氏拒绝,他最终离开了伦敦会。与西方传教士的相处是为了有朝一日能投奔洪秀全,并将所受教育为太平军所用。洪仁玕于1858年夏季启程,历经一路艰险于次年4月抵达天京。

① BM/A A-1,3 (1854)/22:Lechler,香港,18.8.1854.S.2.

② BM/A A-1,19/38:Li Schin en,其父李正高的生平,Lechler 翻译,1885.S.5-6.

③ BM/A A-1,3 (1855)/47:Winnes,1855年度报告,布吉,12.1.1856.S.5.

④ BM/A A-1,4 (1860)/14:Winnes,1860年度报告,香港,14.1.1861.S.9.

⑤ BM/A A-1,19/38:Li Schin en,其父李正高的生平,Lechler 翻译,1885.S.8.

3.1 韦永福重新关注

洪仁玕加封"玕王"后曾给韦永福写过一封信,描述了他去往南京途中的经历。

> 洪仁玕寄来了一封给巴色会、巴冕会、柏林会传教士的信,我昨天收到的。他讲述了从香港到南京途中的经历,我现在没有时间翻译,等去了李朗再做。信纸是丝绸的,装在黄丝信封中,完全按照中国皇室的礼仪。同样,我也收到了一些洪氏朋友的来信,其中大多数是我们的教会成员。它们也都是黄丝信纸,黄丝信封。所有的信纸和信封上都有太平天国的徽章。至于是否上交这些信,我将谨慎处理。因为一旦上交,这些信很快就会泄露给官府,人们就会有大麻烦。①

遗憾的是,这封信的原件和翻译件已经无法找到,故而无法还原洪仁玕的具体行程。至于加入太平天国的巴色会前成员,他们的名字也都不得而知,他们的信在巴色会档案中同样销声匿迹。为了防止官府追查,韦永福主张匿名处理这些信件,所以很有可能是他自己销毁了。

当时正处于西方对太平天国褒扬和批评相互交错的时期。各国传教士频繁到南京拜访洪秀全,大多对太平天国内部的宗教情况做了积极的报告。然而,英法联军政治上更倾向于对抗叛军,帮助清政府。特别是1860年太平军进攻上海后,英、法两国的外交官对太平天国的最后一丝信任也不复存在了。传教士在报纸上刊登的评论与外国商人和外交官的截然相反,体现出在华外国人内部观点的对立。韦永福的信也表达了一种矛盾的观点,在他看来,洪仁玕接掌政权是政治局势发展的积极信号,而太平军进攻上海及其对洪氏政治立场的影响却是极为不利的。

> 这一行动使洪仁玕在叛军中陷入一种困境。叛军对他充满期待,相信通过他的调解能够和外国人建立一种友好的、有益的关系。现在却事与愿违。②

此外,韦永福对洪仁玕的道德正派提出了质疑。在高度评价洪氏《资政新篇》的同时,他收回了对停留香港时期洪氏品性的看法:

> 我印象中关于他的道德品性,不像《北华捷报》上传教士们报道的那么高。我相当

① BM/A A-1,4 (1860)/9:Winnes,香港,24.8.1860.S.4.

② BM/A A-1,4 (1860)/9:Winnes,香港,24.8.1860.S.3-4.

熟悉他,也从我们的助手、他的密友(可能是李正高)那里得知了一些,更加确认了我的看法。正如第524期(《北华捷报》)所知,洪仁玕也已屈服于一夫多妻制。①

韦永福援引了一段英国传教士艾约瑟(Joseph Edkins)②和洪仁玕1860年夏季在苏州的谈话。据说英国人对洪氏的印象不错,称赞他既坦诚又健谈。除了基本的政治和宗教话题,洪仁玕还谈及他已适应了太平天国礼仪中的一夫多妻制。这加深了韦永福的疑虑,他担心洪仁玕已经向新政权的物质诱惑妥协,并对宗教改革失去兴趣。③

可能上文所提的"好友"也遇到了同样的情况,比如李正高,他与洪仁玕1854年在上海停留时绝交。两人争执的内容据说是洪氏的"放荡和淫欲"④。洪仁玕的性格弱点,特别是一夫多妻制,等于向众人宣告,他再也没有能力按照西方的标准向太平军教授基督教义。虽然否定了洪仁玕向太平军宣教的道德合法性,韦永福似乎并未完全失去对太平天国的期望。和韩山明一样,他将太平军视为西方传教士在华传播福音的开路先锋:

理雅各博士刚刚收到一封洪仁玕的信,信中邀请传教士们去南京做客。黎力基弟兄和我也在受邀之列。只可惜黎力基弟兄不在,不然我们俩可以派一个人尝试一下。⑤

洪仁玕加封"玕王"后,韩山明通过太平军在华传教的想法似乎就要成为现实。韦永福希望通过洪仁玕的身份更加接近韩山明的理想,但对太平军的宗教能力却不抱太大希望。细想,韦永福是否真的想去南京,很值得玩味。前文所提种种,实在很难看出他对太平天国还存有多大的热情。上一段引文听起来更像是他把黎力基不在中国当作一个借口,好为南京之行开脱⑥。韦永福非常清楚差会领导层对太平军的政治态度,尤其对差会1854年给韩山明的回信记忆犹新。

半年后,韦永福成功劝阻李正高前往南京,主要原因也是怕他屈服于一夫多妻制。韦氏还声称洪仁玕是个偏激狂,他只想自己按照皇帝仪制受人尊敬,并到处散布伪宗教思想。最后得出结论,巴色会在广东客家地区的宣教事业需要更多像李正高一样道德正派的中国助手。⑦

① BM/A A-1,4 (1860)/9:Winnes,香港,24.8.1860.S.2.

② Joseph Edkins(1823—1905),中文名艾约瑟,英国伦敦会传教士,著名汉学家。

③ BM/A A-1,4 (1860)/9:Winnes,香港,24.8.1860.S.1-2.

④ BM/A A-1,19/38:Li Schin en,其父李正高的生平,Lechler 翻译,1885.S.3.

⑤ BM/A A-1,4 (1860)/9:Winnes,香港,24.8.1860.S.2.

⑥ 黎力基当时正在欧洲休假,于1861年4月返回中国。

⑦ BM/A A-1,4 (1860)/14:Winnes,1860年度报告,香港,14.1.1861.S.9.

为什么韦永福一方面在1860年夏季对无法启程去南京感到遗憾,另一方面却在次年1月阻止李正高前往?差会1854年7月给韩山明的信中,不是希望拿到太平军的一份书面邀请函,并与领导层建立直接的联系吗?此时正是通过太平天国推进基督教的成熟时机,是什么导致韦永福对太平军的态度发生转变?显然韦永福对中国传道人缺乏信任,多少跟福汉会时期本地传道人的糟糕经历有所关联①。

另一个重要原因要归于政治局势的变化,尤其是1860年10月《北京条约》的签订,清政府准许外国传教士自由进入内地旅行、传教。这使太平天国曾经的相同许诺变得多余,他们不再是基督教事业的开路先锋,因为清政府已经满足了西方列强的愿望。可以说,太平天国在传教士面前失去了最后一张牌。

3.2　传教士最终放弃

对太平军的热情最终在1861年彻底退去,巴色会传教士的报告几乎没有提及,只有一些零散的关于太平天国追随者的消息。在合作和宣教问题上,传教士已经放弃了太平军,但是两者之间的联系并未彻底斩断。同年,双方有过一次接触,大致是洪仁玕给伦敦会和巴色会寄来一笔钱。洪氏在信中没有表明动机,应该是他察觉到西方对太平天国的热情骤减,意图通过赠款重新引发关注。黎力基对此回应道:

> 如韦永福弟兄报告,他寄了一笔不小的数目,给理雅各博士和伦敦会100美元,给巴色会100美元。理雅各博士没有收这笔钱,我们则希望您来决定应该怎么处理。韦永福弟兄认为,或许可以分给穷人。如果您能告知我们您的良好建议和意愿,对于我们再好不过了。②

信中未曾写明,是否只有伦敦会和巴色会收到了赠款,或是还有别的传教团体。如果是第一种情况,可以推测洪仁玕是为了回报之前所受的基督教教育。如果是后者,可以理解成是为了重新博得西方传教士的好感。不管怎样,这笔钱的真实动机我们不得而知。最终,差会同意接受赠款,但是下令传教士对外守口如瓶,因此外界对此毫不知情。当时英法联军已经开始与清政府合力围剿太平军,与太平天国的任何联系一旦被发现,对巴色会的名声将是致命的打击,也会直接影响清政府对巴色会在内地传教的态度,更不利于巴色会与香港殖民政府的关系。

至于差会之所以最终决定接受赠款,很可能与巴色会潜在的财政危机有直接关系。

---

① 施拉德(Wilhelm Schlatter):《真光照客家——巴色差会早期来华宣教简史1839—1915》,第35~36页。

② BM/A A-1,4 (1861)/7:Lechler,香港,24.5.1861.S.4.

差会一直奉行节俭的财政政策，每个传教据点只能从差会得到微薄的财政补助，这样既可以更好地约束传教士节俭开销，也能增强中国信徒的责任感及其对巴色会的归属感。

四、后续的联系（1864 年之后）

1864 年天京陷落，标志着太平天国运动的终结。之后，西方国家统一将这一运动描述成彻头彻尾的大灾难。巴色会的观点我们无从得知。韦永福因病同年离开巴色会，返回欧洲。《新教皈依者信使》对此只字未提，可能因为差会不想在读者面前公开为早年对太平天国的热情辩护。直到五年后，黎力基才做了仅有的一次评论[①]。信中他斥责洪秀全对权力的贪恋和太平天国运动的破坏力，也承认这一运动对广东省巴色会传教区域的老百姓产生了积极影响：很多人通过洪秀全了解了福音，并由他的追随者施洗。1864 年以后，陆续有太平军的前成员回到家乡，并且继续保持对基督教的虔诚信仰。也有人迫于清政府的追查而移民海外，并在异国他乡建立了新的基督教堂区。黎力基日后的信中，多次描述了他与这些太平军遗老遗少的交往。

巴色会对这些太平军前成员很感兴趣，李正高就被黎力基派往很多太平军的老家——广东东北部客家山区工作，后来逐渐发展成巴色会的重点工作区域。李正高的游记记录了他与这些人的交往，其中有不少他很早就认识的洪秀全的亲友。一些人因害怕官府报复，不得不隐藏他们的基督教信仰。[②]

常年的战争、对太平军的报复以及严重的经济困境引发了中国 19 世纪 60 年代开始的移民潮。香港成为 19 世纪下半叶客家人移民海外的中转地，巴色会传教士发挥了重要的作用，尽管截至 1891 年他们因此失去了约 25%的信徒。大部分客家基督徒移民至圭亚那、檀香山和婆罗洲，并在当地建立了新的堂区。[③]

五、结论

太平天国运动是中国近代史上一次带有基督教性质的大型运动。一方面，太平军自称信奉基督教，对外国人的态度并不敌视，并且反对清政府的统治；另一方面，他们认为其宗教理论独立于西方基督教而存在。西方传教士对太平天国宗教理论施加影响的所有努力都失败了。后世对其褒贬不一，巴色会成员对其态度和评价也各不相同。

---

① BM/A A-1,6 (1869)/25：Lechler，香港，25.10.1869.S.3.

② BM/A A-1,6 (1869)/3：Lechler，巡回传道人李正高的报告翻译件，香港，17.2.1869.S.1.

③ 施拉德：《真光照客家——巴色差会早期来华宣教简史 1839—1915》，第 162~163 页。

韩山明在人生的最后岁月里对太平天国倾注了极大的热情。少得可怜的皈依人数以及总理尤生汉对在华传教事业的疑虑,使韩山明极其渴望成功,太平天国的出现正中他下怀。与洪仁玕的相识更坚定了韩山明的想法,以洪氏的口述内容整理成书的《中国叛乱首领洪秀全以及中国叛乱之缘起》对太平天国的缘起存在着一定程度的美化或理想化的成分,即使这对巴色会和太平军之间的关系来讲无关紧要,因为巴色差会的态度从未发生过根本的变化。重要的是,韩山明和洪仁玕始终致力于维护这份交情。洪仁玕不仅需要借此保护自己免受清朝政府的追查,更想与西方世界建立一层联系,对日后重返太平军担任要职有百利而无一害。韩山明方面,则将"中华归主"的伟业寄托在洪仁玕身上,太平军的教义虽有瑕疵却是进一步展开传教工作的基石,他甚至将与洪仁玕的相遇视为上帝转世的使命。成功将给巴色会以无限荣光,一旦失败只会剩下羞辱,这是一次巨大的冒险。差会带着疑虑,勉强同意韩山明前往南京,只是没料到,会以韩山明的突然病逝收尾。

黎力基和韦永福对韩山明的想法一直持观望态度,在其离世后,更是将此束之高阁。尤其是黎力基,不仅怀疑太平天国所传基督教的真实性,而且质疑他们按照西方标准修改自身教义的可能性。他从一开始就认为,太平天国破除异教思想的做法虽然有助于减轻传教士的繁重工作,但是远远不够,他们必须放弃教条主义,将传播福音的任务完全交给西方传教士。由此可知,黎力基将太平天国视为一种工具,而非"中华归主"的根本力量。

从巴色会传教士的书信和报告中可以看出,1853 年攻占南京后,他们对太平天国的兴趣渐渐消退,且敬而远之。太平军愈加浓厚的军事特征冲淡了人们的宗教兴趣,初期对异教精神的大规模破除曾被视为必要的措施,但随着军事上的不断胜利却显得与基督教义越来越格格不入。同时,太平天国的兴起引发了一场旷日持久的中国内战,主战场位于长江三角洲一带。作为通商口岸的上海受到了巨大的影响,西方商人和外交官的经济利益受到了严重损害,故而英文报纸对太平天国的报道最先转为负面。

直到韩山明的学生、洪秀全的堂弟洪仁玕 1859 年抵达南京加封"玕王"后,西方媒体的报道又发生了改变,可是这回只有传教士的评论是积极的,他们相信洪仁玕会进行改革。1860 年 8 月,韦永福向巴色差会报告了他从南京收到的一些信,其中一封是关于洪仁玕邀请他到南京做客,并帮助他传播基督教的。在这份报告中,韦永福的观点前后矛盾,特别是对洪仁玕的邀请表现出一种介于同意和拒绝之间的犹豫不定,有借黎力基不在中国而巧妙拒绝前往南京之嫌。

在最后阶段,太平天国在西方传教团体面前已经变得无关紧要,因为中国和西方列强签订的《天津条约》和《北京条约》确保了西方传教士在中国内地自由传教的权利。受到孤立后,洪仁玕给伦敦会和巴色会寄来大额赠款,希望借此挽回西方传教士的信任。

巴色会虽然接受了赠款,但是对外三缄其口,可见传教士与太平军的疏离已是大势所趋。

太平天国运动失败后,一部分早前的追随者重新回到自己的家乡。在广东东北部的客家地区,巴色会传教士也遇到了不少太平军的前成员,其中一些保持着对基督教的虔诚信仰,并加入巴色会的堂区中。再后来,大量的前太平军追随者移民海外,巴色会在其中发挥了重要的媒介作用。

[罗颖男,北京信息科技大学外国语学院]

论文

大师的“对话”：鲁迅与托尔斯泰

柳若梅

摘要：在五四运动之前，中国译介最多的俄国文学作品便出自托尔斯泰的笔下。鲁迅与托尔斯泰的渊源可以追溯到鲁迅早年留日时期。从《鲁迅全集》来看，鲁迅之笔提及托尔斯泰始于1908年，终于生命晚期的1934年。鲁迅与托尔斯泰的“对话”，使托尔斯泰成为中国文坛最受关注的俄国作家之一，并对中国现代社会“国民”精神形象的塑造产生影响，使俄国19世纪文学中的现实主义传统，深刻地作用于中国现代文学形成的过程，使中国现代文学不做政治的附庸，关注社会现实，承载民族兴亡的使命。

关键词：鲁迅　托尔斯泰　中国现代社会　中国现代文学

中国现代文学的奠基人、中国现代思想的建构者和解构者鲁迅先生，1932年在《中俄文字之交》中说：“俄国文学是我们的导师和朋友。”回顾中国现代文学发展的历程，在其建立的初期，在五四运动之前，在中国翻译发表托尔斯泰、普希金、莱蒙托夫、屠格涅夫、契诃夫等俄国经典作家的作品有80多种，其中托尔斯泰一人的作品就达30多种。鲁迅与托尔斯泰这两位伟大的作家及各自民族文化的先驱者，在其生命历程中虽无直接的沟通与对话，但两者之间诉诸文字的交集，对于我们梳理中国现代文学的萌芽与发展，进一步深入理解鲁迅思想文化、理解托尔斯泰作品对于世界文化的价值，都有着十分重要的意义。

一、托尔斯泰在中国最初的传播

翻开《鲁迅全集》，从1908年到1934年，鲁迅笔下直接提到托尔斯泰之名有10处，鲁迅笔下的托尔斯泰，与在中国早期传播的“托尔斯泰”有着最直接的关系。

从1900年至1910年,在中国,托尔斯泰由简单地被人提及[①],到从实用角度给予评价[②]以至收藏肖像纪念[③]、专文介绍[④]、通信和赠书往来[⑤],托尔斯泰成为中国知识文学界一个人所共知的名字,尽管当时的了解还只限于表面而并不深入。1910年11月20日托尔斯泰逝世后,上海报刊第一时间发表相关报道[⑥]。此后,《民立报》发表多篇介绍托翁的文章[⑦],其中在11月22日至12月13日连载的《托尔斯泰先生传》,详细介绍了托尔斯泰的生平和创作,对《战争与和平》《安娜·卡列尼娜》《复活》给予了高度评价,而于右任署名“骚心”而作的《托氏琐事评》则希望托氏之魂主笔其所创办的《民立报》,透露出中国文人对托尔斯泰的推崇。此后,托尔斯泰的作品便大量被译成汉语在中国发表、出版。至1919年,《战争与和平》《安娜·卡列尼娜》《复活》《哈吉穆拉特》各拥有4种译本,《童年》《伊凡·伊里奇之死》《哥萨克》《黑暗之势力》《教育之果》《活尸》各拥有3种译本。

由鸦片战争而始,清代中国骤然跌入痛苦的深渊。从洋务运动到戊戌变法,中国人民励精图治,寻找国家和民族的出路,希望改革旧的腐朽制度,建立新制度,拯救民族危机。在20世纪初的数十年间,新学、新报、新书和新文化以蓬勃之势,结合欧洲的现代主义思潮,在中国形成一股激荡的洪流,其间大量引进西方实学、艺术、文化,力求对中国社会进行最为彻底的批判和变革,由此无论是引进的外来文化,还是正在兴起的新文化,都体现了这样的民族诉求。托尔斯泰不同时期的作品中,具有批判精神、反抗意识、变革精神的作品被翻译,由此形成了中国知识界、文学界对托尔斯泰的了解和推崇。鲁迅论及的托尔斯泰,也意在吸取托翁彻底挑战旧秩序、旧传统、旧制度的精神。

---

① 1900年,上海广学会由英文翻译出版了《俄国政俗通考》一书,其中在介绍俄国的语言文学时提到了托尔斯泰:俄国爵位刘(名)都斯笃依(姓)……幼年在加森大学院肄业。一千八百五十一年考取出学,时年二十三岁,投笔从戎,入卡利来亚军营效力。一千八百五十六年,战争方止,离营返里,以著作自娱。生平得意之书,为《战和纪略》一编,备载一千八百一十二年间拿破仑伐俄之事。俄人传诵之,纸为之贵。转引自戈宝权《托尔斯泰和中国》,载于《托尔斯泰研究论文集》,上海译文出版社,1983年。

② 1902年,梁启超在其《新小说》创刊号上刊登托尔斯泰的画像,在《新民丛报》第1号发表的《论学术势力左右世界》中论及托尔斯泰之精神对俄国社会进步的作用。

③ 外交官钱恂的夫人单士厘撰写了光绪二十九年(1903)二月十七日至四月三十日从日本出发,经朝鲜釜山回到中国东北,最终抵达任职地俄都彼得堡的旅途日记,1904年由日本同文印刷舍出版,其中提到购得一幅托翁肖像,并介绍了托翁的文学成就和欧美文学界对他的推崇。

④ 1904年11月,《万国公报》转载了曾在《福建日日新闻》上发表的《托尔斯泰略传及其思想》。

⑤ 1905年,清代留俄学生张庆桐与俄国学者合作翻译出版梁启超之《李鸿章》,后将译著赠予托尔斯泰,并由此与托氏建立了通信往来。1906年至1908年,以中国哲学家、文学家、翻译家蜚声海外的辜鸿铭两次向托尔斯泰赠书,托尔斯泰回赠并亲笔写长信致谢,该信以《致一个中国人的信》为题于1911年发表于俄国的《东方杂志》。

⑥ 当天的上海《神州日报》即时发表报道:托尔司泰(吾国旧译作唐斯道)伯爵之噩耗,已传遍于世界。此世界中,顿失一学界伟人……然在世人崇仰之心,终难忘情于木坏山颓之感也。《东方杂志》也刊发了相关消息。

⑦ 该报在1910年11月和12月刊发的纪念托翁的文章有《托尔斯泰先生传》《欢送文豪》《托氏琐事评》《托氏遗事评》《托尔斯泰遗事记》《我来何处哭英雄》等。

二、鲁迅对托尔斯泰的认识过程

1905 年,在日本仙台医学专门学校求学的鲁迅收到日本同学的信,信中因误会而指责鲁迅因得到藤野先生泄露试题而取得好成绩,该信的第一句便引用了当时轰动欧亚的托尔斯泰于 1904 年 6 月 27 日发表在伦敦《自由之声》上的《你们当悔改! ——论日俄战争》[①]中的话。这是鲁迅与托尔斯泰的第一次"接触"。

托尔斯泰的文章有感于日俄战争带来了无辜生命的无谓死亡,认为宗教的缺失使得战争中的军人在世俗的功利和虚伪蒙蔽之下,忘记了人来到这个世界的原初使命——上帝赋予的使命,操纵杀人机器肆意蹂躏和践踏[②]。这里体现了托尔斯泰的宗教观和以此为基础人应如何完成上帝赋予的使命的看法。托尔斯泰曾在 1904 年 1 月 28 日的日记中写道,当发生像战争这类可怕事情时,大家关于战争的各种意义和后果有着各种各样的想法,但都不评判自己:面对战争我该做点什么。这就是当下最真实的写照:除了宗教,什么也不能纠正现存的这种邪恶。托尔斯泰的长文在伦敦发表后引起强烈轰动,当年再次出版了针对士兵和大众的普及版(删去了第一版中的大量题记),英文版、法文版、德文版很快见诸欧洲各国报端。在日本,在《你们当悔改! ——论日俄战争》发表几天后,就由日本社会主义运动领袖幸德秋水和堺利彦翻译并在《平民新闻》上发表,在日本影响很大,不久又以单行本形式在日本"文明堂"出版社出版。同年 8 月 7 日,幸德秋水又在《平民新闻》上发表评论文章回应托尔斯泰[③],反对日俄军国主义者,反对日俄战争,呼吁日俄两个民族相互团结[④]。尽管托尔斯泰的根本出发点即履行基督教大统一世界中"世界人"义务未被非基督教世界的东方所接受,但其"世界人"的观念和说法却流传久远。

---

① 1904 年 6 月 27 日的《泰晤士报》以 10 栏篇幅刊登了托尔斯泰的长文,文中托尔斯泰引用《圣经 · 马可福音》中的话"日期满了,神的国近了,你们当悔改,信福音"(《马可福音》第 1 章第 15 节),还引用《路加福音》中的话"你们若不悔改,都要如此灭亡"(《路加福音》第 13 章第 5 节),认为战争是由于皇帝、士兵、部长、记者等各色人等在履行其身份职责,导致人们相互仇恨而发生的。这是错误的。因为每个个体首先是一个人,是被最高意志派到我们这个时空无限世界的有机体,只为在这个世界稍做停留、死去。所以个体能够为自己确定的或人们为个体所确定的所有的个人的、社会的甚至全人类的职责,都无关紧要,而应服从于最高意志派我而来的使命,因为这个使命才是个体的原初使命。

② 见《你们当悔改! ——论日俄战争》第 11 章。

③ 幸德秋水等日本社会主义者赞同托尔斯泰反对战争的立场,但谴责托尔斯泰只凭道德劝诫——"你们当悔改"进行争取和平的斗争的立场。

④ 日本的社会主义者对日俄战争持反对立场,他们展开声势浩大的反军国主义活动,在日本首都及各地举办集会,发表演讲。在日俄战争进行得最为激烈时,日本的社会主义重要人物片山潜在阿姆斯特丹的代表大会上发表"论推翻日本和俄国军国主义政府的必要性"的演讲,并在会议期间同俄国社会主义领袖普列汉诺夫握手。日本社会主义者将表达与俄罗斯民族团结的信寄给俄国社会民主工人党(РСДРП)的中央机关报《星火》(Искра),该信在 1904 年 5 月 1 日在《星火》上发表。

鲁迅 1908 年发表的《破恶声论》[①]中便使用了托尔斯泰"世界人"的说法,但却不赞同当时的"世界人"论观点,褒赞托尔斯泰的,却是他敢于自然表露心声的《忏悔录》:"故病中国今日之扰攘者,则患志士英雄之多而患人之少。志士英雄,非不祥也,顾蒙帼面而不能白心,则神气恶浊,每感人而令之病。奥古斯丁也,托尔斯泰也,约翰卢骚也,伟哉其自忏之书,心声之洋溢者也。"[②]

作者发表《破恶声论》意在回应章太炎所提出的:中国革命者所面临的任务,一是用宗教发起信心,增进国民的道德;二是用国粹激励种姓,增进爱国热肠[③]。鲁迅说:"聚今人之所张主,理而察之,假名之曰类,则其为类之大较二:一曰汝其为国民,一曰汝其为世界人。"[④]"国民"说主张破除迷信、崇拜侵略、尽国民义务,"世界人"说主张同文字、弃祖国、尚齐一。鲁迅认为,这两种说法都没有依据,两者的共同弊端是消除人的自我意识,使人浑然不知,不敢与别人有所区别,即个性泯灭于群体之中,如不附和此说,则以大众意志为笞杖,打击压迫。孰不知人一旦丧失自我,则失去了为族为国奋起呼喊的意志。"国民"论也罢,"世界人"论也好,两者间虽有相反对立之处,但在毁灭人的个性上却高度一致。就中国当时的混乱局面而言,可怕的是如"国民"论者、"世界人"论者的志士英雄太多,真正有自我意识的人太少。这类志士英雄虽然并非不好,但他们用妇人的头巾蒙面,不敢表露心声,所以显出一种神形恶浊的病态。鲁迅称赞奥古斯丁、托尔斯泰、卢梭等在《忏悔录》中鲜明地张扬自我主张。

1908 年由日本回国后,鲁迅历经辛亥革命、二次革命、张勋复辟等中国现代社会发展的重大事件。在绍兴、杭州的教学中,在南京、北京的教育部工作中,鲁迅反省自己的使命,"沉于国民中""回归古代",辑录古籍,沉入民间记忆,"对外在的社会、历史、文化的黑暗和内在的本体性的黑暗的刻骨铭心的生命体验",形成了他独特的、以反抗绝望为主题的人生哲学,最终投身于新文化运动,于 1918 年在《新青年》杂志上发表了中国现代小说的奠基之作《狂人日记》。清末民初之时,经学面临解体,新学兴起,广泛汲取西方文化,文化界奉古者则审视抑或排斥欧洲。1919 年 1 月 5 日上海《时事新报》星期图画增刊《泼克》刊登了沈泊尘所画的 6 幅讽刺画,讥讽汲取西方文化。1919 年 2 月 15 日,鲁迅在《新青年》上发表《随感录》,指出固守经学反对新文艺者应破旧立新,文中论

---

① 关于鲁迅的《破恶声论》产生的背景,参见汪晖:《声之善恶:什么是启蒙》,《开放时代》2010 年第 10 期,第 84—115 页。

② 《破恶声论》,见《鲁迅全集》第八卷,人民文学出版社,2005 年(后面引用的《鲁迅全集》与此版本相同,不再标注),第 29 页。

③ 章太炎:《演说录》,载于《民报》第 6 号(1906 年 7 月 25 日),第 4 页。

④ 《破恶声论》,见《鲁迅全集》第八卷,第 28 页。

及托尔斯泰①。鲁迅认为这是在“骂提倡新文艺的……大旨是说凡所崇拜的，都是外国的偶像”②。在鲁迅看来，“不论中外，诚然都有偶像”，“旧像愈摧破，人类便愈进步”。这一时期托尔斯泰作品的大量译介，托尔斯泰对东正教会的反叛态度、其作品中所反映的对沙皇专制制度的反叛精神，使鲁迅将之与达尔文、易卜生、尼采诸人一起，作为破坏偶像的大人物并提。

《新青年》成为鲁迅发表启蒙话语的平台，鲁迅将批判的对象指向“汉朝以后”，特别是“宋元以来”的儒家纲常伦理，展开对中国国民性的反省，以“改造国民性”为其思想文化命题。1915—1925年间，在中国出版托尔斯泰作品译文达40多种、评论文章50多种。托尔斯泰作品中对现实生活的批判，与俄国教会和专制制度决裂之彻底，暗合了五四运动前后中国新文化运动的大势，也因此鲁迅将托尔斯泰纳入了“轨道破坏者”之列。1925年2月23日在第十五期《语丝》上刊登的《再论雷峰塔的倒掉》一文中称：“卢梭，斯谛纳尔，尼采，托尔斯泰，伊孛生等辈，若用勃兰兑斯的话来说，乃是‘轨道破坏者’。其实他们不单是破坏，而且是扫除，是大呼猛进，将碍脚的旧轨道不论整条或碎片，一扫而空，并非想挖一块废铁古砖挟回家去，预备卖给旧货店。中国很少这一类人，即使有之，也会被大众的唾沫淹死。”③其中也渗透着鲁迅对中国国民性的深刻反思。

1927年10月起，鲁迅定居上海，开始成为自由撰稿人，由大学讲堂走向了更广泛的社会文化，与政治形势、社会思潮、文化需求等因素的关系更为密切起来。在1928年1月29日、30日上海《新闻报·学海》第一八二期、一八三期上鲁迅连载发表了《文艺与政治的歧途》，分析文学与政治两者相背离的关系，认为文学家应当承担起社会的使命，如托尔斯泰那样张扬人道主义精神，承担社会责任，而不能成为政治的附庸④。1928年2月起担任在北京创办的、后遭停办、后又移师上海的《语丝》杂志主编，同年6月又与郁达夫一起创办了文学杂志《奔流》，大量介绍俄国文学。文学与政治、马克思主义文艺思

---

① 《随感录四十六》，见《鲁迅全集》第一卷，第348～349页。“不论中外，诚然都有偶像。但外国是破坏偶像的人多；那影响所及，便成功了宗教改革，法国革命。旧像愈摧破，人类便愈进步；所以现在才有比利时的义战，与人道的光明。那达尔文易卜生托尔斯泰尼采诸人，便都是近来偶像破坏的大人物。”

② 《鲁迅全集》第一卷，第348页。

③ 《鲁迅全集》第一卷，第202页。

④ “俄国文学家托尔斯泰讲人道主义，反对战争，写过三册很厚的小说——那部《战争与和平》，他自己是个贵族，却是经过战场的生活，他感到战争是怎么一个惨痛。尤其是他一临到长官的铁板前（战场上重要军官都有铁板挡住枪弹），更有刻心的痛楚。而他又眼见他的朋友们，很多在战场上牺牲掉。战争的结果，也可以变成两种态度：一种是英雄，他见别人死的死伤的伤，只有他健存，自己就觉得怎样了不得，这么那么夸耀战场上的威雄。一种是变成反对战争的，希望世界上不要再打仗了。托尔斯泰便是后一种，主张用无抵抗主义来消灭战争。他这么主张，政府自然讨厌他；反对战争，和俄皇的侵掠欲望冲突；主张无抵抗主义，叫兵士不替皇帝打仗，警察不替皇帝执法，审判官不替皇帝裁判，大家都不去捧皇帝；皇帝是要人捧的，没有人捧，还成什么皇帝，更和政治相冲突。这种文学家出来，对于社会现状不满意，这样批评，那样批评，弄得社会上个个都自己觉到，都不安起来，自然非杀头不可。”见《鲁迅全集》第七卷，第117～118页。

想等是这一时期鲁迅非常关注的问题。

早在五四运动时期,中国知识分子把托尔斯泰奉为导师和领袖,其人道主义者身份,其作品中所彰显的真诚、博爱、和平、正义、平等现代社会重要因素,强烈地吸引着中国一代学人。在文学上,托尔斯泰的《艺术论》(耿济之译)也受到广泛关注,五四新文学从托尔斯泰的作品和文论中受益良多。郑振铎从中看到文学应"成为一种要求解放、征服暴力、创造爱的世界工具"①,张闻天在《小说月报》的"俄国文学研究"专号上详细分析《艺术论》,认为"艺术应该能成为人类的进步和幸福所不可一日缺的器官"②,郭绍虞关注到《艺术论》是标榜托尔斯泰"人道主义的旗帜,他反对享乐主义,而谓艺术必须与人生有关系"③。在托尔斯泰诞辰百年的1928年,对托尔斯泰的关注再次高潮迭起。鲁迅主编的《奔流》杂志的第一卷第七期成为纪念专刊,内容丰富:大文豪托尔斯泰的文学成就;中国人对托尔斯泰的了解;其他国家对托尔斯泰的了解(高尔基的回忆文章,井田考平论托尔斯泰生平和著作的文章,卢纳察尔斯基从思想角度对托尔斯泰的评论,利沃夫罗加切夫斯基和小泉八云之论托尔斯泰的民粹思想,马伊斯基论马克思主义与托尔斯泰);托尔斯泰的《托尔斯泰自忆的事情》(关于晚年出走);托尔斯泰的家乡亚斯纳亚波良纳。鲁迅特别为该期杂志选取了插图,并介绍了苏联、日本、英国、美国、法国、中国举办的纪念托尔斯泰百年诞辰的活动。

上海作为文学中心,流派众多,在激荡变幻的时代,论争频繁。1929年梁实秋发表《论鲁迅先生的硬译》一文,质疑鲁迅在翻译问题上的"直译"的观点,认为翻译应当"宁顺而不信"。鲁迅从马克思主义的阶级观念、阶级分析的方法,关注到人与人之间的利害冲突和人遭受奴役、压迫的现实,看到托尔斯泰作品所反映的阶级性,并分析托尔斯泰的局限性的阶级根源,"……托尔斯泰正因为出身贵族,旧性荡涤不尽,所以只同情农民,而不主张阶级斗争"④。苏俄文论和文学作品是鲁迅后期文学生涯的重要内容,如《苏俄文艺政策》《文艺和批评》《艺术论》《毁灭》《死魂灵》《竖琴》等。在鲁迅翻译和编辑的苏联小说集《竖琴》的"前记"中,鲁迅回顾二十年前中国文学界对俄国文学的接受,认为屠格涅夫、陀斯妥耶夫斯基、托尔斯泰、契诃夫的作品,虽不是无产阶级文学,但其中的"叫唤、呻吟、困穷、酸辛……挣扎"⑤,使之被中国文学界看作是为被压迫者而呼号的作家,接着进一步介绍了20世纪20年代俄国文学状况。托尔斯泰等19世纪俄国经典

---

① 郑振铎:《艺术论》序言,见托尔斯泰著、耿济之译:《艺术论》,商务印书馆,1921年。
② 张闻天:《托尔斯泰的艺术观》,1921年9月《小说月报》号外。
③ 郭绍虞:《俄国美论与其文艺》,1921年9月《小说月报》号外。
④ 《鲁迅全集》第四卷,第209页。
⑤ 《南腔北调集·〈竖琴〉前记》,见《鲁迅全集》第四卷,第445页。

作家与“谢拉皮翁兄弟”“同路人”等苏联成立初期的文学团体，经鲁迅的引介，成为推动中国现代文学发展的重要力量。

在20世纪初的数十年，中国大量吸取西方文化思想。鲁迅在吸取欧洲各民族文化方面做了很多工作，但鲁迅更关注的，则是外来思想对中国现实的意义①。在与追求“为文艺而文艺”、反对艺术为现实服务的“第三种人”的论争中，托尔斯泰成为鲁迅反对“第三种人”观点的典型事例。鲁迅认为托尔斯泰是“为现在而写的，将来是现在的将来，于现在才有意义，才于将来有意义”，认为托尔斯泰“写些小故事给农民看，也不自命为‘第三种人’，当时资产阶级的多少攻击，终于不能使他‘搁笔’”②。由此可见，鲁迅对于托尔斯泰创作中的现实主义有着深刻的理解。20世纪30年代的上海文坛，流派繁多，观点纷争，风格不一，因对文艺的本质、文学的责任、中国文学的发展等问题理解的迥异。这一时期的杂志报端，辩论四起，鲁迅这一时期的雄辩杂文，体现了他作为“真的知识阶级”的代表人物的情怀和对中国文学发展的引领作用。在1933年上海文坛著名的“女婿”风波③中，托尔斯泰成为论辩双方都提到的重要人物④，“女婿”邵氏一派讥讽鲁迅论辩锋芒毕露，以托尔斯泰的“不抵抗”为由试图阻止鲁迅，鲁迅则注重托尔斯泰对俄国东正教会的彻底反叛，注重托尔斯泰直面沙皇反对战争的不屈精神，希望中国的文坛能够扫除“这种浮嚣，下流，粗暴等等的坏习气”，良性向前发展。

结　语

综观鲁迅从赴日学习接受新思想的青年时代，到在大学讲堂引导青年摆脱旧思想、旧文化、旧风俗、旧习惯、旧势力的桎梏，从处于现代主义思潮之中追求新文学，到走上现实主义文学道路，乃至后期成为中国现代思想文化构建者的全过程中，一直伴随着对托尔斯泰的认识、理解、介绍和对其思想内涵的准确把握。鲁迅与托尔斯泰的“对话”，使托尔斯泰成为中国文坛最受关注的俄国作家之一，并对中国现代社会“国民”精神形象的塑造产生了影响，使俄国19世纪文学中的现实主义传统，深刻地作用于中国现代文学

① “仰慕往古的，回往古去罢！想出世的，快出世罢！想上天的，快上天罢！灵魂要离开肉体的，赶快离开罢！现在的地上，应该是执着现在，执着地上的人们居住的。”见《鲁迅全集》第三卷，第52页。

② 《鲁迅全集》第四卷，第453页。

③ 费冬梅：《1933年海上文坛的“女婿”风波》，载于《现代中文学刊》2014年第3期，第112~119页。

④ “不知道为什么，近一年来，竟常常有人诱我去学托尔斯泰了，也许就因为‘并没有看到他们的“骂人文选”’，给我一个好榜样。可是我看见过欧战时候他骂皇帝的信，在中国，也要得到‘养成现在文坛上这种浮嚣，下流，粗暴等等的坏习气’的罪名的。托尔斯泰学不到，学到了也难做人，他生存时，希腊教徒就年年诅咒他落地狱。”《〈准风月谈〉后记》，见《鲁迅全集》第五卷，第423~424页。

形成的过程之中,使中国现代文学不做政治的附庸,关注社会现实,承载民族兴亡的使命。

[柳若梅,北京外国语大学全球史研究院教授]

论文

重建独白空间中的东西文化对话语境：以辜鸿铭致卫礼贤的21封信为中心

吴思远

摘要：1910至1914年间，辜鸿铭(1856—1928)曾给卫礼贤(1873—1930)写过21封书信。这批信件的面世客观上形成一种独白式语境，此情形恰似是对辜人生境遇及著作接受情况的生动转喻。一方是辜鸿铭激昂雄辩的言辞，一方是卫礼贤因回信的缺席而产生的失语状态，两者之间呈现出的张力促使我们重新构建出一种交流场域，从中还原辜鸿铭的对话诉求，并借以揭示辜氏作品中隐含的论辩本质。或许只有在将两人彼此联系的活动和相互渗透的思想置于"共同存在"(coexistence)的审视维度时，我们才有可能在一种对话互动的语境中，沿着相互参照和影响的思路，体察出他们各自更为丰富和全面的学术人格面向。

关键词：辜鸿铭　卫礼贤　通信　互动　独白　对话　翻译

引　论

1913年的一天，法国学者佛朗西斯·波里(Francis Borrey)第一次与辜鸿铭在北京见面。回忆起交谈的情形时，他作出如下的描述：

> 我们的谈话持续了一个多小时。大多数时间都是辜鸿铭在说话，他几乎没给我留出应答的时间。事实上，那是一段长长的独白，令我终身难忘。因为我从未见过如此固执己见的人，他是如此强烈地执着于自己的信念和理想①。

活跃在清末民初的政治和文化舞台的辜鸿铭的身份并不单一：辜鸿铭是语言大师、

① Francis Borrey, *Un Sage Chinois, Kou Hong Ming*. Paris: M. Rivière, 1930, pp. 14-15.

作家和翻译家，英文用词“一笔不苟”“无人能及”[①]；是传统文化守成者、东西方现代化的批评者[②]，“民族主义时代的国际主义者”[③]；是拥护清统治者的“盎格鲁-中国”硕儒、“保皇主义者”和“旧中国的典范”[④]；是“误望东瀛”的“时代逆子”[⑤]。在每个时代，不同读者对辜鸿铭的理解及诠释也各异，因为他有着磁石般吸引人的个性，多重文化身份和传奇的人生过往。但有一点相同的是，人们总会被他言论、信函或著作中凸显出的独白式修辞特点所吸引，对蕴含其中的思想，或感到发人深省，或觉得陈腐可笑，或令人慷慨激愤。因此，也正像波里回忆里记述的那样，读者们会倾向于给辜鸿铭贴上“独白者”的标签，进而轻易地忽视其作品和言论中内在的“对话性”本质。一方面，辜鸿铭的确是以使用独白语体特点著称的演说家和写作者，但这并不意味着要与其作品及话语中内在的对话渴求相冲突。另一方面，一直以来也缺乏适合且足量的材料，以便我们能从对话的视角来审视辜鸿铭的言论、著作及人生。

辜鸿铭致卫礼贤的21封信件[⑥]的发现，使我们能有机会恢复和思考这一独白空间中原始的对话语境。这批信函原件藏于德国慕尼黑巴伐利亚科学院档案馆（Archiv der Bayerischen Akademie der Wissenschaften，München）[⑦]，其中有20封英文信，1封德文信，时间从1910年6月10日跨越到1914年7月6日，在此期间，身在青岛的卫礼贤作为德国同善会（AEPMV）派往中国的牧师，仍在从基督传教士到享誉世界的汉学家的转型过程中[⑧]，而作为清政府外务部官员的辜鸿铭也正经历着清朝灭亡后国家命运跌宕起伏、个人生活艰难困苦的阶段。通过终生不懈的努力，卫礼贤将诸多中国经典著作翻译为德文，其中如《易经》等作品在西方仍被视为最高水平的译本，刊印至今。这批信件大部分是有关翻译和出版的学术交流和讨论，另外还涉及一些经济事项，以及二人社会和政治活动的记述。具体而言，有13封信主要讨论卫礼贤的一项翻译计划和辜鸿铭《中国牛津

---

① 林语堂：《辜鸿铭：最后一个儒家》，载《西风副刊》，第32期，1941年，第359页。

② ［美］艾凯（Guy Alitto）：《世界范围内的反现代化思潮》，贵阳：贵州人民出版社，1991年，第150页。

③ David Arkush，“Kun Hung-Ming（1857—1928），” *Papers on China* 19（1965）：228.

④ “Chinese Savant Succumbs，Ku Hung-ming，Celebrated Chinese Scholar，Monarchist and Linguist Dies Aged 72”，*North China Standard*，May 1.

⑤ 黄兴涛：《文化怪杰辜鸿铭》，北京：中华书局，1995年，第304、330页。

⑥ Hartmut Walravens，ed.，*Richard Wilhelm*（1873－1930）：*Missionar in China und Vermittler chinesischen Geistesguts. Schriftenverzeichnis*，*Katalog seiner chinesischen Bibliothek*，*Briefe von Heinrich Hackmann*，*Briefe von Ku Hung-ming. Mit einem Beitrag von Thomas Zimmer*. Nettetal：Steyler，2008，S.286－315.

⑦ 信件从卫礼贤遗物中发现，档案编号为：ABAdWM238/Ku Hung Ming.

⑧ 有关卫礼贤的信息，参阅：［德］吴乐素著，任仲伟译《卫礼贤——传教士、翻译家和文化诠释者》，载于《国际汉学》第12辑，2005年，第12～36页；Salome Wilhelm，*Richard Wilhelm*：*Der geistige Mittler zwischen China und Europa*. Dusseldorf：Diederichs，1956；孙立新、蒋锐编：《东西方之间：中外学者论卫礼贤》，济南：山东大学出版社，2004年。

运动的故事》德译本的事宜[①]。遗憾的是,卫礼贤的往来信件却未能保留下来。一方是辜鸿铭激昂雄辩的言辞,一方是卫礼贤因回信的缺席而产生的失语状态,两者之间呈现出的张力促使我们重新构建出一种交流场域,从中还原辜鸿铭的对话诉求和卫礼贤的具体回应。

本文旨在详细考察辜鸿铭致卫礼贤的这 21 封信函,并给予其两个方面的观照。首先,就研究的本文材料而言,重建通信空间中的对话语境尤为重要,应重新赋予卫礼贤作为另一平等对话方应有的话语权,消除因缺乏对应回信而导致的沉默无声局面,这有助于我们揭示并审视内含于辜鸿铭言论、信件和著作中的"论辩"与"对话"的本质。这在理论和实践上皆可行,因为"一种对话的关系存在于话语中任何一部分有意义的片段",而且辜鸿铭的信函与著作"绝非是没有主体的一种语言话语",而是一种"表现别人思想立场的符号""代表别人话语的标志"[②]。作为案例研究,本文将对其中最长的一封信函(1912 年 2 月 22 日)及其修改后以"折射语"[③]的形式发表的版本进行对照分析,试图恢复在绝大多数辜氏作品中隐含着的"对话倾向"。米凯尔·巴赫金(Mikhail Bakhtin,1895—1975)的"对话理论"(Dialogism)为本文对话语境的重建提供了强有力的理论工具。

第二个观照涉及辜卫之间的相互影响,这又与二人在此期间的社会和政治活动相关。"对话"的考察视角不仅仅只适用于语言和文学的领域。人文思想、举止、态度、行动和关系同样可被视为一种具体的、文本化了的应答,指代本身的意义的同时,也回应着其上一个语境。通信作为对现实对话的一种替代定会触及现实细节,反映出生活中复杂的、动态的、不可预测的面向。这些信中记录着辜每次向卫借钱的不同缘由与具体数目,以及 1913 年清朝遗老首次密谋复辟过程中的活动内容,等等。读者若仅是以收信者的角度来看,所有这些看似无甚紧要的生活琐事,也不外乎是辜单方面来发泄不满情绪的偏激言语而已。然而,这些看似松散但其实相互联系的行动,对卫礼贤文化身份的转变,以及辜鸿铭在战后对基督教和传教士态度的修正,是否或许也都有着无法替代的重要意义?借鉴巴氏理论来考量这批信件,有益于我们避免仅从单一的角度来将信件中的"对话和相关活动"解读为"非说服即抗辩的独白式话语"。信件中所记录的辜卫间的互动,

---

① 辜鸿铭共有 3 部作品以德文译著的形式出版:Ku Hung-Ming,*Chinas Verteidigung gegen Europäische Ideen:Kritische Aufsätze.* übersetzt von Richard Wilhelm und herausgegeben von Alfons Paquet,Jena:Eugen Diederichs,1911;Ku Hung-Ming,*Der Geist des chinesischen Volkes und der ausweg aus dem Krieg*,übersetzt von Oskar Schmitz,Jena:Diederichs,1916;Ku Hung-Ming,*Vox clamantis:Betrachtungen über den Krieg und anderes*,übersetzt von Heinrich Nelson,Leipzig:Verlag Der Neue Geist,1920。

② Mikhail Bakhtin,*Problems of Dostoevsky's Poetics*.C.Emerson,Trans.Minneapolis:University of Minnesota Press,1984,p.184.

③ Ibid.,p.205.

对彼此都产生了意义深远的影响,这既体现在两人学术思想的发展和演变上,也体现在卫礼贤文化身份的转型上。因此,或许只有在我们将两人彼此联系的活动和相互渗透的思想置于"共同存在"(coexistence)的审视维度时,我们才有可能在一种对话互动的语境中,沿着相互借鉴和影响的思路,体察出他们各自更为丰富和全面的学术人格面向。

独白抑或对话

在辜鸿铭的学术生涯中,"对话"起着比任何其他的修辞都更为重要且更有意义的作用。从一个"假洋鬼子"(an imitation Western man)重新回归为一个"中国人"(Chinaman)①,辜鸿铭这一身份转换的缘起始自一场对话。1856年6月30日,辜鸿铭生于马来西亚槟榔屿,之后在苏格兰全面接受西式教育。爱丁堡大学毕业后,他游学欧洲各国,后就职于新加坡英国殖民局。1882年的一天,在新加坡海滨宾馆,两个彼此陌生的中国人,对饮着红酒,用流利的法语进行着交谈。辜鸿铭虽掌握多种西方语言,但此时的他尚且不通自己的母语,遑论对中国文化的见识了。坐在对面的是清末著名外交家马建忠(1845—1900),这位饱学之士后来撰写出《马氏文通》,成就了中国首部系统意义上的汉语语法著作。一席对谈让辜不但仰慕马的博学多才,也开始对祖国的文化向往不已。为提高辜的汉语水平,马推荐他去读"唐宋八大家"的著作和唐朝陆贽(754—805)的文集②。这次邂逅对辜鸿铭的一生都产生了极为深远的影响。40年后,辜回忆道:"和马建忠在新加坡的会谈……是我生命中的一件大事。因为正是他——这位马建忠——使我重新转变回一个中国人的身份。"③

这21封信中最早一封信的日期为1910年6月10日,但这绝非辜鸿铭第一次给卫礼贤写信④。然而这封信有着不可替代的重要意义。辜在其中至少是单方面地想象他与马的对话仍旧延续在他与卫的通信中,不同的是此时辜正扮演着马曾经的角色。辜卫之间的对话当然涉及二人共同的兴趣:中国的语言、文学、文化和文明。因此,这封信大部分内容是辜在漫谈对于中国文学和文化的理解,字里行间满是说服性与防御性的言辞。他认为,"中国文学中没有雄壮与华丽,而只有一种持久而统一的卓越"。他还认为"现代欧洲人的才智变得有些失常","渴求新鲜刺激,宏伟壮丽和奇思怪想,而不论是非曲直;他们无法欣赏虽不宏大但平实且理性的优秀文学"。辜鸿铭将欧洲人比作"病

① Wen Yuanning,"KU HUNG-MING",*T' ien Hsia*.Vol.4 April,1937,p.387.

② Ibid.,p.386.

③ Ibid.,p.387.

④ 此前二人至少互通过3封信,因为辜在这封信开篇写道:"给您回过上封信后,又收到两封来信。"

人”,因为他们“只渴求味道刺激的腊肉,而对普通的健康食品没有胃口”。对辜而言,没有什么比依赖“一大批普通的、有益健康、营养丰富的食品”为生更为重要的了,因为“人类就可以使自己养成不贪恋食色钱财的志趣”。值得一提的是,在信的结尾,为了使卫礼贤能“感受中国文学中的高尚品位”,辜鸿铭也推荐了两种书籍:“唐宋八大家”作品和马端临(1254—1323)的《文献通考》。

在辜鸿铭出版的作品中,对话的想象作为一种写作手段对读者来说绝不陌生。1915年出版的《中国人的精神》(*The Spirit of the Chinese People*)中有一章名为“约翰·史密斯在中国”[①],其中节录了他编写的《盎格鲁-撒克逊观念对话录》。在1915年英译《大学》“序言”中,他这样向西方读者解释:“《中庸》和《大学》可被称为‘儒学的宗教对话录’。”[②]在辜看来,传播中华文明到西方世界去,这项事业的背后似乎存在着一个公式。他在1910年10月22日的信中向卫建议:“恐怕当务之急仍是要教育并感染一批人,让他们充满激情。要燃起大火,先要点燃些许火把,使之四处传播火焰,然后以成燎原之势。”毫无疑问,在这感染过程背后隐含的策略是简单实用并可推而广之的:进行一场对话。辜接着向卫描述不久前与来自牛津的一个英国年轻人对话时,这样写道:“在我离开他的时候,他已燃起对中国文学的热情之火。我是多么希望能真正感染一批年轻人!那样的话,这项工作就会自行发展下去。”信函作为现实对话的一种替代,其篇幅可长可短。但由于时空的限制,无论以何样形式出现,它都会在纸上暂时地营造出一种独白文本空间。每一种意见都是“一个活生生的人,它与其中所表现出的人物声音无法割裂”,若非要把它“放到抽象的、独白体系的语境中去”,那它定会面目全非的[③]。

其实,辜卫之间的通信从一开始就有着明确的目的。1910年,卫礼贤在耶拿出版了德译本《论语》(*Kung-Futse:Gespärch*),并在学术和商业上都取得了成功。诸如黑塞(Hermann Hesse,1877—1962)等有影响力的文评家对其不吝赞誉之辞,这引起了原本就热爱中国文化的著名出版商迪德里希斯(Eugen Diederichs,1867—1930)的注意。他向卫提议,策划出版一套以“中国的宗教和哲学”(Religion und Philosophie Chinas)为主题的译丛,由卫礼贤翻译包括已出版的《论语》在内的共10部中国典籍。卫随即与迪德里希斯出版社达成了合作协议[④]。1910年6月到1912年4月之间的通信主要就围绕着选书和翻译方面的内容而展开。

---

① Ku Hung-Ming,“John Smith in China.” in *The Spirit of the Chinese People*, Peking:Peking Daily News,1915,pp.113-114.

② Ku Hung-Ming, *Higher Education*.Shanghai:Shanghai Mercury,1915,p.1.

③ Mikhail Bakhtin, *Problems of Dostoevsky's Poetics*,p.17.

④ 张东书:《两个世界之间的文化桥梁——卫礼贤和迪德里希斯出版社》,载于《国际汉学》第20辑,2010年,第114~128页。

辜获知这一翻译项目的消息后,立即在1910年6月10日的信中表达了他的态度:"很高兴得知您正在进行的出版计划,这会使欧洲人更好地了解中华文明。在我看来,和传播欧洲现代文明到中国来相比,这项工作则更为必要。"统观辜鸿铭的一生,其工作的经历虽不十分多样繁杂,但也并不单一。他曾是总督衙门洋文案、清政府外务部侍郎、上海浚浦局督办、南洋公学督学、北京大学教授、外国报社专栏记者、日本大东文化协会讲师等。但无论以何种身份出现,他似乎从未改变过自己的初衷,即矢志不渝地促成东西方文化间平等的对话与沟通。对辜鸿铭而言,首要大事是"双向"而不是"单向"地、西学东渐式地"传播文明成果"。这促使辜鸿铭不遗余力地通过写作、翻译和演说来传播其理念。在辜鸿铭第一部英文译著《论语》(*The Discourses and Sayings of Confucius*)的"序言"里,我们或许可以找到对此努力最好的解释与回应:

> 我们在此只希望,那些有学识、有思想的英国人在用心读完这本译作后,可以引发起对中国人原有看法的反思,不仅能因此而修正成见,而且也改变和中国人以及与中国沟通交往的态度①。

辜卫二人在此期间频繁通信恐怕不外乎两个原因。首先是有关翻译事宜的讨论。1898年,辜鸿铭在阿查立②(Chaloner Alabaster,1838—1898)支持和鼓励下③,着手英译完成并出版了《论语》。这也是辜对当时在学术界盛行的理雅各(James Legge,1815—1897)版《论语》英译本的一个回应,而且它早于1910年卫礼贤德译《论语》的发行。有证据表明,卫在翻译时常常参考辜的英译著作。例如,在翻译《论语》中"克己复礼"这一概念时,卫注明并引用了辜的解释,这显示出他赞同辜借用西方语境来阐释中文概念的做法④。此外,《易经》题目的英译法在当时较为流行的是"*Book of Change*",似乎只有辜鸿铭在自己书中介绍《易经》时,才将其译为"*I King*"。然而多年后,卫的经典德译本《易经》⑤也仿佛有意沿用了辜氏的译法:"*I Ging*" ⑥。根据语境的不同,辜有时将"礼"译作"tact",而卫也常常将其译为"Takt"⑦。从某种意义上讲,卫礼贤在和辜鸿铭结识之前,

---

① Ku Hung-Ming, *The Discourses and Sayings of Confucius*. Shanghai: Kelly and Walsh, 1898, pp. ix-x.

② 英国外交官,共济会(Free and Accepted Masons)会员,1855年来华为使馆翻译生,对儒经研究抱有浓厚的兴趣。1886年至1891年间出任驻广州总领事。1892年退休,并获骑士爵位。

③ Ku Hung-Ming, *The Discourses and Sayings of Confucius*, p. ix.

④ Richard Wilhelm, *Kung-Futse: Gespärch*, Jena: Diederichs, 1910, S.118.

⑤ 李雪涛:《卫礼贤〈易经〉德译本的翻译过程及底本初探》,载《世界汉学》,第9卷,2012年。

⑥ Richard Wilhelm, *I Ging. Das Buch der Wandlungen*. Jena: Diederichs, 1924.

⑦ 方厚升:《辜鸿铭与德国》,上海外国语大学博士论文,2007年,第140~142页;黄兴涛:《文化怪杰辜鸿铭》,第102~104页。

就已在文本层面与辜进行了多轮思想上的交流与对话。卫后来将德译《论语》寄给辜可视为他对辜英译《论语》的一个正式回应。收到译本后，辜在1910年9月24日的信中写道“您的翻译工作做得很彻底”，但是不应“扩展太多”。辜继续写道：“您为了阐释原文的思想，就客观上自己写作出原文之外的文本。我个人认为，如果能仅是通过翻译原文而达到阐释思想的目的，那样也许会更好。”双方在信函中的思想交流一方面重启了一场未完成的对话，两人对于《论语》的理解、阐释和评价得以继续；另一方面，辜提供给卫的建议虽然可能偏颇，但定会在某些方面予以启迪，这对于卫未来的翻译项目来说是不无裨益的。

第二个原因自然涉及翻译的选书事宜。辜的想法和意见对卫来说，其实并非像其自认为的那样具有影响力，作为另一方对话的主体，卫毕竟是有主见和批判思辨能力的独立学者。然而对当时在汉学界资历尚浅的卫而言，能多方吸取意见，尤其是听到他欣赏并支持的辜鸿铭的肺腑良言，也会是受益匪浅的。“一种对话式的反应，对每一种其回应着的言语都予以人格化处理”①，其过程势必涉及两种不同声音、看法和思想的相遇、冲突和协商。卫原本可能要选译《金瓶梅》，这是一部反映明代中叶社会黑暗和腐败的世情小说，虽充斥着粗鄙的语言和淫秽的情节，但在中国文学史上的特殊地位不可撼动。在1910年10月8日的信中，辜却通过反问消极但态度鲜明地回应了卫的想法：“我坚定地认为，翻译这样一部作品是不可能的。此外，您为何要展示中国社会最腐朽状态下的面貌呢？”辜在接下来的信里重申，翻译此书是“不可行”的，因为“道德因素左右一个国家的兴衰”，而且“这部书并不是面向大众读者的”。另外，两人还讨论了有无可能出版“曾国藩（1811—1872）通信集”的问题（1910年10月22日）。更有趣的是，辜鸿铭同样极力反对翻译道教流派的经典。卫礼贤在完成《道德经》德译本之后，寄送给辜来寻求建议。辜在1911年5月27日回信中说，他刚读完引论，并认为卫没能解释清楚“翻译此书的缘由”，辜说服卫不要太过“关注老子及老庄学派”，因为他们只是中华民族思想体系的“支流”，而构成中华文明“主流”的是儒家思想。他对于卫的指导是：“若要让欧洲人理解中华文明，您就应特意展现儒家经典中伟大而重要的建设性思想。”

为了提供一个具体化的建议，辜宣称会亲自拟订一份书单以便卫参考（1910年10月8日）。可随后辜只是在部分意义上兑现了允诺，因为他列出的只是一份名单，遴选出中国历史上一些帝王、将相和学者。在辜看来，他们都是卡莱尔（Thomas Carlyle，1795—1881）所谓的“英雄”。根据辜的解释，在一本可以“唤起对中华文明兴趣”的理想书之中，“无不包含着对中国历史伟人的简要描述”（1910年10月22日）。事实上，卫礼贤在

① Mikhail Bakhtin, *Problems of Dostoevsky's Poetics*, p.184.

达成翻译协议的前后,不可能不思考出一个暂定的书单,而他在1910年3月6日写给迪德里希斯的一封信①中,也详细讨论了对其中每本书的想法。我们无法从现有史料中得知卫礼贤是否也曾寄给辜鸿铭同样的书单,但若将两种单目对照来看,我们就可读出其中很多有意思的信息:

表一

辜鸿铭的名单	卫礼贤的书单
周公——律法制定者	《论语》(已出版)
秦始皇——专制的暴君	《易经》选译
汉高祖——伟大的平民/民主皇帝	《列子》选译
汉文帝——理想的帝王(马库斯·奥勒留)	《韩非子》《淮南子》选译
韩广——造王者	密教典籍选译
诸葛亮——政治家	《中庸》《大学》;《礼记》中有关宗教的内容
韩文公(韩愈)——学者	周敦颐、"二程"和朱熹的著作选译
司马迁——历史学家	《庄子》和《道德经》
苏东坡——诗人	《孟子》选译

如表一所示,辜鸿铭这份理想名单上的绝大多数"英雄"都符合以儒教精神价值为核心的中国传统文化对于道德的定义标准。卫礼贤的书单范围相对更为广泛,不仅包括儒家经典如《孟子》《中庸》《大学》和《易经》以及其他如《韩非子》的诸子代表作,还包括如《道德经》《庄子》《列子》和《淮南子》等道教经典和其他宗教著作。显而易见,卫所选的书籍更符合项目主题"中国的宗教与哲学"的要求。因此我们或可以说,辜鸿铭的名单尽管存在着局限性和偏好性缺陷,但这是他按照自己理想的道德典范标准所做的一次相对纯粹的甄选。诚然,迪德里希斯作为出版商将不得不考虑诸如文本篇幅、出版周期、销售利润、再版率等实际因素。另一方面,被选为翻译的书籍也必须经得起考验:在何种程度上它们可以得到阅读者的广泛认同,并在和其他著作相比时,可被视为更具代表性的宗教或哲学经典?卫礼贤必须要做出折中的考量。两种列表对比出的不同,不仅反映辜卫学术爱好交集以外的差异,也凸显出二人当时交流语境中的潜在冲突,并预示着未来对话中充满的重重矛盾。

辜鸿铭虽并未给出具体书目,但他非常肯定卫礼贤为此所做出的努力。如何能使欧洲人理解中华文明真正的价值内涵?辜鸿铭的回答简洁有力:"答案显然是:让欧洲人

① Ulf Diederichs, *Eugen Diederichs Selbstzeugnisse und Briefe von Zeitgenossen*. Düsseldorf, Köln: Diederichs, 1967, S.176-177.

了解中国文学。”如何来定义优秀的中国文学作品？辜鸿铭对此的解释虽然详尽，却稍显含糊，“中国文学的伟大之处，既不在于它的哲学体系，也不在于某部经典杰作中，它体现在对于文明生活所付出的广泛和持久的努力上”（1910年6月10日）。巴赫金认为：“一切其他的都是手段，唯有对话才是最终目的。一个独自的声音无法给出任何结论，也无法解决任何问题。”①辜鸿铭的信件“绝不是一套毫无情感和倾向的中立性话语体系，也无法摆脱来自于他人的愿望和评价，贯穿其中的是他人的声音”②。卫礼贤最终敲定的书单是他与辜鸿铭及他人多轮对话的结果，它同样或明或暗地印有辜卫思想交流的痕迹。卫礼贤在翻译辜氏著作时当然也不例外。辜鸿铭是否会认为自己的作品能够体现出一种“对于文明生活所付出的广泛和持久的努力”？辜对于卫翻译的评价如何？卫又如何看待该部著作？毫无疑问的是，对辜氏作品的翻译也缘自一场对话。

翻译、序言与引论

1910年，德国著名作家帕凯（Alfons Paquet，1881—1944）在离开上海的前一天见到了辜鸿铭。在这次对谈中，辜给帕凯留下了难以磨灭的印象。长谈结束后，辜将新出版的书送给帕凯留念。第二天帕凯在游轮上就迫不及待地翻开阅读，顿时被书中的思想所吸引，以至决定要将其译为德文出版。帕凯立刻将这一想法和盘托出，告诉同在船上的卫礼贤③。这本书正是辜鸿铭的第二部英文专著《中国牛津运动的故事》（*The Story of A Chinese Oxford Movement*，后简称《中》）④。全书中俯仰皆是辜在中西方历史、文化事件以及人物间所做的类比，从其书目的命名上就可见一斑。他将以张之洞（1837—1909）为领导的“清流运动”转喻为“中国式的牛津运动”。19世纪中期，由牛津大学部分教授发起的“牛津运动”（1833—1845），旨在恢复早期罗马天主教的权威与传统。这次宗教改革实践对英国国教中保守倾向的影响意义深远。与此类似，19世纪末，以张之洞为首的文化保守主义者组成所谓的“清流党”，他们崇尚君主制度，并力图通过恢复儒家思想的权威来整饬纲纪和改革弊政，为的是抵抗当时在中国盛行的西方自由主义、物质主义和实用主义思潮。辜氏通过此书记录了该运动的全过程，并旨在帮助在华与不在华的西方读

---

① Mikhail Bakhtin, *Problems of Dostoevsky's Poetics*, p.252.

② Ibid., p.202.

③ Ku Hung-Ming, *Chinas Verteidigung gegen Europäische Ideen: Kritische Aufsätze*, S.14.

④ Ku Hung-Ming, *The Story of A Chinese Oxford Movement: An Essay in Political and Social Criticism in China*. Shanghai: Shanghai Mercury, 1910, reprinted in 1912.

者能“了解到中国真实的情况”[①]。

1910年夏，帕凯将辜鸿铭介绍给卫礼贤，自此之后卫在辜和欧洲读者之间，开始逐渐发挥“重要的物质和精神层面上的沟通作用”[②]。1911年9月，卫礼贤完成了《中》的德译本，之后由迪德里希斯出版社正式发行。这是辜氏首部以德文出版的作品，由帕凯作序，名为《中国对欧洲思想的抵抗：论文集》（*Chinas Verteidigung gegen Europäische Ideen：Kritische Aufsätze*）[③]。没过多久，该作品就在德国思想界产生了热烈的反响。书评如潮水般见诸当时德国的主流报端，包括《民族报》（*National Zeitung*）、《法兰克福报》（*Frankfurter Zeitung*）、《莱茵威斯特华伦报》（*Rhein.-Westf. Zeitung*）、《德文新报》（*Der Ostasiatische Lloyd*）、《十字报》（*Kreuz Zeitung*）和《科隆大众报》（*Kölnische Volkszeitung*）等。辜氏思想对不少德国思想界的精英，尤其对有文化国家主义倾向的知识分子产生了深远影响[④]。该译作在德国知识界掀起了第一波关注辜鸿铭的高潮，“直到1913年，报刊杂志仍在刊登对《清流传》的评论”[⑤]。

在此期间的通信，记录着这本德文译著产生的全过程，以及在不同阶段两人编辑、翻译与评价该书的细节信息。在得知卫决定要做翻译后，辜就不断地针对该书提出各种策划建议。例如，1910年9月24日他寄给卫两卷《张文襄幕府纪闻》汉文集，使卫进一步熟悉他的作品，因为“其主旨思想和我在《中》里所要表述的是一致的”。此外还要求将写给《字林西报》有关“慈禧之死”的信作为附录[⑥]。10月22日，辜又寄出他首部出版的英文集[⑦]，并建议卫翻译最后一章“文明与无政府状态”（Civilization and Anarchy）以作为新书的“引论”。辜在10月27日的信中再次表达了这一请求。我们无法得知辜氏的中文著作在何种程度上能帮到卫礼贤，但卫在回应中应该是对《中》的原始笔记更感兴趣。因此，辜回复道，“现匆忙寄上拙著的笔记，这是您所需要的。但恐怕其篇幅过长，您可酌情选用。希望书稿能及时送达德国”（1911年1月10日）。在对话协商中，在增添新

---

① Ku Hung-Ming, *The Story of A Chinese Oxford Movement：An Essay in Political and Social Criticism in China*. Shanghai：Shanghai Mercury, 1912, p.11.

② Mechthild Leutner, “Richard Wilhelm's Chinese Networks from Colonial Dependency to Equal Stature.” in *Chinese Studies in History* 43, Spring 2010, p.60.

③ 1911年发行第一版，1917年第二、三版，1921年第四、五版。

④ 黄兴涛：《闲话辜鸿铭》，海南：海南出版社，1997年，第233页。

⑤ 方厚升：《辜鸿铭与德国》，第77页。《中》又名《清流传》。

⑥ 1908年11月28日载于《字林西报》，题为《已故皇太后——致〈字林西报〉编辑的信》（“The Late Empress-Dowager, To the Editor of the ‘North China Daily News’”），该信经卫礼贤翻译后附在正文后，题为“Offener Brief an den Herausgeber der *North China Daily News*”。中译文收于黄兴涛编：《辜鸿铭文集上卷》，海口：海南出版社，1996年，第391～396页。

⑦ 辜鸿铭：《总理衙门论文集》，上海：上海墨克利公司，1901年。（Ku Hung-Ming, *Papers from a Viceroy's Yamen*. Shanghai：Shanghai Mercury, 1901.）又名《尊王篇》。

“引论”和附加信函的问题上，二人应达成了一致意见，因为两者都最终出现在译作当中。

如辜鸿铭所期待的那样，在1910年9月至1911年9月间，卫礼贤“及时地”完成了全书的翻译，随后就通过辜的儿子辜守庸将译稿寄出。辜在仔细审阅后，在1911年9月22日给卫写了一封甚是简洁的信，指出稿件中的若干排印错误。这封便笺式的信函无疑体现出辜对于其作品向来高度严谨的态度。在这些看似毫无个人情绪的字句末尾，附带着的不是卫所期待的赞誉与谢忱，而是辜不顾情面的裁定与苛评：“您的译文非常忠实于原作。当然，您的传译未能再现原作的语气风格。”辜在翻译上遵循的过于挑剔的标准极可能给下一轮的对话带来强烈的火药味。

在1911年10月15日的长信中，其实就连辜自己也感到卫会认为他“过于挑剔”。然而，辜坚持卫应当“准确地传达原文语气风格”的看法。辜在此所坚持的偏执态度，一方面来自他在写作和翻译时所执行的严苛标准，另一方面也是他好为人师的个性使然。在接下来的对话中，这位比卫大16岁的中国长者，继续以汉学导师的身份，指教着他的德国学徒：“无论是书写文章，还是发表言论，我都是在呕心沥血。因此，没有强烈的感受，我就无法写作。事实上，如果有了强烈的感受，却不能以某种形式表达出来，那我就会生病或死亡。”辜通过一个比喻向卫作进一步解释：“您恐怕很难得知我写完一本书后会多么的释然，好似一个女人刚刚分娩了一个婴儿，感到无限解脱。”他也承认：“在这种情况下，我不能期待阅读译文的感受要和我写书时的感受完全相同。”从辜的角度来看，出版译作不仅仅是在简单地向德国读者介绍一名中国学者的研究，而更是从东到西传播文明事业的一部分。辜最终作出了妥协，接受了卫出于礼貌性地避免争执而所找的借口，这一姿态使得辜再次沾沾自喜于自我宣扬的著作深度：“此外您也提到，没有时间来深思熟虑书中的观点，无法待融会贯通后再用德语来传译。”但无法忽略的事实是，辜鸿铭在德国随后的声名鹊起，部分意义上证明了卫礼贤翻译的水准与成功。

至于帕凯的序言，辜鸿铭给卫礼贤的反馈是极其消极的。原来，帕凯不合时宜地谈论了“满汉之争”的话题，正是它点燃了辜氏火爆性格的导索。辜写道：“在我看来他并未深入阅读我的作品，未能理解我思想的深层涵义。单是书中某些章节的逻辑和睿智就足以让他印象深刻了。”他进而指出，序言中出现的轻率鲁莽之辞是由于帕凯身为法国人后裔的缘故，“因为所有德国人拥有一项特质：可以深刻地感触事物”。辜随即找到另一条理由，继续劈头盖脸地攻击这位可怜的作序者：“但或许其记者的身份也妨碍他进行深入的思考。歌德认为现代报纸是最不道德的，因为它不仅降低读报人的道德水准，也降低写报人的道德水准。草率地书写未曾彻底掌握的对象，对于真正的文化而言，没有什么比这更令人沮丧的了。”辜鸿铭信中再次展示了他高超的反讽艺术,因为这段话至少让他“一石三鸟”。首先,通过谴责帕凯肤浅的序言,辜客观上强调了其作品的深刻与思想的深邃;其二,辜自称可以像德国人一样深刻思考,因而借其归纳的法国族裔特点来指摘帕凯的学养,这会在民族文化层面的比照中让卫礼贤倍感优越;其三,他攻击报纸和记者,不是因为自己曾是记者或因其曾经投书不顺的经历,而是因为他或许想借此来自誉,他能通过对研究对象的彻底掌握向读者提供真知灼见,避免败坏彼此的道德水准,而这又仿佛在有意无意地暗示出他对卫礼贤译作的不满。自然,二人对话语境中显现出的这种由不满而造成的失衡语势,呼唤着下回合交流中能出现某种补偿性的文本。

与此同时,辜鸿铭比任何人都更期盼《中》能得以重新出版。辜认识到卫礼贤和帕凯非常欣赏并认可自己作品,也考虑到二人与英美出版商保持着广泛的联系,因此在信中曾向卫反复、急切地表述过这一再版诉求(1910年9月24日,1911年10月15日)。辜写于1912年4月27日的这封信末尾,有一句话引起我们的注意:“我的新书,或者说是新版的书已经印好,但还没有收到样书。”这句话单独成段,与前后文语义毫无关联,全信中感谢卫或帕凯推荐出版之类的话也无处可寻。这有可能是再版的英文《中》吗?所幸在现存第二版英文《中》里,我们找到了重要的出版信息:1912年4月。于是先前的推测得以印证。毫无疑问,辜信中所指的“新版书”正是由上海墨克利(Mercury)公司发行的第二版《中》。虽然全文并未做任何较大改动,但在第一版中不曾见到的新增材料却足以引起我们的兴趣。其中,有辜写给《字林西报》关于“慈禧之死”的一封信和一篇有关德龄著《清宫二年记》的书评,两者都以附录形式刊印。此外,出版者在“再版前言”中说“还收录了一位著名的中国学者致一位德国牧师的信函,题目为《雅各宾中国》”,出版者希望,“这些新增的材料是有益的”①。

在新增的材料中,《雅各宾中国》与本文探讨的问题更为相关。这封长达11页②的书信夹在第一版中出现过的10页③左右的“前言”(Preface)和只有三页半④的“引论”(Introduction)之间。辜要求卫翻译《总理衙门论文集》的最后一章来作为德译本《中》新的“引论”,这似乎证明辜有要扩充“引论”的意向。在德译版《中》的正文前,帕凯的“序言”(Vorwort)约占14页⑤篇幅,而作为“引论”的《文明与无政府状态》(Kultur und Anarchie)长达17页⑥。书信在辜氏著作中常常作为附录出现,为什么此信却置于正文之前?

① Ku Hung-Ming, *The Story of A Chinese Oxford Movement: An Essay in Political and Social Criticism in China*, p. v.

② Ibid., p. xviii–xxix.

③ Ibid., p. vii–xvii.

④ Ibid., p. 1–4.

⑤ Ku Hung-Ming, *Chinas Verteidigung gegen Europäische Ideen: Kritische Aufsätze*. S. i–xiv.

⑥ Ibid. S. 1–17.

由于在1912年版《中》里并未出现“文明与无政府状态”一文，辜是否视这封信为扩充“引论”的理想材料呢？若将德文版和英文再版中的扉页并置来看，我们或许可发现辜鸿铭附信的潜在意图：

KU HUNG-MING
CHINAS VERTEIDIGUNG
GEGEN EUROPÄISCHE
IDEEN
KRITISCHE AUFSÄTZE

HERAUSGEGEBEN MIT EINEM VORWORT VON ALFONS PAQUET
VERLEGT BEI EUGEN DIEDERICHS
IN JENA 1911

图一

THE STORY OF A CHINESE OXFORD
MOVEMENT.

BY
KU HUNG MING.

SECOND EDITION
WITH
Letter from Chinese official to German Pastor
AND
APPENDICES

图二

表二

KU HUNG MING	THE STORY OF A CHINESE OXFORD MOVEMENT
CHINAS VERTEIDIGUNG GEGEN EUROPÄISCHE IDEEN：KRITISCHE AUFSÄTZE	BY KU HUNG MING
HERAUSGEGEBEN MIT EINEM VORWORT VON ALFONS PAQUET	SECOND EDITION WITH *Letter from Chinese official to German Pastor* AND APPENDICES
VERLEGT BEI EUGEN DIEDERICHS IN JENA 1911	Shanghai：SHANGHAI MERCURY LIMITED, PRINT.1912

如图二所示，英文扉页突出信函题目的方式令读者不禁感到好奇：新增**一位中国官员致一位德国牧师的一封信和附录**。位于书目和作者姓名正下方的“信题”十分惹眼，从其所据的页面位置传递出的信息来看，作者对其重视程度似乎并不逊于正文。对全书而言，它又远比正文后用“附录”一词来简单概括的材料更为不可或缺。此外，该信与德文扉页上“帕凯序言”所占据的纸张空间在信息传递功能上应属一致(见表二)。因此，对于辜有意用信来替换帕凯序言的猜想也并非全不合理。直到我们仔细考察信函内容后才发现，它竟来自本文考察的这批通信之中！

这封原始信写于1912年2月22日，虽然誊录内容并不完整①，但仍是这21封信中篇幅最长的。辜对当时政局的分析与评价占据了大量的篇幅，其中还混杂着《中》一书

① 编者注明，此信有一页原始信笺遗失，因此我们无法获知辜当时的一些重要学术信息。

里的观点和内容。辜极力反对以李鸿章(1823—1901)为首的改革派,认为是他们使中国接受了"庸俗和堕落",抛弃了文化、传统和"一切美好的事物"。袁世凯(1859—1916)也遭到迎头痛骂。辜分析说他是一个"懦弱愚蠢"的背叛者,在这样一个"盗贼和赌徒"的统治下,民众的道德将丧失殆尽。辜在末尾告诉卫说,写此信的主要目的是希望卫及其外国友人们不要屈服于袁世凯的独断与强权。辜请求卫翻译此信,并将其发表在"德国最有影响力的报纸或学刊上",这样他的观点就可以人尽皆知。卫在完成翻译后很可能请帕凯联系发表[1],但目前我们无法看到该信的德译本,也无从确定其到底发表与否。幸运的是,我们发现了这一原始的英文信,也能有机会将其与辜鸿铭以出版形式发表的、理想的、引论式的信函做一番比照研读。

首先,辜鸿铭似乎热衷于在作品中创造出多重的人物角色和声音。例如,从信题"一位中国官员致一位德国牧师的一封信"来看,辜的刻意修改隐藏了原始通信双方的真实身份,而仅交代各自的职衔信息。那些认定辜执笔此信的读者们,在看完开篇第一句后,更会陷入迷惑不解之中:"大约在5年前,我以'一个穿长袍的中国人'的名义给《字林西报》写过一篇文章,我在文中说……"[2]此外,行文中凡在涉及辜的论述或作品的地方,就一律被冠以"辜鸿铭先生说过"或"辜鸿铭先生的著作"来强调一个精心设计的"事实":撰书的作者辜鸿铭并非写信者本人。而信末签名处留有"T.S."的字母缩写字样,也不足以成为对"汤生"(辜鸿铭的字)的一种有目的确凿指代,对那些首次阅读辜氏作品的西方读者来说尤为如此。但这绝非辜氏首次在作品中假借此种隐身手段,亦不是最后一次使用。在前文提到过的《张文襄幕府纪闻》,在1910年发行时以匿名出版,"弁言"中以"汉滨读易经者"署名,全书以"予"为主人公,间或用"辜部郎"来叙事。1915年出版的《中国人的精神》一书中,辜凡在引用自己诗作时,皆会藏于"现代人"或"现代诗人"的面具背后。在1922年版第二部汉文集《读易草堂文集》中,辜甚至虚构出一个"吾师逍遥游先生"来诉说自己的早年经历。在报刊上的投书也多以"一个中国人"或"一个穿长袍的中国人"署名。

这一修辞手段的运用有着双重的含义。可以理解,辜氏所做的一番修改,为的是消隐原始通信中的私密性和特殊性,从而覆盖更广泛的公共阅读群体,并照顾到他们的接受心理。但人为设计出的语气上和结构上的不自然贯穿全文,这会让读者很容易怀疑该文本作为信件的真实性。另外,也正是这种改动模糊了私人信函与公共陈述之间的界限,将辜卫原本有限的对话空间延展为更为广阔的公共沟通场域。一种带有思想的声音

---

① 辜在1912年4月27日的信中曾询问发表一事的结果:"您收到帕凯博士的回信了么?您翻译了我的书信,我想知道其是否已发表。"

② Ku Hung-Ming, *The Story of A Chinese Oxford Movement: An Essay in Political and Social Criticism in China*, p. xix.

如果具形于纸上，思想就因此得以物质化和文本化。辜氏文集除《中》外，皆为其演讲稿、信件和报纸投书的集合。每一部作品都构建出一种相对完整独立的独白语境，但其间遍布“一种与持续的、隐含的论辩与对话的特质”。这些文本绝不是与原始对话语境割裂的自说自话，而是一种期待他人声音、话语和回应的对话式的自我表述。[①] 因此，辜鸿铭在这封信中建立起一种阅读的空间，引发出一名中国官员和一名德国牧师之间、作者和辜鸿铭先生之间、写信者和读信者之间的多轮对话的想象。

其他几处文本上的改动也值得略作说明。信的开篇涉及对全书内容及中国过去250年历史的概述，在此之后，增加了少量关于当时四川爆发的“保路运动”的看法。这部分内容与绝大多数辜氏作品中前言或附录的文笔特点如出一辙，是带有历史文献价值的时事述评。它也是对1911年10月15日信中曾经提到的“向报社投书”一事的进一步回应。对此我们将在下文详细讨论。另外，原本在中间位置有关雅各宾的“恐怖统治”的内容被移到信的末尾，这处改动也不难理解，一则为了借用法国历史事件为中国政局在信中作一个转喻性的结尾，二则和信的主标题“雅各宾中国”也形成首尾呼应。

最具象征意义的改动是辜有意地将有关“民众道德”的两条原因互换了位置。辜坚信，维持普通民众的一般道德水准是一个政府、国家和文明存在的先决条件。在原始信中，他提出两条理由来解释为什么袁世凯的统治会使“中国民众丧失一般的道德水准”。其一，若要维持一国民众的一般道德水准，政治领袖必须拥有并展现出一般道德水平，才能赢得人民的尊重和支持。可在辜看来，袁世凯是完全不合格的。辜在第二条原因中采取了惯常的类比手段，对照西方的“国家和宗教”关系与中国的“皇帝和国家”关系之间的异同。值得注意的是，在这条原因前有一句话引人思考：“至于第二条原因，记住它非常重要，尤其在涉及中国人民的事情上，但解释它却不容易”（1912年2月22日）。与此相反，在新版书中，这条“重要”但“难以解释”的原因首先出现，之后才是辜谴责袁的内容。可以想见，对于宗教问题，卫礼贤会有自己的定见，而他们肯定也进行过多次深入的讨论。辜在另一封信中写道：“已拜读过您论及‘国教’问题的信件，昨天也就此问题而写信，您肯定会同意我的观点。”（1913年12月24日）这两个原因顺序的调换无疑留有辜卫对话交流的痕迹。将第二条原因置首，显示出辜在治学甚至从政过程中的核心关注：在文化传统、宗教信仰和国情条件层面上进行东西方平等的沟通交流。信中有一段话，字里行间“遍布着深刻的对话性质和自我意识与自我肯定的辩论特质”[②]，这也许可以最好地概括辜氏撰写《中》和其他著作的目的：

---

① Mikhail Bakhtin, *Problems of Dostoevsky's Poetics*, p.206.

② Ibid., p.207.

在上海的许多外国朋友都取笑我,说我对于满清王朝是一种狂热的愚忠。他们不知,我的忠诚不仅是对于皇室忠诚,因为我世代受恩于她,更是对中国宗教的忠诚,对中华文明的忠诚。一场殊死的搏斗已经展开,一方是对忠义廉耻、责任义务的信仰,另一方是崇尚利益和野心的现代欧洲式信仰。这也是我在《中》一书中所想表达的内容。(1912 年 2 月 22 日)

辜氏这段典型的告诫式自白"不仅在语言和风格上,而且在内在语义结构上"都建立起一种对于不同应答或相同附和的期待,它将相互交叉和重叠的多元对话方融合为单一的陈述声音[①]。艾凯认为,辜鸿铭在书中剖析出东西方两次阻止现代化的"牛津运动"皆以失败告终的原因:两方的思想领袖对自身文化的了解都太过偏狭,而真正的西方文化与中国传统文化具有同等意义的终极价值[②]。对峙其实是渴求平等对话的另一种表现形式,这场"殊死的搏斗"正是由于当时东西方文化沟通不足、交流不畅、地位不平等而导致的。辜氏作品中反复出现东西两种文化的类比与对照,其根本目的绝不是为了裁定孰优孰劣、谁会战胜谁、谁能取代谁,更不是为了简单地叠加或综合两种文化中的精髓。这种开放性文本为的是强调两种文化间持续的、永恒的、未完成的内在"对话"需求,并向外呼唤与所有过去、现在和未来的对话者进行沟通交流。

辜鸿铭的这本书记录的是他与一段历史的对话。同时他对于 19 世纪末期"中国版牛津运动",即"清流党运动"这段史实的看法、判断、阐释与分析,也通过书的形式全部得以文本化。文本在此作为一种应答,既回复着上一轮的交流,又开启着与未来阅读者、研究者和翻译者的对话可能。1926 年,卫礼贤评述该运动和辜氏著作时如是写道:"他夸大了此运动的重要性,一小撮理想主义文人的努力带来了一股不合时宜的逆流。整个运动毫无希望地失败了,也仅充当了中国改革进程中的一段插曲而已。"[③]辜卫彼此存在着的"他者"的差异性是两人对话的前提。对话主体双方观点和视域的融合是一种过程,其间既有观点的交流,又有思想的碰撞。二人主体间意识的摩擦与矛盾会促使一种新对话文本的产生,而这已不同于先前处在彼此斗争中的任何一种声音,正如卫多年后的这一评价。同样,新版书中增添的有着"引论功能"的通信,无外乎是辜给予帕凯和卫礼贤的文本回应,而这也只能是所谓帕凯的"失败"前言和辜致卫"原始信件"之间进行文本对话后的一种结果。

---

① Mikhail Bakhtin, *Problems of Dostoevsky's Poetics*, pp.206-207, p.210.

② 艾凯:《世界范围内的反现代化思潮》,第 149 页。

③ Richard Wilhelm, *Die Seele Chinas*. Berlin: Reimar Hobbing, 1926, S.39.

饭碗与道义之间的抉择

除学术上的交流互动之外，这批信件还向我们揭示出在此期间辜鸿铭困苦的生活细节和不如意的职场经历。1910年年底，辜鸿铭辞掉了上海黄浦浚浦局总督的工作，转任上海南洋公学教务长一职（1910年12月27日）。1911年，清政府宣布实施“铁路干线国有”的政策后，“保路运动”随即在四川爆发[①]。当年10月，武昌又爆发了资产阶级的民主革命。不久，辜鸿铭便致信《字林西报》[②]支持在四川的“保路运动”，公开抨击盛宣怀（1844—1916）的寡头独裁统治，谴责其出售中国铁路修筑权的卖国行为，尽管南洋公学当时隶属于以盛宣怀为尚书的邮传部。对此，辜鸿铭在1911年10月15日的信中向卫礼贤解释道：“外国民众常受外刊的误导，所以我认为致函报社是我的责任。”辜在投书中称当时爆发的“辛亥革命”为一场因崇尚欧洲的“新学”而产生的“暴乱”，这便在他与论敌、编辑和普通读者之间引发了多轮舌战。南洋公学的学生立即聚集起来将辜逐出了校园，他因此不得不再次辞职（1911年11月21日）。学生在其住所也张贴了声讨辜的布告标语，并企图放火烧毁辜的所有家当。辜氏一家只好逃到上海的法租界避难[③]，辜鸿铭也因此失去了生活的主要经济来源。

辜虽然自称人生主题为“自我教育”而非“赚钱谋生”（1910年12月27日），但此后他也不得不定期地向卫礼贤寻求经济援助。这期间的经济往来似乎给卫礼贤留下了一段不快的记忆。多年以后，卫仍如是写道：辜鸿铭“对挥霍钱财很是在行”，他“应该是属于那类放荡不羁的学者”[④]。辜鸿铭的博闻强识在纵容着自己好为人师的天性，他总是自觉不自觉地以卫礼贤的精神导师和文化顾问自居。然而这种高高在上的优越感“由于辜的经济困境和他频繁地向卫借钱而丧失殆尽”[⑤]。一向盛气凌人的辜鸿铭会一改往日的秉性，而屈尊俯就地编织违心之言来奉承卫礼贤这位可依赖的资助人吗？对于被学生逐出南洋公学一事，辜曾在两封信中都描述过该段经历，一封写给了卫礼贤，另一封[⑥]

---

① “1911年5月9日，清廷正式将原先已经批准民间商办的川汉、粤汉等铁路强行收为国有，5月20日，盛宣怀与美、英、法、德等四国银行签订了一个40年的年息五厘的贷款协定，实际上是出卖中国筑路权。这一行为遭到了鄂、粤、川等省入股铁路绅商及民众的强烈抗议。”［美］徐中约（Immanuel C.Y.Hsü，1923—2005）著，计秋枫、朱庆葆等译：《中国近代史：1600—2000，中国的奋斗》，北京：世界图书出版社公司，2010年，第373页。

② 辜鸿铭：《中国的铁路问题——致〈字林西报〉编辑的信》（“The Railway Question in China，To the Editor of the ‘North China Daily News’”），载于1911年10月7日《字林西报》。

③ 1911年12月20日辜鸿铭致骆任廷的信，原件藏于苏格兰国立图书馆“骆任廷档案卷宗”（Stewart Lockhart Papers，National Library of Scotland）之中，后简称SLPNLS。

④ Richard Wilhelm，*Die Seele Chinas*，S.58.

⑤ Mechthild Leutner，“Richard Wilhelm's Chinese Networks from Colonial Dependency to Equal Stature”，p.62.

⑥ 见本书第110页注释。

写给了时任山东威海卫总督、辜鸿铭的爱丁堡大学校友骆任廷(James Stewart Lockhart, 1858—1937)。两次描述虽差别不大,但其中不同的措辞值得我们关注:

天意使然,我遇见了一位奥地利绅士,他提供其肥皂厂的工人宿舍给我,这成为我现在的住所。(1911年12月20日)

我和家眷已在上海安顿下来,非常安全,这一切都多亏有一位奥地利绅士——索伊卡先生帮助。是一个很偶然的机会让我们认识的。受上帝意志的指引!(1911年11月21日)

在致骆任廷的信中,辜用了一个内涵指代模糊的即景短语,即"天意使然",来解释他和那位奥地利绅士的邂逅缘由。然而,在致卫的信中,这一短语扩展为一个指向具体的德文短句,作为一种结论式的表述来承认并强调这次邂逅是"受上帝意志的指引"。在信的末尾,辜憧憬起新中国的未来,并决定要"遵从上帝的明智引导"。他以蒙谢恩典式的祷词来作结:"我心存感恩,感谢上帝使我和家人远离危险,某种意义上讲,我似乎已感知到指引方向的上帝之手。"类似的例子在辜致卫的信件中屡见不鲜。他引用《圣经》的话来解释为什么外国教师如果缺乏足够的理想主义就会阻碍他们在中国将知识激活的事业①(1912年2月22日)。他甚至引述《赞美诗》中的诗句来预测未来的战况②。难道这些仅是囊中羞涩的辜鸿铭不得已而为之的阿谀和恭维吗?在下结论之前我们理应先了解辜对于基督教和传教士一贯态度如何。

可以说辜鸿铭从学术生涯之初就坚定地反对在中国的传教活动。在1891年爆发"长江教案"事件③之后,他立即撰文《为吾国吾民争辩——现代传教士与近期骚乱关系论》④("Defensio Populi ad Populos, or The Modern Missionaries Considered in Relation to the Recent Riot")公开反对在华传教,来捍卫中国政府和人民的权益,驳斥西方媒体对反洋教斗争的恶意诽谤。该文在报纸上引发了随后长达数月的舌战。此后,但凡涉及传教问题的文章或言论,辜无不是沿着非抨击即驳斥的路线而进行的。其实只要稍微留意上文提到过的《盎格鲁-撒克逊观念对话录》,就能明白辜对于传教有着怎样辛辣的反讽。这

① 《圣经·约翰福音》6:63:叫人活着的乃是灵。

② "这对于你们来说是一场巨大的考验。然而我抱有坚定的信念,正如《圣经·诗篇》里所说的那样:你必用铁杖打破他们,你必将粉碎他们如摔碎陶器。"(1914年7月6日)

③ 指的是1891年5月至9月间,在长江中下游地区发生的一系列焚毁教堂及教民房屋、殴打并屠杀传教人士、哄抢教会财产等反洋教斗争事件。

④ 辜鸿铭:《总理衙门论文集》,第35~50页。原文登载于1891年7月24日《字林西报》。

种一贯性在1911年11月21日的这封信中依旧有迹可循,他严厉地谴责“基督教知识宣传协会”[①]在中国犯下的罪行,并无情地揶揄传教士李提摩太(Timothy Richard,1845—1919)[②]的译作,虽然他看似讨好地向卫礼贤表达对上帝和基督教的尊崇之意。1912年秋,辜鸿铭赶赴青岛看望在“德华大学”读书的儿子辜守庸,并亲自拜访了卫礼贤。在1912年11月3日的通信中,辜谨慎而坦诚地表达出他对卫的忠告:“恕在下直言,望您稍加节制过溢之热忱,以更审慎之心定夺献身之事业。”我们很难否认,在面对卫礼贤时,辜对于基督的善言善辞是他对自己实际情况考量之后的结果,毕竟他当时身陷经济困局,而且在青岛读书的儿子也要托付卫照管。然而,对基督教文化核心思想和价值的肯定并不意味着割裂了他反对传教士及其在华罪行的一致性,也不意味着与辜崇尚和宣扬中华文明价值的努力相冲突。如巴赫金所言:“我存在于他人的形式之中,他人亦存在于我的形式之中,我无法离开他人,否则我将不能成其为我;在相互映照和相互接受的前提下,我在自己身上找到他人,也在他人身上发现自己。”[③]因此,我们或许应该说,与其将辜频引《圣经》字句视为屈尊俯就于卫的一种表现,倒不如认为这是辜将卫作为西方“他者”的文化身份投射在自己身上的一种主动思考。对辜鸿铭而言,将基督教移植于中国的语境并不意味着要将其“东方化”。这恰恰是辜自身对于基督教东移的一种反思,是敏感于不同文化之间冲撞的一种自然反应,是渴望沟通交流的一种内在希求,也是为呼唤东西方平等对话而不懈努力的一种表现。

在辜鸿铭的外国友人眼中,他保持的形象似乎很统一:一个不关心面包和黄油的人[④]。难道这是由于他享誉世界的著作所带来版税足以让其免受案牍劳形之累?《中》第二版的编者按语似乎印证了这种猜想:“辜鸿铭先生所著《中》第一版广受欢迎,需求如此之大以致我们必须要发行第二版。”[⑤]辜在武昌时的学生刘成禺也曾回忆道,辜氏“用英文译《论语》,泰西购者近百万”[⑥]。但我们从辜的信件中得知的信息却正相反。辜曾向卫表达过想出版“曾国藩书信集”的强烈意愿,也解释了未能成行的原因:“但找不到出版商来承担出版费。我出的书全都在赔钱。”(1910年10月22日)至于英译《论语》,辜鸿铭自己承认,用了10年的时间其实才只售出了500本[⑦]。年老体衰的他也曾

① 17世纪以来,英国为展开大规模的海外宣教活动,组建了大量殖民时期的海外宣教机构。该协会成立于1698年,全称为“The Society for the Propagation of Christian Knowledge”。

② 英国浸礼会传教士,1870年来到中国,1878年,在山西太原开始传教,在中国翻译书籍,是山西大学的创始人,曾任《中国时报》主笔。

③ Mikhail Bakhtin, *Problems of Dostoevsky's Poetics*, p.287.

④ 1910年3月4日辜鸿铭致骆任廷的信,SLPNLS。

⑤ Ku Hung-Ming, *The Story of A Chinese Oxford Movement: An Essay in Political and Social Criticism in China*, p. V.

⑥ 刘成禺(1876—1953)、张伯驹(1898—1982):《洪宪记事诗三种》,上海:上海古籍出版社,1983年,第269页。

⑦ 1911年4月20日辜鸿铭致骆任廷的信,SLPNLS。

在中国、朝鲜和日本举行过巡回演讲,后于1924至1927年间应日本“大东文化协会”之邀赴日讲学。他晚年经济的主要来源是为《华北正报》(*North China Standard*)撰稿的稿费。《华北正报》曾称:“虽然辜氏著作被译成多种欧洲语言,但没有一部是畅销书,事实上所有的书都成了绝版。辜鸿铭从来就不是一个受欢迎的作家,但他也从不哗众取宠。”①所有这一切都说明,辜早年为传播其思想而出版书籍的努力未能换来他期盼的,也是一位世界知名的学者晚年应享有的安稳体面生活。其实在辜不长的从政生涯中,他有着太多的机会可以通过受贿及其他灰色收入而发家致富②。然而困扰着辜鸿铭一生的经济问题只能证明卫氏在1926年对其描述的准确:辜鸿铭“从来不会接受肮脏的贿赂,因此他的生活总是贫困不堪”③。

那么,辜鸿铭究竟最看重的是什么?他在1911年10月15日的信中向卫礼贤揭示了答案。在解释为什么他不惧怕冒犯供职学校南洋公学的上司盛宣怀时,辜写道:“我写了信,当然就有丢饭碗的危险。但要在道义和饭碗之间选择的话,我必须抛掉饭碗。”这种“道义”在辜看来是一种“深入国人骨髓”的“忠孝宗义”,它“必将被唤醒,也必将战胜利益和野心”(1911年11月21日)。辜氏能否得以继续挥动手中的笔决定着他能否得以继续履行义不容辞的道义。卫在经济上的支援提供一种确保辜持续写作的可能性,而这或许也同时象征着卫在辜身上想象着自己履行道义的一种转喻。翻译著作、借钱、帮助出版、照料辜在青岛的儿子等等,无一不是卫对于辜在饭碗和道义之间所作抉择的回应。不仅如此,卫还为辜找到住所,以便他有可能移居青岛(1911年11月21日)。他甚至还提供了辜守庸实习工作的机会(1912年6月29日),并与帕泽斯基(Friedrich Perzynski,1877—1965)计划安排辜在德国进行巡回演讲,这当然很可能是辜氏德译著作在欧洲反响良好使然(1913年4月1日、6月24日)。有关“借钱”的对话的确破坏了一种潜在的师生关系,但同样也在二人之间滋养了一种同道中人惺惺相惜之谊,构建出一种以道义来界定的框架,其中卫作为文化同僚的角色也因此显得更为称职。

二人通信期间发生了一个重要的历史事件:1912年2月12日宣统帝溥仪(1906—1967)下诏退位。清末民初的政局跌宕起伏,复辟清王朝的呼声和尝试也不断出现。曾入张之洞幕府20多年的辜鸿铭,在1905年前后已官拜“外务部左丞”④。1906年,卫礼

---

① 《中华硕儒归西》,载于《华北正报》1928年5月1日。

② 早年在张之洞幕府作为洋文案翻译的辜鸿铭廉洁奉公,而盛宣怀属下的翻译却“身拥厚赀,富雄一方”。参阅辜鸿铭《理财》,载于黄兴涛编《辜鸿铭文集》(上),第430页。辜在任职上海浚浦局期间,曾调查荷兰利济公司舞弊案,有局中洋人“暮夜袖金十五万”贿赂他,被严词拒绝,最终撰文将舞弊案始末登于报端。《辜鸿铭文集》(下),第578页。

③ Richard Wilhelm, *Die Seele Chinas*.S.58.

④ 黄兴涛编:《辜鸿铭文集》(下),第583页。

贤因在青岛的办学成绩显赫，受朝廷嘉赏“四品顶戴”，转变为身着朝服的“卫大人”[①]。因此，辜卫之间似乎又多了一层清朝官僚体系里“上下级”的关系。他们彼此支持，以各自的方式履行着某种心照不宣的道义。

1912年2月，恭亲王溥伟（1880—1936）来到青岛，随后便与卫成为至交。在1926年的《中国心灵》一书中，卫用一章的篇幅来回忆二人的交往。据载，宣统首次复辟的根据地在上海和青岛。青岛以溥伟为中心，于式枚（1853—1916）、刘廷琛（1867—1932）等“为之热心倡导”，上海以恽祖祁（1842—1919）为中心，他们和张勋（1854—1923）、张作霖（1875—1928）等联络密切，与“辜鸿铭、李经义（1859—1925）、锡良（1853—1917）等声气相通，旧官吏缙绅士大夫之流多属之”[②]。后因消息提前泄露，终致复辟计划在1913年4月流产[③]。“癸丑复辟”失败后，辜在信中亦表现得更为悲观，孤独感也愈加强烈[④]：“您应当常常看望一下在青岛的同仁们，他们的情绪很低落。然而我们必须要有耐心。”在过去，辜的政治预言时常灵验，而面对当时复辟挫折和袁氏内阁，他的预测却显得颇为力不从心：“目前的政权定将灭亡，对此我深信不疑。但至于何时灭亡、如何灭亡的问题，答案仍未可知。”（1913年6月24日）卫后来回忆道：“他的坏脾气又发作了。他对所有的事情都不满意，谁的毛病他都挑，因此伤害了很多人。当时密谋商议中的王朝复辟计划，也因琐碎的争吵而破产了。”[⑤]

其间，二人并未中断论学问道。在1913年4月1日的信中，辜鸿铭询问其《中庸》（*The Conduct of Life*）出版事宜：“烦请奥托[⑥]教授在用德文出版我的译著《中庸》时，加上一句歌德的格言……”[⑦]随后卫前往上海参加由康有为（1858—1927）、陈焕章（1880—1933）等成立的“孔教会”相关活动，并在4月15日拜访了沈曾植，其间谈到将会翻译《大学》《中庸》及《礼记》的计划[⑧]。6月24日，辜又致信催促卫寄还其《大学》英译稿。

---

① 1900年5月，卫礼贤于青岛创办了“德华神学校”（Deutsch Chinesische Seminar），后于1901年更名为“礼贤书院”（Richard Wilhelm Schule）。1903年，在同善会的支持和资助下，其办学规模不断扩大，聘请中国旧式文人和新式知识分子任教员。卫优异的办学成绩引起了清政府的关注。1906年，山东巡抚杨士骧奏请朝廷嘉奖其办学之功，赏卫礼贤“四品顶戴”。同年，“当卫礼贤身着朝服出现在书院开学典礼上的时候，他就成了中西教育理想的一个共同象征，卫礼贤自身的中国化初步实现了”。陆安：《痴迷中国文化的德国汉学家卫礼贤》，载于《文史春秋》，2008年第5期，第28页。

② ［日］宗方小太郎：《宗社党的复辟活动》，载于《近代史资料》，总48号，1982年，第91页。

③ 樊建营：《民国初年“癸丑复辟”述略》，载于《驻马店师专学报》，1993年，第8卷第1期，第68~73页；孔祥文：《张勋与三次帝制复辟》，载于《平顶山学院学报》，2013年，第28卷第6期，第46~51页。

④ Mechthild Leutner，“Richard Wilhelm's Chinese Networks from Colonial Dependency to Equal Stature”，p.62.

⑤ Richard Wilhelm，*Die Seele Chinas*.S.174.

⑥ Walter Friedrich Otto（1874—1958），德国古典文献学家，1914年至1934年任法兰克福大学教授。

⑦ 此前辜曾出版过英译《中庸》：*The Conduct of Life：or，the Universal Order of Confucius，a Translation of One of the Four Confucian Books Hitherto Known as the doctrine of The Mean*.Shanghai：Shanghai Mercury，1906.然而这里提到的德译《中庸》最终出版与否我们尚未可知。

⑧ 许全胜：《沈曾植年谱长编》，北京：中华书局，2007年，第379页。

在9月22日的信中,他作出解释:“在正式送交出版之前,我要做最后的修订。《大学》和《中庸》应当一同出版。”在1924年德译《易经》前言中[①],卫感谢让他进入《孟子》《大学》《中庸》,特别是《易经》世界的老师劳乃宣(1843—1921)。然而此时卫与劳还未正式接触[②],但对于《中庸》和《大学》的翻译问题,辜卫二人已经展开了相关讨论。

1913年秋,卫在“礼贤书院”内创建了“尊孔文社”[③],并聘请劳乃宣来主持。这个弘扬儒家思想的学术团体定期聚会,中国士大夫们和德华大学的德国教师也得以各自宣讲中西文化的大义。这里不仅是当时遗老寓公们畅谈学问、讥评时局的伊甸桃源,而且也时不时地充当着保皇派密谋再次复辟的理想温床。在1913年9月22日的信中,辜鸿铭满怀激动地写道:“我要祝贺您实现了建立‘桃源’的梦想[④]。对于实践理想,您是多么的富有活力和激情啊!您现在拥有了青岛的法学家称之为‘家园’的外部设施,以实践您的理想。您现在必须着手它的内部建制了。在永久离开中国之前,我会再次赶赴青岛,届时我们可详谈此事。”颇具反讽意味的是,辜鸿铭的事业和人生因为他所追寻的忠孝宗义而陷入僵局。结果,应台湾堂弟辜显荣(1866—1937)之邀而前去避难成为他可走的最后一步棋,因为在大陆已无这位孤寂独白者的“立锥之地”。

但有一个更为紧迫的原因促使辜离开故土。作为袁世凯最为头痛的宿敌,辜向来不放过任何公开或私下场合对其口诛笔伐的机会。早在《张文襄幕府纪闻》中,他就公开骂袁为“贱种”“倒马桶的老妈子”,并暗示袁定会谋反[⑤]。为了尽可能消除在国际上的不良影响,袁得知辜窘困的状况后,立即雇佣他为自己儿子袁克定的英文家庭教师,月薪500美元,企图封上辜的嘴。但这无济于事,辜仍一如既往地用中英双文对袁进行讨伐[⑥]。当历史的钟摆暂时幸运地摇向袁世凯一边时,大多数复辟支持者们,即卫礼贤在后来回忆中称为“更为深谋远虑的那些人”,“越来越远离密谋,另有一些人选择与袁世凯及其共和国和平相处。整个运动在冒险中终结”[⑦]。辜在1913年9月22日的信中也表现出当时的一种绝望:“坦白讲,我们的事业目前似已无望。这对我们所有人都是一个沉重的打击……在中国现有的情况下,依我看已无对策可言。”辜鸿铭告知卫礼贤自

---

① 卫礼贤译:《易经》,“序言”,第1页。

② “癸丑七十一岁(1913年)春,德人尉礼贤笃志中国孔孟之道,讲求经学设书院于岛境有年,与吾国诸寓公立尊孔文社……十月移家至岛。”劳乃宣:《清劳韧叟先生乃宣自订年谱》,台北:台湾“商务印书馆”,1978年,第47页。

③ 1914年,在“尊孔文社”西侧,卫又建起一座“藏书楼”,典汇中西书刊三万余册,成为青岛第一座公共图书馆。5月11日,劳乃宣撰写了《青岛尊孔文社建藏书楼记》。劳乃宣:《桐乡劳先生遗稿》,台北:文海出版社,1969年,第511~513页。

④ 当时人们常称“青岛”为遗老寓公避世消遣的“桃园”。

⑤ 黄兴涛编:《辜鸿铭文集》(上),第434、446页。

⑥ Richard Wilhelm, *Die Seele Chinas*.S.58.

⑦ Ibid.,S.174.

己危险的处境:“我可能会很快离开北平。但可以告诉您,我见到了总统的长子,得知总统已经开始行动,要将我扣留在北平。但是,即使在最后一刻,我也绝不会变节。”在这种情形下,我们也只有通过辜鸿铭的私人信件才能更为真切地感受到他在当时重压下那种决绝的勇气、刚正不屈以及对清王朝的忠孝宗义。

在同一期间,辜并未停下手中的笔,因为他真正在乎的依旧是著作的发表。同一封信中,辜询问卫是否有可能再版他的英译《论语》和其他译作:“在过去三个月中,我全身心投入在润色或者说是重译《论语》上,译文已获得很大改观。您能否为我找到出版商呢?同样我也期待出版英译《大学》。”据波里回忆,辜在晚年,书桌上常常并列摆放着儒家经典、《圣经》及其他基督教书籍,如《模仿基督耶稣》①。这种中西书籍并置的晚景似乎可被视为一种转喻的定格,它跨越时空,呼应着辜鸿铭信件结尾中与其有着“对话关系”的字行:“我也许要永远离开自己的祖国了,这令我异常悲伤。子曰:任重而道远。愿上帝助我能勇担重任,直至成功!”(1913 年 9 月 22 日)从 12 月 24 日的信中我们得知,卫礼贤提供了一笔资金来支持辜鸿铭移居台湾。一战爆发后,由于种种原因,辜鸿铭最终还是定居于北京。

20 世纪前 10 年是中国的过渡转型期,西方消费主义和物质崇拜思潮盛行于世,传统文人不得不去面对在这种文化语境中的新挑战,重新思考自我意识与自我表达的问题。与此类似,作为西方人的卫礼贤,对于中国文化和华夏文明的体认也是一个不断摸索的渐进过程。因此,“对话关系”不仅存在于语言领域,也同样渗透于各种层次的人类关系和活动之中。一个新想法产生于不同意识主体的交界处②。在这个意义上,“对话”超越了个体性和文本性的局限,挣脱了时空的束缚。“所有内在的经验不是朝向自己,而是转向外在,转向一种对话。每种内在的经验都终结于边界之上,并与他人进行交际。这种内在的富有张力的交际体现着最全面的本质。这是社会性最高级别的体现。”③卫礼贤的做法无异于将中国的本土话语“重新组合并移植到欧洲文化和意识形态语境中,从而具体地实现了辜鸿铭等人以中国的‘忠孝宗义的宗教’对抗欧洲的‘利益和野心的宗教’的规划”④。人作为一种声音、一种文本、一个独立的个体和一种回应式的行动参与到对话的语境当中。而一旦一个人的看法、思想、行为甚至整个人生都介入对话中去后,那就意味着,个体存在的先决条件便是他者身上存在着的“他性”。在经历一轮对话之后,对话双方在各自身上找到对方,也因此相互转变为对方。

---

① Francis Borrey, *Un Sage Chinois*, *Kou Hong Ming*, p.25.

② Mikhail Bakhtin, *Problems of Dostoevsky's Poetics*, p.287.

③ Ibid.

④ 范劲:《卫礼贤之名:对一个边际文化符码的考察》,上海:华东师范大学出版社,2011 年,第 143 页。

下面的文字引自辜鸿铭1925年在赴日讲学期间所作的一篇演讲稿。这段自白式的话语充斥着论辩式的矛盾,它从"一种语境转至另一种语境",其中"满是对他者的诠释"①。这或许可以最好地总结并证明,辜卫的互动交往是如何潜在地影响到他在研究和赚钱之间作出抉择的:

我的一位外国朋友告诉我说,为了学习汉语,他损失了大量的钱财。一个人不可能在研习汉语和中国文学的同时还兼顾着赚钱。这就好像是一个人无法一边研习莎士比亚和华兹华斯,一边又赚钱一样。因此,决定从事研究的人,重要的是要拥有一个高贵的灵魂。那些一心想赚钱或者没有高贵灵魂的人无法理解蕴含真正社会价值的事物。有人也许会问,没有钱如何能生活?这种人应该去拜访一下衣着和生活都十分简朴的牧师,也要查一下基督耶稣在旷野外手指着白百合时说了些什么②。

结　语

1910至1914年间,辜鸿铭曾写给卫礼贤21封书信。这批信件的面世客观上形成一种独白式的语境,此种情形恰似一种生动的转喻,反映出辜氏作品在当时中国的接受情况及其本人人生的境遇。在辜鸿铭寥寥无几的对话者和知音之中,卫礼贤用语言和行动与其保持着终生的对话。一封封信函可以看做是一段段内在充满对话矛盾的独白,向我们揭示了许多有趣的事实:学术思想的沟通交流、书籍译作的互赠、对政治历史事件的看法、辜经济生活的细节、辜氏的求职与失业以及他们文化、政治和社会活动的诸多线索等。作为在特定历史时期内东西方两种不同文化的产物和代表,辜卫二人展开了语言、文化、思想和行动上的交往互动。在辜氏"独白式"风格的言论、信函和著作的字里行间,隐含着的是一种"对话、论辩的倾向",它折射出当时中西文化的交流沟通不平等、不平衡的历史情状。

值得注意的是,这批信中有15封写于1910年至1912年之间,5封写于1913年,1封写于1914年。有学者认为,1911年是卫礼贤学术事业的分水岭③,对于卫从虔诚的基督

① Mikhail Bakhtin, *Problems of Dostoevsky's Poetics*, p.202.

② Ku, Hung-ming and Yūji Satsuma. *Kō Kōmei ronshū*. Tōkyō: Kōkoku Seinen Kyōiku Kyōkai, 1941, p.139.《圣经·马太福音》6:25,28:"所以我告诉你们:不要为生命忧虑吃什么,喝什么;为身体忧虑穿什么。生命不胜于饮食吗?身体不胜于衣裳吗?……何必为衣裳忧虑呢?你想,野地里的百合花怎么长起来。它也不劳苦,也不纺线。"

③ 孙立新、蒋锐编:《东西方之间:中外学者论卫礼贤》,第103页。

传教士到杰出的翻译家和汉学家的转变而言尤为重要。当然,卫的总体转型与他频繁地和其他清朝寓公遗老、旧派儒家士大夫及保皇主义者的密切接触和相互影响有关,也与当时的政治历史事件及个人经历有关,如辛亥革命的爆发、与出版社签约翻译项目等等。但是,作为促成卫文化身份转型的积极因素之一,他与辜鸿铭在这段时间的书信往来及实际交往绝不应被忽视。卫礼贤最终成为孔子的忠实门徒和儒家思想的阐释者、倡导者和传播者。在此后的20年里,卫氏的书单也最终完成,它包括《论语》《孟子》《礼记》《孔子家语》《易经》《道德经》《列子》《庄子》《吕氏春秋》等。卫礼贤虽然在后期不赞成辜氏保皇派的理论观点,但始终重视辜氏的思想,将辜氏作品列为其著作重要的参考书目①。一战以后,辜鸿铭对于基督教的看法也变得相对宽容了许多。他承认外国传教士带给中国的物质和精神层面的利益远超过他们在中国犯下的罪行。他更倾向于引用《圣经》的句子来概括儒家思想中的核心价值。他在晚年醉心于《易经》的阅读与研究。此外,他还曾力劝波里将《道德经》译为法文,因为他认定该著作在形而上学层面上的价值异常重要②。

诚然,找到排他性的证据来定量地分析辜卫交往如何影响到彼此是不可能的。毕竟,小到一种想法、思路的产生,大到整个思想体系的形成,无不是一个思想者反复与自我和他者进行辩论、反思、协商和妥协的无休止的对话过程。用过于简化的单向性、单一性影响来解释和概括其结果是不可行的,也是不客观的。然而,我们对于这批信件及其相关事件的审视则有可能揭示出一些具体而有益的提示,借此还原出一种以整体对话关系为核心、以活动相互交织为内容的应答框架体系,使我们可以看到,辜卫两人在此通信互动阶段之后的观点、思想、著述及活动相互对话般的联系起来,共同回应着这一段信笺上的交流过往。自1911年之后,卫礼贤在某种程度上放弃了传教士的文化身份,继而逐渐转向笃信儒教并矢志不渝向西方传播中国文化和华夏文明的世界知名汉学家。张君劢(1887—1969)称:“卫礼贤来到中国时,是一名神学家和传教士,他离开中国时却成为孔子的信徒。”③辜鸿铭在1913年的日子里,改变了对于《道德经》的片面理解,也极大地修正了他之前对于基督教和传教士的看法。这批信件还原了辜卫学术思想发展轨迹中遗失的相互交织的片段。更重要的是,在对话语境中的预示信息可以使我们更清楚地看到,为什么两人在思想上会产生交集或分歧,它们是如何产生的。在一定程度上,这或许

---

① 其中包括:《东亚:中国文化圈的形成与变迁》(*Ostasien*:*Werden und Wandel des chinesischen Kulturkreises*.Zürich:Orell Füssli,1928),《中国文化史》(*Geschichte der chinesischen Kultur*. München:F. Bruckmann, 1928),《孔子与儒教》(*K' ungtse und der Konfucianismus*.Leipzig:W.de Gruyter,1928),《中国哲学》(*Chinesische Philosophie*.Breslau:Ferdinand Hirt,1929)。

② Francis Borrey,*Un Sage Chinois*,*Kou Hong Ming*.p.56,60,92.

③ 张君劢:《世界公民卫礼贤》,载于孙立新、蒋锐编:《东西方之间:中外学者论卫礼贤》,第27页。

正是这批信件真正价值之所在吧。正如巴赫金所言:“研究一个对象的世界,就意味着将这个世界中的一切都作为共时性的内容加以考量,并揣度其在某一个时间横断面上的相互关系。”[1]在此意义上,这21封信为我们考察辜卫交往互动提供了理想的“横断面”。

[吴思远,美国西华盛顿大学]

① Mikhail Bakhtin, *Problems of Dostoevsky's Poetics*, p.28.

论文

卫礼贤1914年版《中庸》首译稿初探

徐若楠　王建斌

摘要：卫礼贤的中国典籍德译，在中西交流史占有一席之地，却长期鲜有相关的翻译学研究问世。笔者亲赴德国，搜集各种文献，力求依托史料，全面研究卫氏的翻译思想。本文以卫氏《中庸》初稿为对象，分析卫氏的翻译理念及手法，并阐明他典籍翻译的基本思路，即寻求构建经典间的互文关系，以为贯通中西哲学提供可能。这是卫译稿在国内外的首度挖掘，也是针对卫译稿的首个翻译学研究。

关键词：卫礼贤　典籍翻译　互文性　中庸　康德

引　言

在中国典籍外译的历史上，卫礼贤（Richard Wilhelm，1873—1930）是个不容忽视的名字。卫氏早年间，以传教士身份来华，在青岛从事传教、办学活动；辛亥革命后，与清朝遗老交往密切，结交改良派人士；一战结束后，他退出教会，在德国驻北京公使馆任职，一度任教于北京大学，投身于国学热之中；返回德国后，任法兰克福大学汉学系教授，主持成立了法兰克福大学中国学院，为中西交流做出了巨大贡献。卫氏一生最大的成就，当属他译介的“中国哲学及宗教经典系列”。这些译著以其卓越的翻译品质，至今畅销全世界，早已成为汉学家的必备书目。遗憾的是，如今无论在汉学界，还是在翻译界，有关卫译本的研究仍旧寥寥无几。有鉴于这一空白，笔者赴往德国，搜集各种文献，力图依托真实史料，还原卫氏典籍翻译的原貌，同时从翻译学的角度，对卫氏的翻译思想、理念和方法进行系统的研究。本文以卫氏1914年《中庸》首译稿为对象，探究卫氏典籍翻译的基本思路，指出卫氏对中国哲学典籍的诠释，基于寻求中西经典之间的互文性构建，并总结出“以经释经，以典释典”的翻译理念及手法。本文是笔者初步的研究成果，也是目前为止,国内外首个针对卫译稿的研究。笔者希望以此为今后的卫译本研究打下坚实的基础,开辟出一条可行的途径,并为典籍翻译研究提供一种全新的视角。

一、卫氏《中庸》首译稿情况

据文献显示,卫氏曾三次翻译《中庸》。第一次在 1914 年,第二次在 1919 年,第三版译文,收录于 1930 年卫译《礼记》(*Li Gi. Das Buch der Sitte der älteren u. jüngeren Dai. Aufzeichnungen über Kultur und Religion der alten China*),并刊于该年的《中德年鉴》(Chinesisch-deutscher Almanach,1930),也是唯一付诸出版的译文。这三版译文的原稿,卫氏遗物中均有保留,但部分内容已经遗失。

据卫氏记录,他于 1914 年 3 月 6 日,完成了《大学》的翻译;当日晚,他开始翻译《中庸》;3 月 23 日晚,《中庸》译毕。整个过程不到三周,可知卫氏早有准备,下笔时已深思熟虑。保留下来的手稿,就笔者所见,只有朱熹的《中庸章句・序》及第一章至二十章未完。而以朱熹的《中庸章句》为底本,以康德的《实践理性批判》为平行文本,正是这版译文的最大特点。这里作简要说明。

卫氏早就发现,康德与孔子思想上存在相近之处。早在 1906 年,卫氏就在青岛讲康德,指出康德与孔子都致力于为人类生活奠定一个普遍基础,且都以人的精神为中心,寻求向内和向外的秩序建立。1920 年,卫氏在北大讲演,题目是《中国哲学与西洋哲学之关系》。1924 年在北大任教期间,卫氏又作系列报告,专谈老子、孔子和康德伦理学之比较。其实就连早年间,他发起创办的尊孔学社,亦是思拯救中国文化于危难,"遂决定,通过翻译、报告和科研著作,推动东西方在精神领域的联系与合作",而这一使命的重要工作,就是将康德的著作译成中文,将中国的经典译成德文(Wilhelm,1926:172)①。因此,贯通孔子与康德的想法,在卫氏可说是早已有之。

至于选择朱熹的《中庸章句》,大约有两方面的原因。一是《中庸章句》的学术意义重大。朱熹撰《四书章句集注》,将《大学》《中庸》两章独立而出,与《论语》《孟子》合为"四书",始有"四书"之名。朱熹在《中庸章句》中,不但首次阐明其心性论,提出了著名的中和说,还以《中庸》为依据,建立起一套修身功夫论,对后世影响至为深远。因此,就《中庸》历代评注来说,朱熹的《中庸章句》独树一帜,可以说在中国学术史上具有里程碑

① 原文:Der Gedanke war, dazu beizutragen, daß die Schätze der chinesischen Kultur, die damals äußerst gefährdet waren, auf die Zukunft gerettet würden. Anknüpfung und Zusammenarbeit auf geistigem Gebiet zwischen Ost und West sollten durch Übersetzungen, Vorträge, wissenschaftliche Veröffentlichungen bewirkt werden. Kantsche Schriften wurden ins Chinesische übersetzt, chinesische Klassiker wurden verdeutscht.

式的意义。二是在此之前,英国传教士理雅各(James Legge,1815—1897)、法国传教士顾赛芬(Seraphin Couvreur,1835—1919)翻译"四书",均以《四书集注》为底本,在西方世界引起很大反响。卫氏翻译《中庸》时,也研读过他们的译本,所以采用朱熹的底本,也是很自然的事情。不同的是,卫氏选用了康德的《实践理性批判》为平行文本,这是他译解《中庸》的独到之处。

二、"中庸"其名的翻译

之所以说卫氏翻译《中庸》是参照康德的《实践理性批判》,是因为他明确将"中庸"译作"实践理性"。事实上,从手稿情况看,卫氏在"中庸"二字的译法上颇为踌躇。他在《中庸章句·序》后,重新起页,开头书名处,中间画线,如此一分为二。左边一栏,顶头写"中庸"二字,旁边竖向依次写:"实践理性"(Praktische Vernunft)、"和谐生活"(The Harmonious Life)、"道路和真理"(Der Weg und die Wahrheit);"实践理性"带双下画线,乃是最终的译名。右边一栏,"中庸"两字居中,最上面写"Maß und Mitte",后画掉,右侧写"秩序和适度"(Ordnung und Maß),下方写"专注及~~和谐完满~~适度"(Sammlung u. ~~Harmonische Vollkommenheit~~ Maß),下方写"世界秩序"(Weltordnung),带下画线;最终在左上方,重新写上"Maß und Mitte",用铅笔圈出,算是最终敲定。

"实践理性"的译法,可谓统领全文,下文将做详述。但"中庸"的正式译法,卫氏采用的是"Maß und Mitte"。简单来说,"Maß"指"对欲望的约束,使之服从理性的意志,乃是一种美德"(Eisler,1910:742)①。"Mitte"指一种中间的道路。"Maß"和"Mitte"合起来,作适度和居中之意解,可勉强译作"度与中"。其实"中庸"其名,旧时已有译法,叫作"die unveränderliche Mitte",意思是不变的中道。卫氏早年间,谈及"四书五经",也沿用这一译法。后在译著《论语》(*Gespräche*,1910)中,将"中庸"译作了"Maß und Mitte"。这个表达很容易让人联想到亚里士多德的"Mittelmaß"。"Mittelmaß"是亚里士多德伦理学的重要概念。希腊语原词是"mesotês",汉语贴切地译作"中庸"。而亚里士多德的中道观,与儒家的中庸之道,确实存在诸多相同之处,相关的研究已有很多,这里就不再赘述。卫氏曾撰《人作为尺度和中心》(Der Mensch als Maß und Mitte)一文,将"度与中"解为"人作为万物的尺度"和"人作为宇宙的中心",并围绕这两大命题,回顾了整个西方哲学史,提出以"中庸"作为人类之共同理想,融合了儒家、道家、康德、基督各派观点,且颇有

① Eisler编的《哲学概念词典》,是最权威的德国哲学概念词典,也是卫礼贤使用的主要工具书。

康德《论持久和平》(*Zum Ewigen Frieden*,1796)的气概。① 可见"Maß und Mitte"的译法接续了西方古典哲学的脉络无疑。

三、《中庸章句·序》初译稿分析

1."道"与"理性法则"

西方的理性传统,最早源于基督教,到康德时得到全面发展,成为西方哲学根本观念。康德三大批判,正是围绕"理性"建起庞大的哲学体系。若论历史之悠久,义理之深奥,西方这一理性传统堪比中国的道学传统。自宋代起,经学发展出理学一脉,又称道学,是吸收佛、道两家发扬而成的儒家学术。朱熹是宋代理学之集大成者。因此,卫氏以康德哲学诠释朱子理学,意在贯通中西哲学之经典。

《中庸章句·序》开篇问:"中庸何为而作也?"朱子自答曰:"子思子忧道学之失其传而作也。"卫氏抛开朱子口吻,直入主题道:"《中庸》其书的由来,缘于子思要避免理性法则之学的失传。"②卫氏将"道学"直接译作"理性法则之学"(die Lehren des Vernunftgesetzes),由此拉开了以"理性"格义"道统",以"康德"诠释"朱子"的序幕。在《中庸章句·序》中,卫氏将核心概念"道"一律译作"理性法则"(Vernunftgesetz),将儒家学说彻底带入康德哲学的话语体系之中。

2."道心"与"应当"

朱子的心性说,关键在"人心"和"道心"的区分。他继承程颐的观点,认为性是天理,即道心,欲是人欲,即人心,提出"去人欲,存天理"的主张。卫氏在初稿中,起初为直译,后改用"das Wollen"和"das Sollen"分别对应"人心"和"道心"。这是康德在《实践理性批判》中提出的一对范畴。康德认为,意志的表达有两种,一种表达为期望("das Wollen"),另一种表达为应当("das Sollen")。期望源于感官刺激,是有条件的欲求,而应当是超验的,它是理性的表达,是所谓"实践意志"。尽管二者内容相同,但期望属于经验世界,应当则"属于理智世界,是纯粹的、独立的意志"(Eisler,1910:1363)。卫氏用"期望"与"应当"格义"人心"和"道心",是对朱熹的心性说做"康德化"的解读。

按照卫氏的诠释,朱熹所说的"心"就相当于康德所说的"意志"(der Wille)。康德认为,期望源于感官刺激,而应当发乎理性,是合乎道德律的。朱熹认为,心只是一心,或

---

① 据卫氏日记,他曾将《论永久和平》译成中文。

② 原文:Das Werk „Maß und Mitte" verdankt seine Entstehung dem Umstand, daß Dsï Sï es verhindern wollte, daß die Überlieferung der Lehren des Vernunftgesetzes unterbrochen würde.

觉于欲,或觉于理,故有人心、道心之异。因此,若将两者相比,可认为"期望"与"应当"的区别,正如朱熹所言,全因"知觉者不同"所致。这也就是为什么卫氏将"心"补充译作"das Gemüt"。康德用这个词指"意识"(Bewußtsein),形容人心灵的知觉。卫氏与周暹合译的《人心能力论》,1914 年由商务印书馆出版,康德的原题就是"Von der Macht des Gemüts",这也是康德哲学的首个中译本。所以说,卫氏用"实践理性"来诠释"中庸",应当从他试图贯通康德哲学和儒家学说的大视野下来考察。

3."天命"与"上帝意志"

康德在《实践理性批判》中,借用一系列基督教概念,提出了"灵魂不死"和"上帝存在"的公设,通过假设存在"普遍的神性理性"(die allgemeine göttliche Vernunft),确保了"普遍立法"能够成立,而普遍立法的成立,正是整个康德哲学的核心命题。有鉴于此,卫氏在翻译时,用"普遍的神性理性"直接翻译"天理",又将"性"译作"神性"(die göttliche Natur),"天命率性"译作"上帝的意志"(Gottes Wille),"继天"译作"按上帝的意志"(nach Gottes Willen),"性命之正"译作"神性本质的理想"(die Ideale der göttlichen Natur)。卫氏引入"神性""上帝"的范畴,增加了原文没有的宗教维度,实现了儒家学说与康德哲学的接轨。

4.语内连贯和语际连贯

一方面,康德以神学作为其道德哲学的支撑,是为了解决至善问题所引出的二律背反。康德视"至善"为道德的最高目标,认为人唯有摆脱一切欲求,全心全意地服从应当,才是自主地践行道德律,方才有望达到真正的至善。按照这一逻辑,卫氏在翻译时,也尽量让重要概念之间能够相互配合,做到逻辑周延,言之有物。例如,朱熹说:"然人莫不有是形,故虽上智不能无人心,亦莫不有是性,故虽下愚不能无道心。"卫氏依据康德哲学,将"上智"译作"至善"(die höchste Güte),将"人心"译作"人性者"(jenes Menschliche),又将"性"显化为"神性"(die göttliche Natur),将"道心"译作"应当"。全句译作:"凡人皆有形体,因而即使是至善之人,也有人性的一面。凡人亦皆有神性,因而就是最蠢的人,也有所谓的应当。"[①]如此,卫氏对原文的思想进行了某种重塑,使目的语文本内在逻辑自成一体,同时与源语文本之间又保留相当程度的语义关联。用现代翻译学的话说,是既构建了新的语内连贯(intratextuelle Kohärenz),同时又没有失掉语际连贯(intertextuelle Kohärenz),与功能派的主张倒是不谋而合。

另一方面,概念的更换与格义,势必要打破原有界限,通过各自位置的调整,进行某

① 原文:Aber die Körperlichkeit ist allen Menschen eigen, darum hat auch die höchste Güte jenes menschliche notwendig in sich. Ebenso ist die göttliche Natur allen Menschen eigen, darum hat auch der niedrigste Narr jenes Sollen.

种语义的重组。这个过程,伴随着整个符号体系的更新。就《中庸》的翻译来说,朱熹讲"中庸",是在宋代理学的大框架下讲,而康德讲"理性",也是在他的哲学体系内讲,两者本属不同的哲学脉络,有着各自的文化背景和传统,现在要相互说明,构建某种互文关系,自然会出现错位的情况。而能否顺利过渡,全靠译者来把握。例如,卫氏将"接夫道统之传"译作"将这一真理,作为一贯的法则,世代相传"①。这就将"道统"同时解作"真理"(die Wahrheit)和"理性法则"。而朱熹说"弥近理而大乱真",卫氏译作"愈接近理性,真相愈加纷乱"②。据此,在《中庸章句·序》中,"道"解作"理性法则"与"真理","真理"对应"道"与"真",而"理性"同于"理",又同于"道",指的是"理性法则"。在这个过程中,源语文本的概念转换为目的语文本的概念,出现了语义重叠的现象,却是在译者控制之内,甚至是译者有意为之的。就这点而言,卫氏在脉络化的过程中,实现了语内连贯和语际连贯,二者相辅相成,相得益彰。

四、《中庸章句·开篇注》翻译

在"中庸"的两个译名下方,各自有两个不同的译文。左边译名是"实践理性",故以康德哲学为诠释之宗旨。

原文:子程子曰,"不偏之谓中,不易之谓庸。中者,天下之正道,庸者,天下之定理。"

译文:吾师子程常说,理性教我们找到正确的路,它远离一切过度,也远离一切不及。这个理性,给我们的行为以永恒的动力,因此它是实践理性。理性是整个世界的基本法则,只要它在实践中合乎道德,就是绝对的/无条件的理念。③

卫氏在译文中,直言"实践理性"一词,可谓开宗明义,点明了自己翻译的基本出发点。他将"中"和"庸"合译为"理性",将"不偏"译为"远离一切过度,也远离一切不及",又将"天下之正道"译为"整个世界的基本法则",将"天下之定理"译为"绝对的/无条件的理念"。读者已经辨认不出原文,完全就是康德式的语言、康德式的思想。《中庸》与

① 原文:[…] diese Wahrheit als durchgehendes Gesetz einander hinterlassen.

② 原文:[…] die je näher sie der Vernunft kamen, desto mehr die Wahrheit verwirrten.

③ 原文:Mein Lehrer Tschĕng Tsï pflegte zu sagen: „Die Vernunft lehrt uns den richtigen Weg zu finden, der sich gleich weit entfernt hält von allem Übermaß, wie von jeder Unzulänglichkeit. Diese Vernunft wird zur praktischen Vernunft, weil sie die unveränderliche Triebfeder unseres Handelns abzugeben im Stande ist. Die Vernunft ist das Grundgesetz der gesamten Welt, sofern sie pra[ktisch] ethisch wird, ist sie das absolute/unbedingte Idee."

康德哲学的互文关系呼之欲出。又,朱熹说:“其书始言一理,中散为万事,末复合为一理。”卫氏译作:“此书开始,论述一理念,继而发展,囊括整个发生/现象世界,终又重合为一个理念。”①整段译文,不但语言表达完全归化,在思想上也已经彻底被脉络化了。

同样是“中者,天下之正道;庸者,天下之定理”。在右侧一栏中,题目是“度与中”,卫氏译作“专注乃基本法则,和谐乃世界的绝对理念”②。据修改痕迹可知,卫氏是将“中”解读为“内在专注”(innere Sammlung),是一种精神高度集中的状态,类似佛家的禅定或冥想,也可译作“内定”。而“庸”在书名里,曾有“和谐完满”“世界秩序”的译法。《开篇注》里一度译作“功能的适度”(das Maß der Funktionen),后来译作了“和谐”。

《论语》云:“子曰:‘中庸之为德也,其至矣乎!民鲜久矣。’”卫氏在译著中,就给出两个译文。前一个相对直译,“中庸之为德也”一句,译作“度与中乃人天性之最”③。另一个比较意译,译作“平衡适度,同时强大、温和的心灵,是人性最美的果实”④。(Wilhelm,1910:59)而在《中庸》初稿中,卫氏结合这两种译法,将“中庸”译作“度与中”,又在论述部分,分别译作“专注”与“和谐”。可知卫氏一直在尝试从不同的层面阐释“中庸”的含义。不过另一方面,他还是将“天下之正道”译作“基本法则”,将“天下之定理”译作“世界的绝对理念”,足见他进行“康德化”翻译的决心。

五、《中庸》首章初译

原文:天命之谓性;率性之谓道;修道之谓教。

译文:我们本来的实质源于上帝。这一实质由理性法则所主宰。运用这一理性法则,要依靠教育来实现。或:我们真正的实质来自上帝。这一实质由道德律主宰。道德律通过宗教得以维系。⑤

这是《中庸》正文首句,阐明了中庸之道的要义。卫氏在初稿中,写下了两种译法,思路大致相同,都是以康德哲学为依托,只是后者意译成分更大。按照卫氏的解读,“天

---

① 原文:Dieses Buch beginnt mit der Darlegung einer Idee, im weiteren Verlauf entfaltet es sich und umfaßt die gesamte Welt der Handlungen/Erscheinungen.

② 原文:Sammlung ist das Grundgesetz, Harmonie ist die absolute Idee der Welt.

③ 原文:Maß und Mitte sind der Höhepunkt menschlicher Naturanlage.

④ 原文:Ein recht gestimmtes, zugleich starkes und mildes Gemüt ist die schönste Frucht der menschlichen Natur.

⑤ 原文:Unser eigentliches Wesen stammt von Gott. Dieses Wesen wird durch das Vernunftgesetz regiert. Die Anführung des Vernunftgesetzes wird durch Erziehung erreicht. Oder: Unser wahres Wesen stammt von Gott. Dieses Wesen wird regiert vom Sittengesetz. Das Sittengesetz wird gepflegt durch die Religion.

命之谓性”是指人原初的、真正的实质(Wesen)源于上帝;“率性之谓道”是说人的实质由“理性法则”亦即“道德律”(Sittengesetz)所主宰;“修道之谓教”则有两种理解:一是理性法则靠教育来实现;二是道德律通过宗教得以维系,更贴近康德哲学的观点。在原文中,“道”是整个论述的核心,而到译文中,改为围绕“道德律”来展开说理,实是异曲同工。

原文:道也者,不可须臾离也;可离,非道也。

译文:理性法则一刻不可废除。因为理性法则本身当中,就内化了其绝对的有效性。或:道德律一刻不可废除;因为道德律本身,就包含了其绝对有效性。[①]

在这里,卫氏完全进行了解释性翻译。他强调理性法则时刻具有效力,这种绝对的有效性,正是道德律的内在属性。这一观点毫无例外出自康德哲学。康德哲学认为,道德律表达一种无条件的应当,这种应当发端于上帝的意志,因而道德律是神圣的普遍立法,具有“绝对的有效性”(die unbedingte Gültigkeit)。《中庸》正文说“天下之达道”,卫氏译作“普遍的世界法则”(das allgemeine Weltgesetz),也就是这个道理。而道德律的普遍性,根本在于其自主性(Autonomie)。康德指出,道德律源于实践理性之自主性。换言之,道德律具有普遍效力,是因为它首先具有“自主效力”(autonome Geltung)。朱熹注曰:“子思述所传之意以立言:首明道之本原出天而不可易,其实备于己而不可离。”这个“备于己而不可离”,卫氏译作“它依自身的实质,显于我们自身当中(具有自主效力)[②]”。如此翻译,一是说明道德律的作用方式,二是说明道德律具有自主效力。下文说“中立而不倚”,卫氏译作“它是真正的自主,无须外部的支撑”[③]。这是将康德的实践理性,贯穿于《中庸》的整个叙述当中。

六、《中庸》其余部分初译

归根结底,道德律是一种定言令式(kategorischer Imperativ)的表述。令式是规定性判决,它言明某种应当。定言令式的应当,不因主体性质不同就引导出不同的行为,这才

---

① 原文:Das Vernunftgesetz kann auch nicht für einen Augenblick außer Kraft gesetzt werden. Denn im Begriff des Vernunftgesetzes selbst liegt seine unbedingte Gültigkeit. Oder: Dieses Sittengesetz kann nicht für einen Augenblick außer Kraft gesetzt werden; denn zum Begriff des Vernunftgesetzes selbst gehört seine unbedingte Gültigkeit.

② 原文:[...] es seinem Wesen nach aber in uns selbst gegenwärtig ist (autonome Geltung hat).

③ 原文:Er ist wahrhaft autonom ohne äußere Stützen zu bedürfen.

有实践理性之自主性。与表达"期望"的假言令式(hypothetischer Imperativ)不同,定言令式,不考虑特定的目的,也不考虑意志的质料,只以道德行为本身为目的,因而具有所谓"目的必然性"(Notwendigkeit der Zwecke)。康德讲道德律,提出三大原则,即普遍立法、人是目的、意志自律。第一条普遍立法,即要求任何时候,人的意志准则,同时应是某一普遍立法的原则。卫氏在《教育哲学讲义》中写道:

[康德]三大著作,即讨论人之知、志、情三者,如何可得真、善、美者也?彼以为人之知、志、情,皆有定律[……]为无行为对,终于为外物役,故康德实践理性之批评考察行为之本,而自法他行为,Heteronomy 推及自法行为 Autonomy 始得真正自由行为之平。康氏此说,与孔子之"恕"道相同。①

所谓"而自法他行为推及自法行为",从康德哲学的意义讲,就是指"普遍立法"的道德律第一原则,从儒家学说的意义讲,就是指所谓的"恕道"。孔子的伦理思想,以"仁"为根本观念,实行的方法则有"恕",即"己所不欲,勿施于人"。《中庸》云:"忠恕违道不远。施诸己而不顾,亦勿施于人。"卫氏在初稿中,将"忠""恕"分别译作"自身法则"(sein Gesetz)和"相互法则"(Gesetz der Gegenseitigkeit)。在1919/1920年版《大学》译稿中,又将"恕"直接译为"普遍法则"(das allgemeine Gesetz),后补充为"普遍的理性法则"(das allgemeine Vernunftgesetz),第二稿里译作"理性法则"。可见卫氏事实上,是将儒家的"恕道"直接理解为康德的"道德律"。孔子推己及人的观念是五伦得以建立的基础,也是整个儒家伦理学的精髓。卫氏称之为"儒家伦理的黄金法则"(die Goldene Regel)(Wilhelm,1950:94)。西方伦理学的黄金法则,出自基督教的教诲,即"你们愿意人怎样待你们,你们也要怎样待人"(《马太福音》7:12)。康德不过是用定言令式的形式,以哲学语言表达了这一黄金法则。

康德的令式说:如此去做,以使你的行为准则,能够成为普遍法则。这是积极的说法。意思是说:要这样做!——中国的表述是消极的。它说的是:你不希望……这是属性不同。欧洲人更积极主动。我们不去做的,必定是有缺陷。中国却恰好相反,以对他

① 原文:Der kantische Imperativ lautet:Handle so,daß die Maxime deines Handelns zu einem allgemeinen Gesetz werden kann.Das ist positiv.Es heißt:Handle so! -Das chinesische ist negativ.Es heißt:Was du nicht willst…Es kommt da aufs Naturell an.Der Europäer ist mehr aufs Aktive gerichtet.Wenn wir es nicht tun,so ist es ein Defekt.In China ist es umgekehrt;da steht an der Spitze die Achtung für die Freiheit der anderen.So ist deswegen wichtig,daß man die Grundsätze nicht überschreitet.Macht man es falsch,so ist es im Übergriff.Für den Chinesen ist die Gesamtbezeichnung Übergriff,für uns Fehler.

人自由的尊重为至高原则。①

卫氏解释说，“恕”是“道德律原则的消极表述”，但并没有否定的意思，这是由中文的特性决定的。这一伦理原则的积极表述是“仁”，即“己欲立而立人，己欲达而达人”，也更接近基督教和康德哲学的表述。在《论语》译著中，卫氏用德语的“Sittlichkeit”翻译“仁”。在康德哲学中，“Sittlichkeit”一词指人自主自觉，依据理性和良心行为，译作“道德”或“德性”。在《中庸》初稿中，卫氏用“德性”（sittlich）和“道德”（moralisch）来指称“君子”，以强调君子的品德合乎道德律要求，故有“der sittliche Mensch”“der sittliche Karakter”“die sittlichen Persönlichkeiten”“die moralischen Persönlichkeiten”“ein moralischer Karakter”“der vornehme Karakter”等译法。而谈到“君子之道”时，卫氏或索性译作“道德律”，或译作“道德义务”（die sittlichen Verpflichtungen），又或是“通向完满之路”（der Weg zur Vollkommenheit），均是以康德伦理学诠释之。

不过，在翻译《中庸》时，卫氏坚持以“人性”（Menschlichkeit）来翻译“仁”的概念。理由在于《中庸》讲“仁者，人也”。卫氏将这一表述视作对“仁”的终极定义。梁启超讲：“‘仁’之概念与‘人’之概念相含。再以今语释之，则仁者人格之表征也。”卫氏采纳此观点，认为“仁”字从“二人”，表示“两个人（或多个人）之间的关系”（Wilhelm，1950：99）。因此，卫氏将“仁者，人也”译作“Menschlichkeit ist dem Menschen eigen./Menschlichkeit ist was menschlich ist”。意思是：仁即人性，凡为人所有，即人性的。在《礼记》译著前言中，卫氏指出，儒家不同于一般宗教，其目的不在驳斥异教，使人皈依，而是旨在引人走上正道，使人最终抵达“完整的人性、真正的善”（Wilhelm，1930：14）。卫氏说：

仁爱即人性、合理的人道，是一种社会感受和社会认识，所以人性、仁爱的概念，不仅是孔子伦理学的核心，也是其整个学说的核心。（Wilhelm，1950：75）

又由于“仁”的概念，不是孤立存在的，而是与“德”“义”“礼”“道”等诸多概念一起，共同说明儒家的义理，所以在翻译时，亦不能割裂对待，而要以新的方式组合，构成完整

① 原文：Darum beruht das gute Regiment auf den rechten Menschen. Die rechten Menschen zu gewinnen hängt von der eigenen Persönlichkeit ab. Um die eigene Persönlichkeit zu bilden, bedarf es der Prinzipien; die rechten Prinzipien zu bilden, bedarf es der reinen Menschlichkeit.

Menschlichkeit ist dem Menschen eigen./Menschlichkeit ist was menschlich ist. Liebe zum Nächsten ist das Größte an ihr. Gerechtigkeit ist, was recht ist; Ehrfurcht vor dem Würdigen ist das Größte an ihr. Die Grade der Liebe zum Nächsten und die Stufen der Ehrfurcht vor den Würdigen sind der Ursprung der gesellschaftlichen Ordnungen.

的语内连贯。

原文:故为政在人。取人以身。修身以道。修道以仁。仁者,人也,亲亲为大。义者,宜也,尊贤为大。亲亲之杀,尊贤之等,礼所生也。

译文:因之,良好的治理,在于有正确的人。争取正确的人,在于自身的品性。塑造自身品性,就需要有原则;制定正确的原则,则需要纯粹的人性。人性乃人所有/人性就是人。爱身边的人,就是最大的人性。正义就是适宜;敬重贤人,就是最大的正义。爱身边人的程度、敬重贤人的等级,乃社会秩序的源头。①

卫氏在这里,以“人性”译“人”,以“原则”译“道”,以“爱人”译“亲”,以“社会秩序”译“礼”,呼应“为政在人”,又补充“recht”一词,既有恰当、适合之意,又指正直、公正,说明“人”和“道”的实质,是“正确的人”和“正确的原则”,同时呼应“义者,宜也”,阐明道德的本质乃是非对错的观念,充分利用“recht”的多义性,创造出丰富的语义关联。另外,根据卫氏译稿可知,他习惯以“组”为单位进行概念的翻译。例如《中庸》云:“知、仁、勇三者,天下之达德也。”卫氏就尝试两种可能。他先是将“知、仁、勇”译作“智慧(Weisheit)、人性(Sittlichkeit)和勇气(Mut)”,后又在旁边补充了“智慧、温和(Milde)和强大(Stärke)”。汤一介说,创建一套哲学体系,是从哲学问题出发,先形成一套概念体系,再据概念之间的联系,形成若干基本的命题,最终落到方法上的自觉,还有理论上的分析与综合。换言之,哲学作为一门学问,是从概念问题衍生出来的。因此,核心概念的翻译,可说是哲学典籍翻译的基础工作。而能否实现有效的格义,则是不同思想、文化之间,能否真正实现互通有无的重要前提。因此,以核心概念的翻译为切入点,可以最清楚地了解译者如何进行经典之间的互文性构建。

最后值得注意的是,卫氏1914年版《中庸》译文,正文前后两部分,译法存在明显的不同。《中庸》前半部,论述偏重于形而上,相应卫氏在翻译时,表达也就较为抽象,多选用“道德律”“德性”“世界秩序”“绝对有效性”“普遍世界法则”等哲学措词,而到《中庸》后半部分,涉及修身、治国等具体问题,论及内容更具体实在,因此同样的概念,卫氏的译法与之前有所不同。例如,“德”字的译法,前部分同于“君子”,强调人品的德性,到后半部时,则依据上下文,译法也趋于多变,故有“本质”(das Wesen)、“美德”(die Tugend)、“美德品性”(Tugendeigenschaften)、“效果”(Wirkungen)、“道德品质”(moralische

① 原文:Interesse führt zur Weisheit; Beharrlichkeit führt zur Menschlichkeit; Ehrgefühl führt zum Mut. Oder: Forschungstrieb bringt Weisheit/Stetigkeit (Ausdauern) bringt Milde/Ehrgefühl bringt Stärke.

Eigenschaften)等诸多表达。又如,“道”在后半部分,不再译作“理性法则”或“道德律”,而是多取原则、义务之意,比如“达道”,便不再译作“世界法则”,而是译作“(绝对的)义务关系”[(absolut) verpflichtende Verhältnisse]。但无论译法如何改变,卫氏翻译的整体思路,依然是以康德哲学来诠释中庸思想,这一宗旨是贯穿始终的。

结　语

本文根据卫氏 1914 年《中庸》初稿,总结出其“以经释经,以典释典”的基本翻译思路和手法。具体来说,他是以康德哲学为蓝本,对朱子理学进行诠释,通过对基本哲学概念的格义,实现对儒家学说的整体脉络化,以搭建贯通中西哲学的桥梁。需要指出的是,构建经典之间的互文关系,是卫氏典籍翻译的基本理念。这在卫氏的译著中,虽有不同程度的体现,但由于在正式出版时,卫氏较为注重译文忠实,解释和意译的成分较少,处理往往比较隐晦,研究者很难根据蛛丝马迹,断言卫氏有意要进行经典的互释。正是在这个意义上,卫氏译稿的挖掘、整理和研究工作,具有重大的学术价值。卫氏的每一版译稿,都是他后续翻译的铺垫,为学者真正了解卫氏的翻译观,提供了宝贵的线索和依据。因此,本文首度尝试译稿研究,依托从未发掘的史料,探究卫氏的典籍翻译过程及思路,相信不仅对卫氏翻译思想研究,及中国典籍外译研究将有所贡献,也会为海外汉学研究、中西比较哲学等领域带来有益的启发。

[徐若楠、王建斌:北京外国语大学德语系]

论文

19世纪末20世纪初一位德国牧师笔下的中国佛教

——海因里希·哈克曼对中国佛教的考察和研究

王婉秋

摘要： 德国同善会牧师哈克曼自1894年始，在上海德国新教教会任职，历时七年半，其间曾多次到附近的佛教寺院参访，之后更是进行了两次东亚长途旅行，遍访著名的佛寺及佛教名山，留下了很多珍贵的旅行日记、信件和照片等。在哈克曼后来的学术生涯中，他也把对中国佛教的研究作为主攻点，发表了大量相关文章，并出版多部专著、翻译著作和一部佛教辞典。本文试图对哈克曼的佛教考察和研究作一概括性的介绍。

关键词： 哈克曼　旅行考察　中国佛教研究

19世纪中期之后，更多的西方人进入中国，其中包括官员、商人、士兵、船员、神职人员、学者、旅行家等。他们中的许多人从他者的角度对中国当时的社会制度、政治经济状况、风俗文化、宗教信仰以及国土地貌等进行了描述、分析、研究，在一定程度上促进了西方人对于中国的认识，也为现在我们了解中国当时的各方面情况提供了部分资料。比如德国著名地理学家李希霍芬（Ferdinand von Richthofen，1833—1905）就曾于19世纪六七十年代到中国考察了近4年时间，并发表了5卷本著作《中国》（*China*），为中国的地质、地理研究做出了重要贡献。他提出的"丝绸之路"这一说法，更是为人们所熟知①。除了李希霍芬，当时还有许多西方人也对中国的各个方面进行了不同程度的考察。他们留下的记述有些带有较重的主观色彩，有些则较为客观。而根据这些西方人受到的教育、从事的职业以及目的、兴趣的不同，他们的考察和记述也各有侧重点。本文中介绍的德国同善会牧师哈克曼就对中国的宗教问题非常感兴趣。

---

① 参考：Ferdinand Freiherr von Richthofen，*China*，*Ergebnisse eigener Reisen*，Band 1.Berlin：Verlag von Dietrich Reimer，1877，S. XVII，S.496.在本书的目录中李希霍芬列出了题为"Seidenstrasse des Marius"的小标题，并在书中第496页作了进一步介绍，"Seidenstrasse"即为"丝绸之路"。

一、哈克曼的生平简介

海因里希·哈克曼(Heinrich Hackmann)1864 年 8 月 31 日出生于德国的奥斯纳布吕克(Osnabrück)[①]。1883 年,他开始在莱比锡(Leipzig)大学学习神学。在那里,温迪士教授(Ernst Windisch,1844—1918)开设的"佛教历史和教义"讲座给他留下了深刻印象,引起了他对中国佛教研究的兴趣。1886 年,哈克曼在哥廷根(Göttingen)大学完成了学业。由于对当时基督教持批判态度,他并不想在德国的教区任职。1893 年,一个偶然的机会,哈克曼获得了德国同善会(AEPM:Allgemeiner Evangelisch-Protestantischer Missionsverein)在中国上海刚成立不久的新教教区的牧师职位,那里的氛围更加自由,他也终于可以在当地研究中国的佛教。于是,自 1894 年 4 月起,他在上海开始了长达七年半的牧师生涯。在任职期满后,哈克曼并未立即返回德国,而是开始了他的第一次东亚长途旅行,因为对东亚宗教进行研究,一直是他的学术目的之一。在上海期间,哈克曼就非常勤奋地学习了中文,并且已经到过周边的一些地区参访佛教寺院等,他想在旅行中通过自己的感观来搜集中国宗教的基本资料。哈克曼的第一次长途旅行几乎完全步行,花了两年时间(1901—1903 年)走过了中国、日本、朝鲜半岛和缅甸的偏远地区,许多地方之前很少甚至完全没有欧洲人到过。1903 年 11 月哈克曼回到欧洲,继续在英国担任新教牧师。1910 年他又开始了第二次中国旅行。通过西伯利亚大铁路到达蒙古,又乘马车穿越戈壁沙漠到达中国,经过北京,并在山东的崂山上清宫中生活了两个月,以便观察道士们的生活方式和组织形式。接下来他又访问了日本、越南、泰国、新加坡和喜马拉雅山地区,然后他从印度的孟买回到伦敦,历时近两年。

1913 年,由于他在远东宗教方面的卓越学识——就像他发表的众多文章所证明的那样,他被荷兰的阿姆斯特丹(Amsterdam)大学任命为"宗教史学"教授。至此,哈克曼终于谋得了一个学术职位。从那时起,他完全致力于学术研究,撰写了许多文章,并出版了多部专著。哈克曼在旅行中对中国的社会、民族、经济、政治多方面都进行了考察,其中最引人注目的还是他对中国宗教特别是佛教的考察,这也是他一直以来学术研究的重点。下面,本文就从哈克曼的两部旅行日记、手稿以及众多研究中国佛教的考察报告及学术著作中来了解一下 19 世纪末 20 世纪初,一位德国牧师笔下的中国佛教。

---

① 参考:Fritz-Günter Strachotta, *Religiöses Ahnen, Sehnen und Suchen. Von der Theologie zur Religionsgeschichte*. Frankfurt am Main:Peter Lang,1997.

二、哈克曼在旅行中对中国佛教的考察

从1894年起,哈克曼在上海任职,佛教四大名山之一——观音菩萨的道场普陀山离上海很近,是他在闲暇时钟爱的旅行地点之一。1896年,他在普陀山参观之后,写下了《罗多法日一周》(*Eine Woche bei den Lotophagen*)[①]一文,1898年再次参观后又写下了《中国佛教僧侣》(*Buddhistisches Mönchtum in China*)[②]一文。

哈克曼对普陀山的第一印象是,这是"一座美丽和平的岛屿"。哈克曼称赞它就像《荷马史诗》中的罗多法日[③]一样美好。他住在岛边靠海的一座叫羼提庵(德文为Kwang ti tien,应该就是羼提庵)的小寺庙中。他来到岛上之后就抓紧时间到一些寺庙中参观,在他看来普陀岛上的寺庙艺术性不高,但是宗教文化气氛浓郁,因此他把重点放到了对僧侣们的日常活动的考察中来。岛上的两大寺庙普济寺和法雨寺是他要参观的重点,总体上他认为普济寺给人一种破败的印象,而法雨寺看上去则较新也较为舒适;两寺的住持都非常有礼貌,但是法雨寺的住持要比普济寺的更加友好。就哈克曼看来,这两位住持有些不和,他猜测这大概是由于相互之间天然的竞争关系和宗教思想的不一致造成的。在法雨寺,哈克曼参与了住持的讲经活动,住持所讲的佛教关于痛苦和解脱的理论引发了哈克曼的思考,他对于这个问题特别是在这方面与基督教的对比非常感兴趣。

哈克曼第二次来到普陀山是与妻子同行,还是住在羼提庵中,不过他上次来时这座寺庙中的僧人已经搬到了另一座庙中,接待他们的是另一些人。这次他们正赶上朝拜期,来普陀山朝拜的人很多,佛教僧侣们也举行了更多的宗教仪式。早上4点,大钟就敲响了,僧人们穿戴洗漱完毕开始进入大殿上早课。僧人们口中唱的是他们自己也不懂的梵文,哈克曼仔细听他们的声音,发现其中重复出现"阿弥陀佛"的佛号,这里他解释阿弥陀佛创造了后来的佛教,与观音一起成为西方净土的"保护神"。他还提到了观音菩萨在普陀山起到了佛的作用,而阿弥陀佛的名号则被所有的僧人广泛地使用,无论是问候或者答谢,还是道别都会用到。早课的时间大约持续了一个小时或者更长,僧人们的一天由此开始,日复一日不断重复。普陀山上的寺庙很多,不同寺庙的僧人也不一样,大的庙宇中有300多人,小的只有三四个人,除了僧侣,岛上还住着上百位居士。哈克曼却

---

① Heinrich Hackmann, "Eine Woche bei den Lotophagen." in: *Christliche Welt*, 11 (1897), Nr 28, 654ff; Nr.29, 681ff.

② Heinrich Hackmann, "Buddhistisches Mönchtum in China." in: *Christliche Welt*, 13 (1899), Nr.1, 16-18; Nr.3, 63ff; Nr.5, 85ff.

③ 罗多法日是《奥德赛》中奥德修斯船队在海上到达的地方。当奥德修斯的漂流船队到达罗多法日(Lotophage)人的海岸,大兵们上岸补给过水和食物后,奥德修斯派三个人上岸打听情况。岸上的人没有伤害他们,反而给他们吃蜜饯般的lotos果,吃过以后,把一切都忘记了。这里罗多法日是乌托邦一样的存在。

认为现在中国的僧侣是天真、传统的，他们盲目地按照习惯做着日常活动，却不能深入地了解佛教的真谛，或许在这些不拘于形式的隐居者中还能找到古老佛教的真理。从哈克曼的叙述中，我们看到，他对于当时中国佛教的基本情况有一些了解，但是也存在着许多误解，比如他认为阿弥陀佛创造了后来的佛教，这显然是一个错误。不过他从自身的观察中，了解了一些当时普陀山上僧人们的日常活动和作息修行安排，这是对于中国佛教现状进行考察的重要资料，也为他之后的学术研究提供了便利。

在哈克曼牧师任职期满后，他决定先到浙江的金峨寺进行休整并为旅行做准备。于是，从 1901 年 11 月至 1902 年 4 月，除了一些短途的旅行，他和妻子一直都住在这里。一个来自宁波的英国家庭租赁了金峨寺东部建筑的上层，并将其布置成欧洲的样式，还配有当时寺庙中少有的玻璃窗，因此在那里生活非常舒适便利。对于这段生活哈克曼写下了《中国佛教寺院内的生活》(*Buddhistisches Klosterleben in China*)①一文。在这篇文章中他先是以一位渐渐走进寺庙的观察者的身份，描述了一路上的景色和建筑，比如“来仙亭”、石砌拱桥，还有供奉着土地神的祭坛，又比如“巨人”一样高大挺拔的针叶林。过了阻挡“杀气”的“影壁”，整座金峨寺便呈现在了眼前。哈克曼其后详细地描述了金峨寺内的建筑和构造②，并做了解释，这有助于我们了解他当时对于佛教的认识程度。比如他写道，弥勒佛大肚含笑，象征着安乐富足，这是佛教徒所祈求的。正殿的圣坛最主要，最大的那尊是佛陀释加牟尼。他的左右两边分别是普贤菩萨和文殊菩萨，前面有一座较小的像，是观音菩萨，她在中国是最受崇拜的。哈克曼认为，大多数来殿中求神拜佛的中国人并不清楚菩萨和佛的区别，只是从众地认为有些神的法力大，有些神的法力小。这里在原文中两位菩萨的名字的中文标注是错误的，“观音”写成了“管音”，“文殊”写成了“文如”，这可能是哈克曼的错误，也有可能是出版时的错误，这里不再讨论。不过我们看到，哈克曼对于佛教在中国民间的状况有一定的了解，这可能是从他的实际观察中得来的。后面关于寺院内的人员组织和分工，以及寺院日常活动和经济情况的详细描述，更是哈克曼通过一点点的耐心观察和实地考察得来的。这种直接的方式为他的宗教史研究提供了宝贵的一手资料，对此他也十分重视。哈克曼是了解佛教的戒律的，因此他也从是否遵守戒律的角度考察了金峨寺僧侣的活动，结论是“这些外部的行为已经体现出寺院生活和佛教创始人的要求相去甚远，就更别提在精神方面的差异了”③。这里哈克曼显然发现了佛教无论是在中国民间还是在寺院中已经与原来的佛教有了相当多

① Heinrich Hackmann, “Buddhistisches Klosterleben in China.” in: *Ferne Osten*, 1 (1902), S.235-256.

② 可参考张蔚对本文的翻译，附于下文后面——沈弘：《1901～1902 年间的浙江鄞县金峨寺——论一位德国传教士为我们保存的珍贵历史记忆》，载于《文学艺术研究》，2009 年 5 月第 2 卷第 3 期。

③ 同上，第 38 页。

的不同，其精神更是与真正的佛教精神有所差异。这也正是当时中国佛教无法忽视的隐患，哈克曼在他的旅行中敏锐地发现了这一点，对于一个外国人来说是难能可贵的。

离金峨寺不远的天童寺是宁波附近的又一重要寺庙，1902 年 3 月的两天，哈克曼去那里游览，并写了《中国浙江省的天童寺》(*Das Buddhistenkloster Tien-Dong in der chinesischen provinz Chekiang*)①一文，这篇文章属于游记性质。据哈克曼记载，天童寺像一座小村庄，当时有 200 多位僧人和 100 多俗家教众住在这里。寺中没有中央组织机构，却有着很好的分工和组织。哈克曼所记载的大雄宝殿与现存的相似，是明代时的建筑，但是当时中间的释迦牟尼佛像前还有一块高一米的装饰很好的木板，上书“万岁万岁万万岁”字样，这在当时的寺庙中是很常见的，哈克曼在描写其他寺庙时也提到过这一点。此外，哈克曼还提到方丈殿内有一纪念堂，用装饰精美的一块块小木板记录了历代方丈的名字等，他估计木板的数量大约有 150 块。他还注意到，年龄超过 60 岁的僧人是可以不参加各种宗教仪式和履行各项义务的，他们有一处舒适的住处专供养老，当然是否搬到这里居住是自愿的。哈克曼到天童寺的时候，正是光绪二十八年(1902)，这一年，主持天童寺的敬安法师进行了一项改革，即将十方丛林继承制度改为十方选贤制度，这是佛教丛林史上的一项重要改革，不过哈克曼到这里只有短短的两天，他显然并没有感觉到与此相关的氛围，但是他却注意到了清政府的改革，即光绪皇帝和当时的政务大臣张之洞计划将十分之七的寺庙改为学校的庙产兴学运动。这里他敏锐地觉察到，中国的寺庙传统牵涉众多，庙产兴学不是可以简单达成的。

浙江天台山是哈克曼拜访过的又一佛教重地，拜访时间是 1902 年 4 月。天台山位于浙江省东部，公元 570 年南朝梁佛教高僧智颛在此建寺，创立了天台宗。哈克曼在天台山游历，写下了《一位中国佛教高僧和他在当今中国的痕迹》(*Ein Heiliger des chinesischen Buddhismus und seine Spuren im heutigen China*)②和《来自佛教的解脱方法》(*Aus der Heilsmethodik des Buddhismus*)③这两篇文章以及一本 82 页的日记手稿《我的天台山旅行日记》(*Tagebuch meiner Reise nach dem T' ien-t' ai-Gebirge*)④。其中第 2 篇文章是对于天台宗经典《摩诃止观》的一些论述⑤。而第 1 篇，前半部分是根据《天台智者大

① Heinrich Hackmann，“Das Buddhistenkloster Tien-Dong in der chinesischen Provinz Chekiang.” in：*Zeitschrift für Missionskunde und Religionswissenschaft*，17 (1902)，S.173–178.

② Heinrich Hackmann，“Ein Heiliger des chinesischen Buddhismus und seine Spuren im heutigen China.” in：*Zeitschrift für Missionskunde und Religionswissenschaft*，18 (1903)，S.65–72.

③ Heinrich Hackmann，“Aus der Heilsmethodik des Buddhismus.” in：*Zeitschrift für Missionskunde und Religionswissenschaft*，17 (1902)，S.360–367.

④ Heinrich Hackmann，*Tagebuch meiner Reise nach dem T' ien-t' ai-Gebirge* 10.4.–26.4.1902 [*Text mit Photographien*] (82 P.)-RKS Mbg HHS.

⑤ 本文后面还会提及此文，此处不再多述。

师别传》介绍了智者大师(智𫖮大师的另一个称呼)的事迹,后半部分则有相当一部分是从上面提到的日记中摘录下来的,甚至还附有一幅简单的示意图,介绍了华顶寺的大致布局。哈克曼的日记手稿则比较详尽地记载了他在天台山的参观经历,并且带有许多照片和当时哈克曼接收的名帖。日记的开篇还有一幅简单的浙江地图,上面标注出了哈克曼从宁波到天台山又经绍兴返回的路线。哈克曼当时拍摄的照片有寺院,也有风景,都是较早的影像记录,是非常珍贵的资料。而日记中夹杂的名帖则让我们直观地了解到他当时与哪些人有过交往[①],比如华顶寺监院功严、华顶寺知众一㳚、上方广寺知客碧安、上方广寺监院西安、真觉寺知客性通、真觉寺衣钵师谛隆、真觉寺库房定圆、国清寺妙宣、国清寺主堂知客显法、太平庵住持授轮等。

1902年6月,哈克曼到杭州及附近游览参观了那里的寺庙。对于这次旅行哈克曼并没有游记性质的文章发表,但是有一本51页的日记[②]留存了下来。这本日记的时间从1902年6月10日至25日,其中自然不乏许多珍贵的照片和他与僧人们交际往来的名帖。从中我们可以看出哈克曼在这段时间先后拜访了杭州的昭庆律寺、云林寺(灵隐寺)、上天竺法喜寺,西湖招贤寺、慈胜寺,东天目山昭明禅寺,西天目山禅源寺等。日记中夹杂的名帖显示,当时与哈克曼有过直接交往的有昭庆律寺客堂瑶峰、方丈发朗,天竺法喜寺住持真润,招贤寺住持真慧,昭明寺副寺智慧,禅源寺客堂慧本、后堂师隆修等。其中比较有趣的是慧本还赠送了哈克曼一首诗,并把哈克曼(当时一直称为哈克满)的名字嵌入其中,如下:

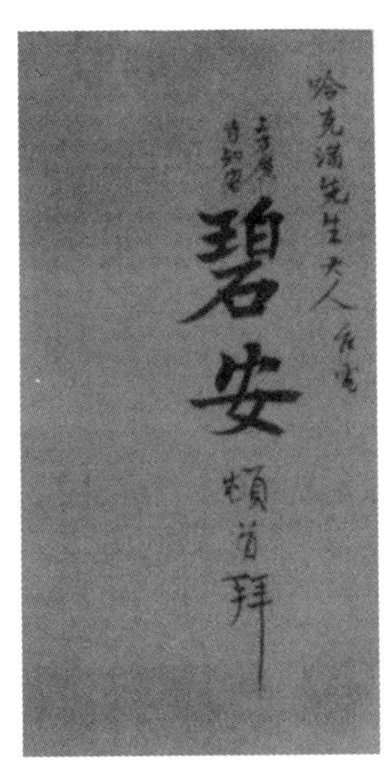

与哈克曼往来僧侣的名帖
(出处:RKS Mbg HHS)

德国哈克满先生台览　僧慧本拜赠

哈哈一声好德国,耶稣教主来娑婆。
克己为仁复救世,满行天下自安乐。

① 当时名帖上对于哈克曼的称呼是"哈克满",但是鉴于现在通常把Hackmann译为哈克曼,所以本文没有依原来的写法。当时名帖上的一般写法为"哈克满先生 大人/阁下 某职称某人 顿首拜/合十"。

② Heinrich Hackmann, *Tagebuch über die Reise zu den Klöstern in der Umgebung von Dang-chow und Soo-chow vom* 10.6.–25.6.1902 (51 P.) -RKS Mbg HHS.

值得注意的是,哈克曼在1903年2月份的时候在南京拜访了杨文会居士,与他进行了数小时的交谈,并且得到了一些关于佛教的书籍。这除在他的日记中有所体现之外,在他1911年出版的文章《中国佛教宗派》(*Die Schulen des chinesischen Buddhismus*)[①]中也提到过。这篇文章中哈克曼翻译了杨文会居士的《十宗略说》。之后他在把包括这篇文章在内的自己的一些文章装订成册时,还在这篇文章边上翻译了杨居士去世时《神州日报》刊载的纪念文章,并且附上了杨居士的遗照。可见哈克曼还是非常敬重这位老先生的。

除上述已经发表的文章外,关于这段旅行还有哈克曼的日记手稿可以参考,从中我们可以看出,哈克曼至少去过广东的三元宫、华林寺,福建的长庆禅寺(西禅寺)、涌泉寺、嵩山寺,江西的普通寺、碧涛庵、寿昌寺、龙虎山正一观[②]、正觉寺、万寿宫、归宗寺、万杉寺,安徽海会寺、九华山[③]的甘露寺、祇圆寺、百岁宫、东崖寺,江苏江天寺、兴教寺、天宁寺、法海寺、定慧寺、慧居寺、毗卢禅寺,湖北的洪山宝通寺、归元寺,重庆的华严寺等众多佛寺和道观,这部分资料还有待以后继续挖掘。

哈克曼出版的第一次东亚长途游记《从峨眉到八莫》(*Vom Omi bis Bhamo Wanderungen an den Grenzen von China, Tibet und Birma*)[④],开始于他对峨眉山的记述。峨眉山作为佛教四大名山之一,是普贤菩萨的道场。哈克曼了解到,早在佛教进入中国之前,这座山对于周围的居民来说已经是一个神圣的地方了。之后佛教僧侣快速地占领了这个地方,并把它发展成了一流的佛教圣地。有证据显示,从3世纪开始这里已经有了庙宇的建制。在峨眉山的每一座庙宇中都能找到骑在白象上的普贤菩萨的塑像。当时峨眉山上寺庙众多,哈克曼得知的数目是62座,其中许多是在几个世纪前建造的。这些寺庙曾经非常奢华,体现着高度发展的宗教艺术。虽然现在整体上已经衰败了,但从少数残余的胜迹中还能看到为数不少的异常美丽而高大的青铜器,证实着令人惊叹的高超技艺。

哈克曼到达后的第1天(1903年5月11日)住在1200米高的万年寺,这是明代建造的。第3天一大早他就从万年寺出发,和一位挑夫向山顶进发。途中的山路非常寂静,在这个时节来峨眉山的朝圣者还很少。他们一路攀登,终于在傍晚到达山顶。哈克曼投宿在金顶寺,受到了友好的接待。他本觉得寺中也无甚特别之处,但是在晚上大约9点

① Heinrich Hackmann, "Die Schulen des chinesischen Buddhismus." in: *Mitteilungen des Seminars für Orientalische Sprachen*, 14 (1911), 1. Abt., Ostasiatische Studien, S.232-266.

② 此处哈克曼见到了正一道第62代天师张元旭。

③ 佛教四大名山之一,九华山是地藏王菩萨道场。

④ Heinrich Hackmann, *Vom Omi bis Bhamo Wanderungen an der Grenze von China, Tibet und Birma*, Halle/Saale 1904; Berlin 1907.

的时候,一位僧人把他领到了一座小堂中。这座小堂是直接建在峭壁上的,被铁质围栏围住,以防有人跌落下去。于是他们站在深不见底的悬崖边,然后神奇的星星点点的光出现了,这令哈克曼想到了《创世记》,似乎再现了上帝创造光的景象,同来的那位僧人虔诚地低声呢喃着:"观音之光,观音之光。"不过哈克曼对此的解释非常不浪漫,他认为这是磷火,在深渊中以非常罕有的方式被大量看到。这是当时较为流行的解释,不过是否如此,至今还没有定论。但是无论如何,这样的景色带给人们的是美好的感受,哈克曼就认为在这样的美景面前,一切宗教都不足为道。之后哈克曼在外面待了整晚,第二天一早又来到这里看日出,他在这里伫立良久,认为这种感受非语言所能表达。

哈克曼在山顶停留了三天,参观拜访了许多寺庙,对于一些新奇的细节进行了研究。在 5 月 16 日,他又离开顶峰,返回了万年寺。之后他细致地参观了万年寺的毗卢殿、无梁砖殿(Backsteinhalle),对其建构作了详尽的描述。他还了解到当时万年寺的僧侣数量。其实人数很少,毗卢殿有 16 人,砖殿有 10 人,新殿有 7 人。哈克曼与毗卢殿的住持平光也有着不错的交往,当时平光住持已经 73 岁了。平光住持喜欢来到哈克曼住宿的小间,或者他们傍晚坐在主庙的台阶上乘凉,他向哈克曼介绍他的僧侣生涯和这里的寺庙建制。他也常常抱怨,哀叹在这座神圣的山上佛教地位正在下降,僧人们也很少,他们常常很无知而且对经书也不感兴趣。这或许是当时佛教在中国式微的表现之一。

哈克曼对于峨眉山上的寺庙评价也是如此:"若说万年寺给人留下了贫乏的印象,其他为数较多的小寺庙则更甚。看过中国中部和东海岸省份的雄伟的佛寺后,再看这里,每个人都会有这样的印象,这一无艺术的农民宗教只是在勉强维持生存而已。大多数的殿堂都是为朝圣者准备的,也依赖朝圣者生存。因为尽管寺庙寒酸,朝圣者的人数却很巨大。这座山的古老的神圣性依旧发挥着同样的力量。"①作为中国佛教的四大圣地之一,峨眉山离其他三个距离较远,但是景色总令人惊喜,寺庙和僧侣或许并不吸引欧洲人,但是宁静的氛围令人愉悦。哈克曼在第一次旅行中对中国佛教的考察也结束于此。

1910 年哈克曼开始了他的第二次长途旅行,历时两年,同时他也把自己的游记发表在《基督世界》(*Christliche Welt*)等报纸和杂志上。这些文章在 1912 年集合为一本书出版,书名是《东方的世界》②,这本游记在当时很受欢迎,很多学者都发表了评论。1914 年

① Heinrich Hackmann, *Vom Omi bis Bhamo Wanderungen an der Grenze von China, Tibet und Birma*, Halle/Saale 1904; Berlin 1907, S.26.

② Heinrich Hackmann, *Welt des Ostens*, Berlin: K Curtius, 1912.

就有一个英译本问世，书名为《一位德国学者在东方》(*A German scholar in the East*)①。此外哈克曼还有一本日记手稿记录了这次旅行。

哈克曼在他的第一次旅行中已经游览过普陀山、九华山和峨眉山，这次他终于来到了五台山，完成了他的中国四大佛教名山之旅。他在游记中首先记录了五台山的基本情况。五台山是文殊菩萨的道场，顾名思义，有东、西、南、北、中五台，其中以北台最为著名，海拔超过3000米。各个寺庙也分散在各山峰上，并不集中在一起。哈克曼认为，五台山引人注意的是汉传佛教与藏传佛教的相互影响和融合。哈克曼住在半山腰的一座禅宗临济宗寺庙——南山寺中。据他观察，中国当时中部和北部的寺庙四分之三都属于临济宗，但是却渐渐失去了以禅修为中心的修行方式。南山寺的住持并不住在寺中，而是住在北京，那种都市生活似乎比山中的寂静更适合他，因此接待哈克曼的是“监院”和“知客”。他们对于历史和礼拜仪式都很熟悉，但是对于宗教性的知识掌握不多。宗教生活对于他们来说是一种习惯。他们对待帮助修缮寺庙和道路的农民和劳工一点也不宽容。之后哈克曼记述了一些他与寺院中僧人的交往，其中他特别欣赏一直给他做向导的老僧人。这位僧人虽然已经超过六十岁，但是身体健壮，在爬山路时帮哈克曼背着包裹却显得比他还精神。他在拜佛时也非常虔诚。当哈克曼送给他小礼物时，他开始时坚决不收，后在哈克曼的劝说下才收下。他还在哈克曼要离开时送给他“五台山草药”，并告诉哈克曼，在身体不适时把它们当茶喝，一定会好的。哈克曼感叹，若是这位僧人的虔诚和善良愿望能够进入这些草药中的话，所有的病都会好的！此外哈克曼还游览了极乐寺、罗睺寺、显通寺、兴国寺、普乐院、慈福院、镇海寺、广华寺、文殊寺、灵应寺、殊像寺、旃林寺、观音洞等多处地方，记录了那里的寺庙景物和建制。在第二次长途旅行之后，他没有机会再来到中国，他的精力也主要放在了学术研究上，而他研究的重点正是中国佛教。

三、哈克曼的中国佛教研究

哈克曼的佛教研究大致可以分为五种：一是宗教社会学的考察报告；二是中国佛教史和现状研究；三是经典译介和辞典编纂；四是佛教教理研究；五是宗教对话与宗教比较，主要是佛教与基督教的对比研究。

1.考察报告

上文我们已经叙述了哈克曼在旅行中对中国佛教的考察。他到过的地区包括浙江、

① Heinrich Hackmann, *A German scholar in the East. Travel, scenes and reflections*. Translated by Daisie Rommel. With 21 Illustrations from the Auhor's Photographs, London: 1914.

福建、广东、江苏、安徽、江西、湖北、湖南、直隶、山东、山西、四川、云南、北京、天津、上海等多个省市,考察了包括佛教四大名山在内的众多大大小小的寺庙。在游历过程中,他也勤于动笔,写下了大量的日记,并发表了一系列的游记。这些游记一方面反映了哈克曼的旅行经历,另一方面也是对当时当地佛教寺庙和僧侣生活的一种观察记录。从这个角度来讲,这些文章又属于宗教社会学的考察报告。虽然上文已经提到过这些文章,我们还是简要地把这些报告再作一下分类,以期更加清晰地了解哈克曼都考察了哪些内容。首先是对于佛教建筑的考察,涉及的有一座寺庙的结构、内在布置等。以浙江天童寺为例,哈克曼就较为详细地描述了天童寺各个大殿和僧侣生活区所处的大致位置以及各大殿内部的布局等,比如大雄宝殿中有三座高约 10 米的佛像,边上有代表僧团的十八罗汉像等。其次是对于佛寺规模和僧侣数量的概括。还以天童寺为例,他记载天童寺就像一座小村庄,生活在其中的出家僧侣有 200 多,俗众也有 100 多。再有是对于僧人生活的考察。他经常提到寺院中僧人的作息习惯,比如普陀山在早上 4 点就会敲钟,僧人们便会起床洗漱,准备上早课等;他也会从佛教戒律的角度来考察僧人们的生活是否合乎规格,比如他提到金峨寺和五台山南山寺的僧人们并不遵守有些戒律。以上这些内容,差不多是哈克曼每到一座重要寺庙或者他住得比较久的寺庙时都会提到的。这些内容虽然有些烦琐,也无甚趣味,却为我们构建了当时最普通和普遍的佛教寺院生活状况,对于宗教社会学研究具有重要意义。另外,哈克曼通过这些实地的考察,也更进一步地了解了中国佛教的现状和各地佛教的差异,同时也为他的其他研究奠定了基础。

2.中国佛教史和现状研究

《佛教》(*Der Buddhismus*)①一书是哈克曼最重要的专著之一。全书分为三大部分,也可以说是 3 卷本,因为最初是分 3 卷出版的,后来再版时合订在了一起。第 1 卷题名为《佛教的起源和扩展的历史》,第 2 卷为《南传佛教和藏传佛教》,第 3 卷为《中国、朝鲜和日本的佛教》。从各卷的题名可以看出其大概内容。第 1 卷又分为“佛陀及其学说”和“历史概要”两大部分,后一部分又分为“印度”和“印度半岛以外”两个阶段(包括斯里兰卡、东南亚地区、藏传佛教地区、中国内地、朝鲜半岛、日本)。第 2 卷分为 6 章,第 1 章说明南传佛教与北传佛教的分际;第 2 章概说南传佛教;第 3 章从寺庙建构、僧侣生活、宗派及改革和对于普通教众的影响等方面介绍了斯里兰卡的佛教;第 4 章关于缅甸佛教,介绍了那里佛教的等级划分、寺庙建筑和僧侣生活及民众生活与佛教的关系等相

① Heinrich Hackmann, *Der Buddhismus*.Erster Teil:Der Ursprung des Buddhismus und die Geschichte seiner Ausbreitung, Heft 4, Halle/Saale 1905;RV Heft 1/2 Tübingen 1917.Zweiter Teil:Der südliche Buddhismus und der Lamaismus, Halle/Saale, Heft 5;RV Heft 5, Tübingen 1906.Dritter Tell:Der Buddhismus in China, Korea und Japan, RV Reihe III Heft 7, Halle/Saale 1906.Der Buddhismus (Sonderausgabe), Halle/Saale 1906.

关方面的内容;第5章叙述了暹罗佛教的主要情况;第6章探讨有关藏传佛教的相关内容,主要涉及寺庙建筑和内在布置、众神体系、宗教经典、喇嘛的生活和修行、宗派、等级制以及普通民众的宗教等方面的内容。第3卷分为3章,分别介绍了中国佛教、朝鲜佛教和日本佛教的基本情况。基本上是从寺院、僧侣、宗派和民众生活与佛教关系几个方面来考察,还叙述了中国和日本佛教的宗派情况,特别介绍了中国佛教的著名寺庙。这部著作的内容虽然多是一些基本知识的介绍,但是却包含了哈克曼的许多心血。从上文我们也能看出,书中所涉及的地理区划多是哈克曼旅行经过的地方,所以许多内容是哈克曼实地考察的结果。这在当时来说反映给德语读者一个较为真实和生动的佛教世界,对于现在的我们来说,又是了解那时佛教基本情况的重要资料。这部著作还有一个英文版[①],是哈克曼在德语版基础上修订扩充而成,题名为《作为宗教的佛教——它的历史发展和现状》,这个名字或许能更好地反映这部书的内容。

哈克曼研究中国佛教相关方面的文章主要还有《中国佛教和佛教中国》(*Chinese Buddhism and Buddhist China*)[②],《关于中国佛教——哈克曼的遗留片段》(*Zum chinesischen Buddhismus.Hinterlassenes Fragment von Heinrich Hackmann*)[③]等。

《中国佛教和佛教中国》这篇文章是用英文写成的。开篇先介绍佛教传入中国的过程和在中国的发展阶段,又提及佛教的十个宗派,之后论述佛教在哈克曼所处时代的大致情况。哈克曼认为当时中国的佛教僧侣的宗教生活在不同地方是不一样的,他还根据自己的实际经历举出了各地的一些不同之处,并提到《参学知津》这本书可以作为参访佛教寺庙的向导。在文章的最后,哈克曼指出,中国作为一个整体并不是一个佛教国家,但是佛教信仰在中国占有重要的地位,根植于当时民众的社会生活之中。这篇文章总体说来无甚特别之处,属于普及佛教相关知识类的文章。

《关于中国佛教——哈克曼的遗留片段》这篇文章是根据哈克曼的遗稿整理出版的。从文章前面的出版说明,我们了解到这篇文章的写成时间大约在哈克曼的第一次中国旅行之后,并且他当时计划写一本书,名字就是《关于中国佛教》。文章的后面还附有这本书的写作提纲,计划写两卷,不过后来并没有写成。后来出版的这部分是第一卷的开头部分,第一章"寺庙建筑"和第二章"宗教崇拜相关设施"的一小部分。在文章中,哈克曼区分了庙、寺、庵、殿、阁、宫、堂、观等名称,介绍了寺庙建筑的基本样式以及佛教的

---

① Heinrich Hackmann, *Buddhism as a Religion: Its historical development and its present conditions*. From the german, revised and enlarged by the author, Probsthain's Oriental Series. Vol.II, London 1910 [Reprint].

② Heinrich Hackmann, "Chinese Buddhism and Buddhist China." in: *Chinese Recorder*, 1910, Nr.41, S.770-780.

③ Heinrich Hackmann, "*Zum chinesischen Buddhismus*. Hinterlassenes Fragment von Heinrich Hackmann + Vorbemerkungen des Herausgebers [E.H.von Tscharner]." in: AsSt 3/4, Bern 1951, S.81-82 u.S.83-112.

崇拜对象;佛和菩萨在寺庙中的塑像样式、位置以及相关情况。后来大概由于已经有了《佛教》这本专著的出版,又或者时间方面的原因,哈克曼最终没有完成这部著作,这不能不说是一种遗憾。

3.经典译介和辞典编纂

对于佛教经典和相关文章的翻译是哈克曼一直兢兢业业从事的工作。他的翻译包括杨文会居士的《十宗略说》①、宋代居士王日休的《龙舒净土文》②,以及较早的佛教汉译经典《四十二章经》③等。此外哈克曼把历代《高僧传》中的人名做了索引④,并附上了外文发音,他虽然没有翻译《百丈清规》⑤,但是在一篇文章中对其做了重点介绍,我们暂时将此两种也列在译介类别中。

上文已经提到过,哈克曼于 1903 年 2 月在南京拜访了当时著名的佛教居士杨文会,从他那里了解了许多佛教知识,并得到了一些佛教书籍,《十宗略说》正是他当时从杨文会居士那里直接得来的。这篇译文出版于 1911 年,较他的其他几篇译文要早很多。不过哈克曼并不只是简单地翻译了这篇文章。这篇名为《中国佛教宗派》(*Die Schulen des chinesischen Buddhismus*)的文章由引言、译文和结论三部分组成。在引言部分,哈克曼主要提到了一些前人的相关研究,并指出在中国佛教宗派的研究上,德国甚至西方还缺乏最基本的认知,因此填补这方面的空缺是必要的。之后他提到了自己结识杨文会居士的过程,从他那里得到了《十宗略说》这篇文章。他认为这篇文章对于了解中国佛教宗派具有基础性的意义,因此有必要全文翻译为德文。由于《十宗略说》全文并不长,因此译文采用了德中对照的方式,德语译文在左,竖排排列的汉语原文在右。哈克曼还给译文加了许多注释,对于一些地名、人名和佛教名词(其中许多在译文正文中只是用标音的方式表示)作出了解释。哈克曼将《十宗略说》篇名翻译为 *Kurzer Bericht über die zehn Schulen*,下分 10 章的各宗派名称分别用标音加括号内德文释义的方式表示。译文简单明了,难于理解之处均用注释加以解释,可以说是较好的译本。结论部分,哈克曼首先简要列出了十宗及其创始人和创始时间,以及与日本宗派的关系,之后着重探讨了十宗的

① Heinrich Hackmann,"Die Schulen des chinesischen Buddhismus." in:*Mitteilung des Seminars für Orientalische Sprachen* 14(1911),1.Abt.,Ostasiatische Studien,232-266

② Heinrich Hackmann,*Laien-Buddhismus in China.Das Lung shu Ching T'u w^en des Wang Jih hsiu aus dem Chinesischen übersetzt,erläutert und beurteilt*,Gotha/Stuttgart 1924.

③ Heinrich Hackmann,"Die Textgestalt des Sutra der 42 Abschnitte",in:*Actorum Orientalium*,5 (1927),S.197-237.

④ Heinrich Hackmann,*Alphabetisches Verzeichnis zum Kao Sêng Ch' uan*,Sonderabzug:Acta Orientalia,Vol.II,Leiden 1923,S.81-112.

⑤ Heinrich Hackmann,"Pai chang ch' ching kuei.The rules of Buddhist Monastic life in China." *T' oung Pao*,Série Ⅱ,Vol.Ⅸ,Leiden 1908,No 5,651-662 und Transactions of the third internation! Congress for History of Religions,Vol 1,Oxford,137.

分组问题。他不同意通常所说的禅家、教家、律家的分法(这种分法由 Gurius 介绍翻译为德文),也不同意宗门、教门的分法(Edkins 将之重新解释为 esoteric 和 exoteric,即神秘的和非神秘的),而是将之分为了七组。他把俱舍宗、成实宗划为一组,天台宗、贤首宗、慈恩宗划为一组,其他各宗则单独列出。哈克曼认为各个宗派本就不相同,没有必要非要划分到一起,不过他也反对把禅宗后来分出的五家提升到宗派的高度。哈克曼的这些判断是根据他游览参观了中国 11 个省份的众多寺庙而得出的。他认为虽然各个寺庙在建筑构成上相似,但是不同的宗派在教理和传习方式上还是有明显的区别的。哈克曼反对格罗特(De Groot,1854—1921)所述的各宗派因为都有禅堂和尊敬菩提达摩所以没有什么差别的提法,认为这两个例子不具有代表性。哈克曼认为天台、贤首、慈恩三宗属于教下三家,均以某一经典作为准则,是以分为一组。俱舍、成实两宗划为一组,因为其同属于小乘。当然这是一种简便的说法,哈克曼还加上了许多解释,这里不再多述。

《龙舒净土文》是哈克曼翻译的重要的净土宗著作。这部书是宋代王日休编纂的,因其郡号为龙舒而得名。这部书集录了有关往生西方净土的经论、传记等,原著为 10 卷,包括《净土起信》《净土总要》《普劝修持》《修持法门》《感应事迹》《特为劝喻》《指迷归要》《现世感应》《助修上品》《净浊一如》等 10 章(一章为一卷),后人增广为 12 卷,称《增广龙舒净土文》。《佛光大辞典》关于"龙舒净土文"词条中记录:"德人哈克曼(H. Hackmann,1864—1935)之 *Laien-Buddhismus in China*(1924)一书,即为本书[①]之德译本,并加以评解。"《中华佛教百科全书》给出的解释类似,最后亦提到哈克曼的德译本。可见哈克曼的译本不仅对德语世界产生了影响,还赢得了中国佛教界的认可。哈克曼这部译著题名为《中国民间佛教》(*Laien-Buddhismus in China*)。他在前言中写道,这个译本不仅仅是为学术目的准备的,他努力使非专业的普通读者也能够看懂,因此加上了许多注释。从佛教界的观点来看这一举动可谓有大功德。哈克曼的译本分为如下部分:前言、音标说明、文献缩写目录、引言、译文、概览和评述、索引。在引言中他首先指出西方学术界在研究佛教普通教众信仰方面的空白,然后说明了他的原文文本来源。1902 年哈克曼住在金峨寺时,有一次与寺中的住持谈起中国佛教的相关问题,住持便送给他一部《龙舒净土文》。这部著作虽然是 12 世纪的宋代人所著,却在中国一再翻印,具有极其广泛的影响。接下来,哈克曼简要介绍了作者王日休和这部著作的基本情况。他认为这部著作虽然与净土宗相关,但是已经超出了净土宗的范围。之后哈克曼介绍了净土宗及其重要的 3 部经典。他指出净土思想具有巨大的吸引力,并且不局限于净土一宗之内,中国的许多其他佛教宗派也或多或少地吸收了这一思想,更重要的是佛教的普通教

① 指《龙舒净土文》。

众深受其影响，直到哈克曼所在的时代亦是如此。其后哈克曼提到了前人邵特（Wilhelm Schott，1802—1889）在 1846 年出版的文章中对于这部著作的少量翻译，还将自己的译文与邵特的译文作了比较，指出了邵特译文的缺陷。引言的最后哈克曼介绍了《龙舒净土文》的大致体例和每一卷的主要内容。哈克曼所翻译的《龙舒净土文》只包括王日休自己编纂的 10 卷，不包括前面的诸多序言和后人的增广文，译文加每页的注释共有 266 页，是这 10 卷的全译本。概览和评述部分有 39 页，分为 12 小节。第 1 节提出了研究《龙舒净土文》的意义；第 2 节论述了这部书的形成背景；第 3 节指出因果报应思想在书中的重要地位及其与原始佛教之间的差异；第 4 节、第 5 节深入文本中，说明书中的两个主要思想方向，即信仰阿弥陀佛和对于众生的爱护；第 6 节阐述书中的禁欲倾向；第 7 节讨论书中的最后一卷——第 10 卷，哈克曼认为其哲学性最深也最难于理解，并且原作者王日休在这里与原来的思想有所割裂；第 8 节转向关于禅的论述以及禅在原作者思想中的地位；第 9 节叙述了奇迹在王日休思想体系中的地位；第 10 节论述了书中对于儒家思想和道家思想的吸收；第 11 节提出这部书文字简单朴实，不会用可怕的地狱描写来恐吓人们，是令人喜爱的一部著作；最后一节哈克曼提出，在其所处的时代，西方学术界还不具有足够的知识和能力来完好地解释这部著作。

《四十二章经》是哈克曼翻译的又一佛教经典。哈克曼的文章题名为《四十二章经的版本》（*Die Textgestalt des Sutra der 42 Abschnitte*），分为引言和译文正文两部分。在引言部分哈克曼介绍了《四十二章经》传入中国的情况和相关的争议讨论，并且说明了经文的版本情况。哈克曼的德译本采用的是《大日本续藏经》中的宋真宗注本，每一章先列出汉语原文，并将其他两种版本与其差异之处在后面注明，之后是德语译文，非常清晰明了，利于使用。

《〈高僧传〉按字母顺序排列索引》（*Alphabetisches Verzeichnis zum Kao Sêng Ch' uan*）是哈克曼编排的一个索引录，分为引言和索引正文。在引言部分哈克曼主要介绍了历代《高僧传》的基本情况和他所用的版本来源，并指出当时还没有这样的索引，这给研究工作带来了很多困难，之后还介绍了索引的编排体例。为了编写方便和避免混淆，哈克曼用Ⅰ、Ⅱ、Ⅲ、Ⅳ分别指代《高僧传》（梁）、《续高僧传》、《宋高僧传》和《明高僧传》。他所用的底本均是来自杨文会居士主持的金陵刻经处在 1885 年至 1893 年出版的版本。索引的排列顺序是按照标音的字母顺序排列，各位僧人名字前面如果有“释”姓，则一律去掉，以名字的标音为准。以“爱同 ai tung Ⅲ 14:21^{b}(13)”①为例，“爱同”是中文名字，“ai tung”是西文标音，“Ⅲ”指代《宋高僧传》，“14”表示这位僧人被列在《宋高僧传》的第 14

① 在哈克曼的索引中汉字均为繁体。

卷中,“21”表示该名字在金陵刻经处版本的第21页,“(13)”表示该僧人是所在卷(第14卷)中列出的第13位僧人,“b”表示所在页的背面,因为在金陵刻经处版本中一页的正反面只标注一个页码,若是在正面则不再标出。索引的排序是以“ai tung”为准,这一条目显然是列在字母“A”之下。另外汉字中上下位置接连出现相同的字,后面的字则予以省略,只用“|”占位,如:

安清

|慧则①

从题目就可以看出《百丈清规——中国佛教僧侣寺院生活的戒律》(*Pai chang ch'-ching kuei. The rules of Buddhist Monastic life in China*)一文的主要内容,联系哈克曼的其他研究——比如关于道教的研究,我们会发现,他对于各宗教的戒律非常感兴趣。这篇文章是用英文写成的,哈克曼在文中先提到《百丈清规》对于中国佛教非常重要,之后一一介绍了每一章的内容,并作了一些解释。文章的最后,哈克曼重提研究这部书的重要意义,希望能引起学术界对于这部戒律的注意。

除了上述对于佛教经典和相关著作等的译介,哈克曼一项非常重要的贡献是编纂了一部《中国佛教解释辞典》(*Erklärendes Wörterbuch zum chinesischen Buddhismus*)②。不过哈克曼只是编写成了手稿,共计12册。后来这部辞典由约翰诺斯·诺贝尔(Johannes Nobel,1887—1960)整理出版,不过只出版了前6册,按字母顺序是由“A”到“Fei”。这部辞典的编排如下:每一个词条先写中文,之后是字母标音,然后是梵文对应词,之后是德文的详细解释,在解释中出现中文的专有名词也会用中文、标音和简单德文解释写出。最后还列出相同或相近的中文词或者由同一梵文而来的不同中文翻译,当然也附有标音。词条的排列顺序是按照中文之后的字母标音排列的。这部辞典虽然只出版了一部分,却是较早的关于佛教的汉梵德辞典,是佛教辞典编纂史上不能忽略的一环。

4.佛教教理研究

哈克曼在佛教教理方面的研究主要涉及判教论、净土论和解脱论等几个方面。

上文提到过的《中国佛教宗派》和《中国民间宗教》虽然是译文、译著,但是在译文之后还附有一部分解说、评述,这部分内容可以归为教理研究范围。《中国佛教宗派》只是简单地提出了应该如何给中国佛教各宗派分组,并没有深入各宗派的教理教义的层面,我们仍可以将之归为简单的判教研究行列。而《中国民间宗教》中对于《龙舒净土文》的分析以及净土思想的研究则属于净土论范围。因为上文已经介绍过这些内容,这里就不

① 后面的相关内容此处省略。

② Heinrich Hackmann, *Erklärendes Wörterbuch zum chinesischen Buddhismus. Chinesisch-Sanskrit-Deutsch*(《中国佛教解释辞典——汉-梵-德》), überarb. von J. Nobel, hrsg. von der RKS Mbg, Leiden 1951 [Drei Lieferungen von A bis Fei].

再重复介绍了。不过我们可以判断的是,哈克曼关于这两部分的研究都是比较简单的,他虽然意识到中国佛教宗派的问题,却不能深入宗派的核心教义中去分析各宗派的异同,他觉察到了净土思想在中国民间佛教中的重要地位,却不能分析净土思想发生、发展的内部原因和社会原因。哈克曼的研究尽管有着诸多缺陷,但是正如他自己提到的,西方学术界当时还缺少相关方面的研究,他的研究亦是学术发展过程中的重要一环。

除了判教论和净土论,哈克曼教理方面研究的另一个重要方面是解脱论,相关的文章有《来自佛教的解脱方法》(*Aus der Heilsmethodik des Buddhismus*)和《佛教的宗教体验》(*Religiöse Erfahrung im Buddhismus*)[①]等。

《来自佛教的解脱方法》这篇文章是关于天台宗经典著作《摩诃止观》的。哈克曼已经意识到佛教内部各宗派在宗教实践方面是有差异的。一个宗派如何指导青年人修行、通过什么方法最终获得解脱,这应该是佛教研究中的重点。他在这篇文章中要介绍的就是记载在《摩诃止观》中的天台宗的解脱方法。为此哈克曼首先简要地介绍了天台宗的主要经典和《摩诃止观》的情况,并提到已经有一个包括书中重要部分的英文节译本。之后他并没有提出下面的研究是基于英文译本还是汉文原本,在他晚年自己编辑整理的汉文书籍目录(手稿)中也没有列出《摩诃止观》这部著作,因此很难判断他的依据是哪种版本。在文章中,哈克曼首先澄清了一个翻译问题,他认为"止"和"观"应该翻译为"halt"和"Erkenntnis",而不是英文译者贝尔(Samuel Beal,1825—1889)所认为的"contemplation"和"knowledge"。接下来哈克曼作为论文主题介绍的内容差不多就是《摩诃止观·卷第四(上)》中所述的"二十五方便"的简要翻译和解释,这里他把"方便"翻译为"Mittel",即方法或者工具。把"二十五方便"逐条解释过后,哈克曼写道,之后就会进入"禅"、进入"三摩地"的境界,而"禅"是一种催眠。因为上文提到的哈克曼所用版本的问题,所以不知是英文译本的问题还是哈克曼自身的原因,我们明显看到,他对于《摩诃止观》基本不了解,对于天台宗解脱方法的理解抓不住重点和中心。《摩诃止观·卷第四(上)》开篇——就在哈克曼解释的"二十五方便"的前面一段话是:"方便名善巧。善巧修行以微少善根。能令无量行成解发入菩萨位。……方便各有远近。……圆教以假名五品观行等位去真犹遥。名远方便。六根清净相似邻真。名近方便。今就五品之前假名位中。复论远近。二十五法为远方便。十种境界为近方便。"可见"二十五方便"离"禅"的境界还很远,只是一些基本的准备工作而已,《摩诃止观》的核心其实是在后面"正修止观"的部分。虽然哈克曼当时并没有很好地掌握和理解天台宗在修行解脱方面的方法,但是他至少意识到研究这方面内容的重要性。就当时西方学术界对于中国佛教

① Heinrich Hackmann,"Religiöse Erfahrung im Buddhismus." in:*Nieuw Theologisch Tijdschrift*,11 (1922),S.28-46.

的研究情况来看,似乎主要还是停留在历史研究、现状考察(这是哈克曼最重要的工作之一)和译介方面,对于更深层次的教理、教义以及修行实践的核心原理等的理解还是不足的。

《佛教的宗教体验》讲的也是佛教的修行方法。在这篇文章中,哈克曼首先提出宗教体验的主观性和不确定性,使其难于把握和表达。不过他认为,佛教比其他任何宗教都更加明确地规定了得到解脱的方法。他解释佛教的解脱之路包括增上戒学、增上定学和增上慧学,通过修习三学可以摆脱轮回。此外哈克曼还提到了禅定可以修得神通的问题,他不赞同贝克哈(Hermann Beckh,1875—1937)所说的神通是一种心理过程,而认为确实是物理过程,神通对于年轻的佛教徒来说,也是通过修行能够达到解脱的证明。不过他认为,虽然方法已经列了出来,但是修行的人是否能达到预期的结果则不可见、无法证明,至于传说中的具有神通的人,就他所见所闻现实中也没有。接下来他开始叙述中国佛教的修行方法,先是简单地提到了《摩诃止观》和净土宗,但是并没有展开论述,而是过渡到了《梵网经》。哈克曼举出了《梵网经》下卷的第 23 条和 41 条①,特别提到"佛来摩顶见光见华种种异相,便得灭罪"一句,并且这表示在北传佛教中有这样的迹象,即从修行者自己有神通转变为一种外在力量把"神迹"施加在修行者身上,由此他得出结论:"人们认识和经历神通,并从中找出宗教的确定性。"接下来他又举了《龙舒净土文》中的第 1 卷第 3 章和第 6 章以及第 5 卷作为例子。他认为这种宗教氛围已经与开篇提到的通过自身修行得到解脱的方法相去甚远,甚至可以说是两个极端,但是他们之间并非没有联系,他以"Die Extreme berühren sich"(两极相通)结束了全文。这篇文章的发表距离《来自佛教的解脱方法》一文已有 20 年,20 年后的哈克曼,其佛教知识方面虽然还有很多局限,但是已经有了明显的加强,包括哈克曼在内的西方学者在佛教研究方面取得的成绩是令人瞩目的。

---

① 哈克曼所依格罗特(de Groot)的法文译本为 *le code le plus important de l' Église*, Amsterdam, 1893.《梵网经》原文并没有分条目。哈克曼所列的两条原文分别是:"若佛子,佛灭度后,欲以好心受菩萨戒时,于佛菩萨形像前,自誓受戒。当七日佛前忏悔,得见好相,便得戒。若不得好相时,应二七、三七,乃至一年,要得好相。得好相已,使得佛菩萨形像前受戒。若不得好相,虽佛像前受戒,不得戒。若现前先受菩萨戒法师前受戒时,不须要见好相。何以故?是法师,师师相授,故不须好相。是以法师前受戒时,即得戒,以生至重心故,便得戒。若千里内无能授戒师,得佛菩萨形像前自誓受戒,而要见好相。若法师自倚解经律、大乘学戒,与国王、太子、百官,以为善友。而新学菩萨来问,若经义律义,轻心、恶心、慢心,不一一好答问者,犯轻垢罪。""若佛子,教化人起信心时,菩萨与他人作教诫法师者,见欲受戒人,应教请二师。和尚、阿阇黎二师,应问言,汝有七遮罪否?若现身有七遮罪者,师不应与授戒;若无七遮者,得与授戒。若有犯十重戒者,教忏悔。在佛菩萨形像前,日夜六时,诵十重四十八轻戒,苦到礼三世千佛,得见好相者。若一七日,二三七日,乃至一年,要见好相。好相者,佛来摩顶,见光华。种种异相,便得灭罪。若无好相,虽忏无益。是人现身亦不得戒,而得增长受戒益。若犯四十八轻戒者,对首忏悔,罪便得灭,不同七遮。而教诫师,于是法中,一一好解。若不解大乘经律,若轻若重,是非之相,不解第一义谛,习种性、长养性、性种性、不可坏性、道种性、正觉性。其中多少观行出入,十禅支,一切行法,一一不得此法中意。而菩萨为利养,为名闻故,恶求多求,贪利弟子,而诈现解一切经律,为供养故,是自欺诈,亦欺诈他人。故与人授戒者,犯轻垢罪。"

5.宗教对话与宗教比较:佛教与基督教的对比研究

哈克曼的文章中,专门论述佛教和基督教对比的主要有两篇,发表时间也比较相近,分别是《基督教和佛教的社会力量》(*Die sozialen Kräfte im Christentum und im Buddhismus*)①,《佛教和基督教的解脱思想和前提》(*Der Erlösungsgedanke und seine Voraussetzungen in Buddhismus und Christentum*)②。

《基督教和佛教的社会力量》一文介绍和比较了两宗教在社会力量方面的情况。哈克曼认为基督教和佛教有着许多相同点,比如都主张男女平等,都对社会问题不感兴趣——基督教追求永久的生命,而佛教寻求解脱,两者都更注重精神方面的追求,但是他认为这种追求的社会因素是不一样的。佛教的僧团与社会是分离的,因此谈不上具有社会力量,普通信徒虽然有着丰富的社会关系,也有能力推动社会力量的发展,但是这种社会关系是偶然的、非组织性的,并且受到五戒等的限制,更多地表现在对于僧团的照顾方面。历史上的佛教虽然在社会上也有所活动,但由于其避世的组织形式和出世的宗教理想,这些活动是很有限的。而基督教标榜的是"爱""自由"和"耶稣基督",天然地更倾向于社会,新教在破除了天主教在社会方面的狭隘后,社会力量得到了更好的发展,这在文化向前发展的过程中将更加明显地表现出来。最后哈克曼认为,佛教在社会性方面要按照基督教的轨道来发展才能更好地利用社会关系,发展社会力量。这篇文章是哈克曼1905年在第16届新教社会会议上宣读的论文,其实在论文发表之前哈克曼曾向会议主办者提出这篇论文还不成熟,以当时的研究资源完成这样一个题目还不可能,但是会议主办者还是要求哈克曼发表了这篇论文。遗憾的是,之后哈克曼也并没有写过类似的题目来完善这篇论文。

《佛教和基督教的解脱思想和前提》是哈克曼关于两宗教对比的又一篇重要论文。这篇文章的核心是探讨两宗教的"Erlösungsgedanke",这里对于基督教来说"Erlösung"似乎应该翻译为"拯救",而对于佛教来说翻译为"解脱"似乎更为恰当。这篇文章分为7小节。在第1节哈克曼提出"Erlösung"思想是佛教和基督教有别于其他宗教的重要特征。虽然有些高级宗教也有祭祀和祈祷等形式,并且所有宗教的组成部分都带有拯救解脱的性质,但是像拜火教和印度教,他们的拯救和解脱只能依靠外在的形式和工具,佛教和基督教则把"Erlösung"升华为教义系统的核心和生活的引导方向。对于基督教来说,

① Heinrich Hackmann,"Die sozialen Kräfte im Christentum und im Buddhismus." Erstes Referat auf dem sechzehnten Evangelisch-sozialen Kongress, Dienstag, dem 13. Juni 1905 in Hannover, in: *Die Verhandlungen des sechzehnten Evangelisch-sozialen-Kongresses*, Göttingen 1905, S.8–27.

② Heinrich Hackmann,"Der Erlösungsgedanke und seine Voraussetzungen in Buddhismus und Christentum." in: *Zeitschrift für Theologie und Kirche*, 17 (1907), Nr.1, S.34–52.

耶稣基督是救世者就表明了拯救思想的中心地位,佛教在这方面甚至比基督教更明确,因为佛教拒绝探讨与解脱不相关的话题。在第 2 节他进一步阐释:通常所说的“佛教要把人从痛苦中解脱出来,而基督教要把人从罪中拯救出来”的说法是有误的,因为佛教中也有罪的观念,而基督教也认为痛苦是人的一种困扰,尽管并不强调,但是获罪的前提即认为痛苦是不正常的,这里哈克曼举出了《罗马书》8:19-22 作为例子[①]。因此哈克曼认为对佛教和基督教来说,最原初的现象都是地上的痛苦,这是经验生活的出发点,由于痛苦人们才想要获得解脱和拯救。对于基督教来说,罪是痛苦的根源,生活的外在痛苦是通过内在的精神造成的。佛教与之相似,痛苦和罪因果循环,具有固定的关系。第 3 节哈克曼解释了两宗教对于罪的不同理解。对于基督教来说,违背上帝就是罪。而佛教拒绝上帝,是无神论宗教。这里他认为在罪的定义上,佛教内部存在着分裂,一种适用于普通教众,犯戒就是罪;另一种适用于僧侣。这里他解释得不太清楚,一开始似乎想从三法印和十二缘起的角度说,后来又说对于现象世界的攫取和占有是佛教所指的罪。第 4 节哈克曼阐释了两宗教在把罪与痛苦连接的方式上的不同:基督教通过上帝把罪与痛苦连在一起;而佛教认为痛苦是通过因果业报以及贪念而来的。第 5 节他着重探讨了两宗教中的“Erlösung”。基督教获得拯救的方式是获得上帝的谅解,从而远离罪,进入上帝的愿中,消灭罪和邪恶的统治,途径是通过耶稣基督——信耶稣基督,上帝就取消与个人的分离,从而与罪决裂,摆脱痛苦。佛教则不同。在佛教中没有上帝,只有人和罪。对于上文所说的第一种罪来说,痛苦是过去的罪业造成的,然而善行却不能完全避免痛苦,要想避免痛苦,必须与最深的哲学层次的罪作斗争——其与存在紧密联系在一起,必须消除最初的动因、放下对幸福的追求和对痛苦的恐惧。第二种罪的解脱方法则是“禅定”。不过哈克曼认为当下世界没人能达到“禅定”的最终境界。第 6 节哈克曼讨论了两宗教解脱目标的差异:佛教的最高目标是涅槃,涅槃是悲观厌世的;基督教的拯救与佛教正相反,圣神消除了存在的痛苦和阻碍,新生将是永生。第 7 节哈克曼讨论了与文章主旨不是很相关的问题。他提到,佛教一般被认为是科学性的,但是也有不科学的地方:比如借鉴其他宗教而来的轮回理论和道德价值的客观有效性。基督教的神话化和泛灵论则不太科学,但是他认为,人的描述不能避免矛盾和不完善,不能以人的高度来了解上帝的属性。总体来说,这篇文章具有用基督教和佛教互相格义的倾向。虽然哈克曼对一些佛教理论缺乏了解,从而导致文章有许多硬伤,比如把“罪”的理论硬加在佛教上的牵强附会、把恶业和无名统归为“罪”而产生了他自己也解释不清的诸多问题等,但是他通过这

---

① 《圣经·罗马书》8:19-22:“受造之物,切望等候神的众子显出来。因为受造之物服在虚空之下,不是自己愿意,乃是因那叫他如此的。但受造之物仍然指望脱离败坏的辖制,得享神儿女自由的荣耀。我们知道一切受造之物一同叹息、劳苦,直到如今。”

种比较,试图拉近两种宗教之间的距离,对于两宗教的进一步交流是有利的。

四、结 论

鸦片战争之后,中国渐渐打开了把西方世界封闭在外的闸门,一部分西方人进入了中国,一部分中国人走向了世界,开启了两种不同文化之间更加丰富而深入的直接交流。在两种文化长期的隔阂下,好奇和想象必然存在于对待彼此的态度之中,当一部分西方人来到中国后,真正接触和感受到了中国的文化、社会、人群等,于是好奇得到了满足,想象的空间有了实际的填充物,不少人都留下了对中国观感的著作和文章。比如"西方视野里的中国形象"这套丛书便是这些著述的部分翻译集成,不过这套书的作者多来自英语世界,对于其他欧洲语言国家的旅行者没有涉及①。这些西方人来到中国或停留在一处工作,或作短期或长期的旅行,他们中有些人可能只在中国短短数月,有些人则长达数十年。那么,他们都了解中国吗?他们对中国的观感又能代表西方吗?我们只能说没有绝对的了解,也没有绝对的代表者,每个人在与他者千丝万缕的联系中有其独一无二性。

哈克曼作为德国同善会在华牧师,与他的前任花之安(Ernst Faber,1839—1899)以及同事卫礼贤(Richard Wilhelm,1873—1930)这两位汉学家关注的重点就不同。而他作为一名中国佛教研究者,与他同时的一些学者研究的重点也不同。通过上文的介绍,我们发现他很注重实地考察,这一方面与当时西方人注重实证的思想相关,另一方面也是他个人研究倾向的体现。他在《龙舒净土文》的德译本序言中就写道:"关于中国佛教的著作实质上很少涉及现在这些国家的佛教徒是如何在个人和内心中经验着他的宗教的;这些著作中的一部分迷失在历史中,一部分则停留在外在现象、佛教的建制和组织、宗教仪式和僧侣生活上。这所有的一切肯定不是无关紧要的,但是最大的价值却在于个人在宗教影响下的精神生活。"②事实上,在哈克曼自己的很多著作中他都停留在对外在现象、佛教的建制和组织、宗教仪式和僧侣生活的描述上,但是这并不能否定他一直以来在探寻中国佛教及教徒的内在精神上所作的努力,比如《龙舒净土文》的翻译,比如从解脱论和宗教比较学的角度来分析中国佛教的教理等。我们对哈克曼的定义首先是一个学者,他对中国佛教的考察研究让我们从很多地方都察觉到,他想深入却又没有办法深入进去的困扰,这是跟当时的总体研究水平持平的,并不是他一个人的问题。我们总是看到他在写某一个寺庙是怎样的,寺庙中的人是如何生活的,他自己偶尔参与其中也只是

---

① "西方视野里的中国形象"丛书,由北京时事出版社在1998年到2000年出版。

② Heinrich Hackmann, *Laien-Buddhismus in China*, pp.3-4.

类似于记者的身份。这与中国僧侣的态度是有关的,比如哈克曼就写道:"中国的僧侣还不能也不愿意让我们欧洲人进入其中以了解他们的宗教经验——至少我没有遇到过,更不要说佛教的在家信众了。"[①]同时他认为日本的佛教徒更愿意帮助欧洲人了解他们的佛教。但是我们并不认同他和同时代人在中国佛教研究中的问题可以如此简单的解释,这其实还与他们的身份相关。哈克曼在对中国的考察研究中,自己的身份是一个来自异域的旅行者、观察者和报道者,而他作为学者的第一要义,便是理性和质疑,这种身份和观念上的差异使他在与中国人包括中国僧侣的接触中始终保持着一定的距离,再加上语言方面的不便和各种背景的差别,这种距离就变成从主观到客观都无法跨越的存在。然而,哈克曼的另一个身份是牧师。在他的众多理性分析中,我们还是能够看到,他对于解脱的向往,对于摆脱俗世中的痛苦的追求,比如他写的解脱论方面的文章。但这种向往和追求也是在理性范围之内的,佛教在他视野中的出现,给他的这种需求打开了另一扇窗,而他在这些地方的种种取舍,已经不在本文的讨论范围之内了。所以我们说,哈克曼与中国僧侣的交流并不是非常深入的,更多的是一种礼貌性的接触,主要还是停留在观察者与被观察者的层面上。而他是否受到佛教的影响、在哪些方面和什么程度上受到了影响,则是一个需要进一步研究和分析的题目。

哈克曼作为一位在中国文化之外的观察者,将他眼中的中国佛教介绍给了欧洲,留下了许多相关的论文和著作。他的考察和研究也成为许多西方思想家和学者了解佛教的途径。比如雅斯贝尔斯(Karl Jaspers,1883—1969)在他的著作《大哲学家》中关于佛教的章节中就提到了以哈克曼的著作和翻译作为参考文献[②],许理和(Erik Zürcher,1928—2008。中文版《佛教征服中国》误作"许里和")在其著名著作《佛教征服中国》中也引用了哈克曼翻译的《四十二章经》[③]。李约瑟(Joseph Needham,1900—1995)在《中国科学技术史》中也提到了哈克曼[④]。此外还有很多研究中国宗教和哲学的学者都在其著作中引用和分析了哈克曼的著作和观点。哈克曼以其经典著作和翻译已经成为西方学术界在相关方面研究的重要的、不可或缺的组成部分。哈克曼的重要性还表现在他对于同时代人的影响方面,如他和鲁道夫·奥托(Rudolf Otto,1869—1937)[⑤]有着深厚友谊,在奥托的生活中扮演着亦师亦友的角色,奥托后来在神学方面的巨大成就可以说与哈克曼的

① Heinrich Hackmann, *Laien-Buddhismus in China*, p.4.

② 参考[德]雅斯贝尔斯著:《大哲学家》,李雪涛主译,北京:社会科学文献出版社,2005年,第105、815、846、854页。

③ 参考[荷]许里和著:《佛教征服中国》,李四龙等译,南京:江苏人民出版社,1998年,第113页。

④ 参考[英]李约瑟著:《中国科学技术史》第二卷《科学思想史》,何兆武等译,科学出版社/上海古籍出版社,1990年,第472、710页。

⑤ 奥托是著名的神学家,他的著作《论神圣》(*Das Heilige*)被翻译成为多国文字出版发行。

影响是分不开的。同样作为同善会的传教士哈克曼与卫礼贤的交往也颇密切,卫礼贤到上海时就住在哈克曼的家里,两人同样对中国的宗教和哲学进行研究,相互之间的影响也是无法抹杀的。此外哈克曼与神学家特洛尔奇(Ernst Peter Wilhelm Troeltsch,1865—1923)[①]、《基督世界》(*Christliche Welt*)的主编马丁·哈德(Martin Rade,1857—1940)也有着密切的交往。总之,就影响来说,无论从历史传承还是学术交往的角度,对于哈克曼的研究都是有必要的。同时,哈克曼留下的详尽地记述佛教寺院和僧团活动的各种旅行日记、考察报告和许多珍贵的照片,也为我们提供了研究当时中国佛教的宝贵的第一手资料。

[王婉秋,德国波恩大学汉学系]

---

① 参考[德]特洛尔奇著:《基督教理论与现代》,刘小枫编,朱雁冰、刘宗坤、李承言译,香港:汉语基督教文化研究所,1998 年,第 322 页。

论文

托尔斯泰眼中的中国贤哲

—— 以托尔斯泰个人藏书为中心

[俄]加莉娜·阿列克谢耶娃　罗　薇　王嫣婕　译

摘要：19世纪俄国大文豪托尔斯泰，青年时代在军旅生活中便出现相遇"中国"的首次机缘。自19世纪60年代起，作家笔下的"中国"折射出中期和晚期的托尔斯泰对中国的接受。翻阅托尔斯泰的个人藏书，结合作家的日记、笔记等资料可知，老子、孔子、孟子、墨子等都曾是托尔斯泰思考的对象。托尔斯泰对中国所发生的一系列事件的关注，托尔斯泰与张庆桐、辜鸿铭的通信，进一步阐明了作家对中国的看法——"俄罗斯民族和中华民族之间有内在精神的契合，故而两个伟大民族应携手前行"。

关键词：托尔斯泰　中国先哲　中国思想

俄罗斯民族和中华民族之间有内在精神的契合，故而两个伟大民族应携手前行。

——托尔斯泰（76，62~64）①

我良好的精神状态要归功于阅读孔子，并且主要是老子。

——托尔斯泰（49，68）

关于"托尔斯泰与中国"的评论文献非常丰富，本文以雅斯纳亚·波良纳庄园作家个人藏书中的资料为基础，集中关注托尔斯泰所理解和阅读过的中国哲人著作。

遗憾的是，有关童年及少年时代托尔斯泰对中国之看法的任何资料均告阙如。但从1855年克里米亚战争时期开始，"中国"的话题就进入了作家的生活及随后的创作，并在作家生命接近尾声之际，这一话题的主导作用日益加强。正是通过中国哲人，托尔斯泰试图领悟人生之路的本质寓意。众所周知，深奥而晦涩的中国传统极不愿向欧洲人公开

① 此处与后文中括号中的索引为苏联时期出版的九十卷本《托尔斯泰全集》（Полное собрание сочинений Л.Н. Толстого в 90 т.Москва；Ленинград：Художественная литература，1928–1958），逗号前的数字为卷号，逗号后为页码。

其自身的秘密，这就更吸引我们探究托尔斯泰对中国的兴趣的形成与巩固、对中国文化内涵及其哲学和宗教的钻研。

1855年，托尔斯泰曾作为教官被邀请前往中国。作家的家庭医生马科韦茨基(Д.П. Маковицкий)在1905年记下了作家关于这件事的回忆："克里米亚战争之后，一批人被派往中国。朋友劝我去当炮兵教练，记得我当时有些犹豫。同伴去了科鲁姆切克，在那里他接到了另外的命令。东方人的做法太狡猾。后来科鲁姆切克当上了大使。或许我要是去的话，就也当上大使了。"①

1862年，在《进步与教育的定义》(《Прогресс и определение образования》)一文中，托尔斯泰写到英法联军对华战事，表达对此极其确定的态度："我不由得想起中国的战事——三大强国竟如此肆无忌惮地用炮弹炸药向中国强行输入'进步'这一信念。"(8,337)20世纪初，由于外国对中国的武装入侵，托尔斯泰动笔撰写《告中国人民书》(《Обращение к китайскому народу》)，但该计划最终未能完稿。尽管如此，托尔斯泰仍于1906年写下有如神启的名篇《给一个中国人的信》(《Письмо к китайцу》)(36,290~299)，文中着重强调自己对这个国家及其文化的一贯兴趣："我一直极其关注中国人民的生活，努力了解我所能够把握的中国生活的内容，尤其是中国的宗教思想——孔子、孟子、老子的著作及相关阐释。我也读中国的佛学经典和欧洲人论中国的书。"(36,290)

在托尔斯泰经历精神危机的19世纪70至80年代，即作家对人生、信仰、国家以及社会制度的看法发生变化的时期，他对东方文化的兴趣十分清晰明了。托尔斯泰在世界上所有的哲学与宗教(其中包括东方哲人学说)中寻找其关于人生意义的推论之印证。在这一时期，托尔斯泰集中研究中国思想家的著作以及中国的民间文学作品。

雅斯纳亚·波良纳庄园的作家个人藏书(尤其是外文部分)，非常清晰地证明了托尔斯泰对中国文学和哲学的兴趣演进，大部分书页上都留有作家的阅读印迹——大量批注及译文。

1891年托尔斯泰在写给列杰尔(М.М.Ледерл)的那封著名信件中提到，孔子和孟子对他的影响"很大"，而老子的影响则是"巨大的"(66,68)。老子和孔子，同其他那些世界级的哲学家一起，被托尔斯泰视为"真理之父"。

在19世纪70年代至20世纪初叶，即作家生命的最后几十年间，托尔斯泰以其个人对老子及其道家学说的解读为基础，逐渐形成对老子及其道家学说、其辩证哲学的态度。他将"道"与基督教博爱和最高初始同等看待："老子学说的真髓正是基督教教义的真

① Маковицкий Д.П.Яснополянские записки.Москва：Наука，1978.Кн.1.С.371.

髓。”[①](40,351)托尔斯泰认为,道家思想与《约翰福音》第1章里所表达的“上帝即爱”的教条相一致[②](40,351)。1884年,托尔斯泰曾阅读儒莲[③](St. Julien)的老子译本,遗憾的是,该书在作家个人藏书中未存。托尔斯泰在单独的一页纸上标出了该书的六十七个章目并推荐翻译[④]。现存有托尔斯泰《中国贤哲老子的〈道德经〉》(《Книга пути и истины, написанная китайским мудрецом Лаоцы》)一文的草稿。

托尔斯泰的好友批评家斯特拉霍夫[⑤](Н.Н.Страхов)在他挑选《老子》的译本方面给予很大帮助。1884年托尔斯泰写道:“我全力钻研中国智慧。急切地想告知您和大家这些书给予我的精神裨益。”(85,356)“老子”之名常见于作家的书信、日志和笔记中。1910年,托尔斯泰在媒介出版社出版了老子格言集。对托尔斯泰而言,老子是伟大的精神导师,他高度评价老子批判“益生(生生)”而提倡“修心”的主张。

1903年,托尔斯泰对中国智慧的兴趣达到顶峰:他在英文版《老子节录集》的页边进行翻译并作注释,英文原书为:*Lao-tzu. The Light of China ...*/Transl. directly from the Chinese text.By I.W.Heisinger.Philadelphia,1903。

针对第18页的“Embodying the Tâo”(释道)(原文为“道可道,非常道。名可名,非常名。无,名天地之始;有,名万物之母。故常无,欲以观其妙;常有,欲以观其徼。此两者,同出而异名,同谓之玄。玄之又玄,众妙之门”),托尔斯泰在页边写道:“人不应该夸大生活的逆流,人生就是由躁动不安走向平静安宁。”[⑥]针对第19页的“Nourishing the Person”(育人)(原文为“天下皆知美之为美,斯恶已;皆知善之为善,斯不善已。有无相生,难易相成,长短相形,高下相倾,音声相和,前后相随,恒也。是以圣人处无为之事,行不言之教;万物作而弗始,生而弗有,为而弗恃,功成而弗居。夫唯弗居,是以不去”),托尔斯泰写道:“这位哲人并不注重‘为’——他自足于自己是什么。”第20页的“Resting the People”(安民)引起托尔斯泰的如下思考:“如果就‘有为’还是‘无为’的问题,那么明智的决定始终是‘无为’。”在第33页的“Manifesting Virtue”(明道)中延续这一话题,托尔斯泰简要地写道:“那些遵循‘无为’法则的人从不把自己填满,而是让自己变得越来越空,以延续生活。”[⑦]毫无疑问,托尔斯泰察觉到中国思想家的伦理立场与自身思想

① 中译文见《列夫·托尔斯泰文集》第15卷,北京:人民文学出版社,2010年,第71页。

② 同上,第70~71页。

③ 儒莲(Stanislas Aignan Julien,1797—1873),法国籍犹太汉学家。——译者注

④ 资料来自莫斯科国立Л.Н.托尔斯泰博物馆(Государственный музей Л.Н.Толстого)手稿资源。

⑤ Н.Н.斯特拉霍夫,1828—1896,俄国哲学家、政论家、文艺批评家。——译者注

⑥ 资料来自雅斯纳亚·波良纳托尔斯泰图书馆图书索引说明。Библиотека Л.Н.Толстого в Ясной Поляне: Библиографическое описание.Т.3:Книги на иностранных языках:в 2-х кн.Тула:Издат.Дом《Ясная Поляна》,1999. Ч.1: A-L.C.624-628 (P.6).

⑦ 同上。

趋向相接近。看来,所有页边所写都是灵感所致、一气呵成。此前托尔斯泰已非常了解老子的哲学思想,能轻松作注,并乐于作注。《老子节录集》的页边所记,与其说是托尔斯泰的翻译,不如说是他对所读内容的注释和思考。这些笔记言简意赅,作家抓住了哲人老子诗学思想的本质,按自己的方式解读,但同时忠于原典。

在《老子的〈道德经〉》(*Lao-Tze's Tao-the-king*: Chinese-English/With introduction, transliteration, and notes by Paul Carus. Chicago, London: The Open Court, 1898)一书中也有托尔斯泰所做的记号、下画线、重点旁批、单词笔记以及标记段落编号等形式的旁注。显然,托尔斯泰想将标出部分,特别是做记号的片段用于文集《阅读园地》。托尔斯泰编写《阅读园地》的想法产生于19世纪80年代中期,在1884年3月18日,关于这一话题的第一篇日记中出现了老子的名字:"应当给自己开辟一个阅读园地:收入爱比克泰德[①]、马可·奥勒留[②]、老子、佛、帕斯卡[③]、《福音书》。这样的书所有人都用得着。"(42,557)4年后,在创编《阅读园地》时,1888年2月28日托尔斯泰在写给鲁萨诺夫(Г.А. Русанов)的信中再次提到中国哲人:"我早就知道《阅读园地》是必要的,我早就读过大量适于列入该《阅读园地》的内容,翻译和出版的机会也早就有,但我却什么也没做。我可以列举出像孔子、老子、帕斯卡、帕里克尔、马修·阿诺德等人的作品,但是这些都还没有俄译本。"(64,152)老子是《阅读园地》一书中被引用最多的作者之一。托尔斯泰将老子的思想编入其中,尤其是他本人所关注的关于永恒、真正的仁、崇高理性、心灵、信仰、谦恭、和平、不抵抗、博学、神圣的内容 。2月26日作家引述了老子的名言:"善者不辩,辩者不善。知者不博,博者不知。信言不美,美言不信。"(41,134)在12月23日的叙述中托尔斯泰再次提到"知者不博,博者不知"。想必这种思想作家尤为推崇,不仅在内心与之有着强烈共鸣,而且体现在最初乃至贯穿一生的文学创作中。4月15日他又引用老子的话:"圣人自知而不自见,故去彼取此。"(41,260)

1893年,托尔斯泰让切尔特科夫(В.Г.Чертков)寄来英国汉学家理雅各(Дж.Легг)和法国汉学家卜铁(Ж.Г.Потье)的书。这两本著作目前均存于作家个人藏书中:

①*The Chinese Classics*(《中国经典》)/Transl. into English… By James Legge. London, 1869-1876. 3 vols. - Vol.3: The She King; or The Book of Ancient Poetry.[④]

---

① 爱比克泰德(约50—约140),古罗马斯多葛派哲学家。——译者注

② 马可·奥勒留(121—180),罗马皇帝、统帅、哲学家。——译者注

③ 布莱士·帕斯卡(1623—1662),法国数学家、宗教思想家。——译者注

④ 资料来自雅斯纳亚·波良纳托尔斯泰图书馆图书索引说明。Библиотека Л. Н. Толстого в Ясной Поляне: Библиографическое описание. Т.3: Книги на иностранных языках: в 2-х кн. Тула: Издат. Дом《Ясная Поляна》, 1999. Ч.1: A-L. C.227.

②Pauthier, Jean Pierre Guillaume. *Les Livres sacrés de l' Orient*（《东方经典》）. Paris,1840.[①]

在中国古代哲人孟子选集的第219页到303页,留有托尔斯泰的大量批注。孟子是孔子的后继者,他认为“仁”“义”“礼”“智”是与生俱来的基本美德。托尔斯泰在孟子章句中寻找善良和仁爱的共同来源,他标出了无数段落,强调了一些语句,常常在标识和强调语句所对应的页边位置写着“注意”。他在1884年4月9日的日记中记下:“开始读《孟子》。很重要,很好。《孟子》教导如何‘重新获得’——找回丢失的本心。很美好。”(49,80)托尔斯泰在11月27日的《阅读园地》中引用了大段的孟子章句,该段以下句结束:“尽其心者,知其性也。知其性,则知天矣。心者,人之神明,所以具众理而应万事者也。”(42,289)托尔斯泰对孟子学说中的玄学并不感兴趣,而专注于道德自我完善哲学,这在很大程度上与其个人的解读相一致。尽管对于博爱的问题托翁与孟子不无分歧,而赞同中国另一位哲人墨翟:“中国的圣贤中有位哲人墨翟,他提出统治者应当劝导民众崇尚大爱,而不是敬畏武力、财富、权势和勇猛。墨子道[②]:‘非以求以重富贵,干福禄,乐耳目也。若使天下兼相爱,则天下治。故天下兼相爱则治,交相恶则乱。不可以不劝爱人者,此也。’而孔子的后继者孟子却不赞同并反驳墨子的观点,致使墨家学说未能成为主流。然而两千年之后,在摈弃所有阻碍人们领略传播大爱的基督教的真正光辉之后,这一学说应当存在于我们的基督教世界中。”(42,351)

“兼爱”学说吸引着托尔斯泰走进墨家哲学。托尔斯泰在1890年3月15日写给切尔特科夫的信中说:“这部给懂英语的人读的书真是好极了,就是那些英文的中国书,我忘记译者了,我有那些书,现在在您那儿呢,里面有墨子‘兼爱’思想。您还记得吧,在孔孟学说(尤其是孟子)中存在对墨子学说的反驳。所以把这些都翻译出来,编成一本书,展现‘兼爱’学说是最便利(实用)的学说——中国人很早就提出这一学说,中国人对之虽有怀疑但未能驳倒,因而这一学说具有强大的力量——这是一种很实际的、实用的学说,其中没有‘天父’的概念,其主要之点是生活,即永恒的生活。要是能翻译并编出这样一本书该有多好。”(87,19)托尔斯泰曾多次产生写一部关于墨子的书的想法,在1893年11月5日给切尔特科夫的信中就曾提道:“我又读了《老子》,现在开始读理雅各译本中的墨子,我真想编一部关于中国智慧的书,关于人性本善的观点,关于人性本恶、人是

① Библиотека Л.Н.Толстого в Ясной Поляне: Библиографическое описание. Т.3: Книги на иностранных языках: в 2-х кн. Тула: Издат.Дом《Ясная Поляна》, 1999. Ч.2: M-Z. C.163-178.

② 该句引文可能是托尔斯泰根据墨子原文的改编。直译为“教育子民看重富贵名誉——则他们会沽名钓誉;教育他们相爱吧——如此他们将会兼相爱(Воспитывают людей так, чтобы они ценили богатство, славу-и они оценят их. Воспитывайте их так, чтобы они любили любовь-и они будут любить любовь)”。

自私的个人主义者的观点，或者人是仁爱的这种观点，所有这些我都很感兴趣，对我都非常重要，我想让所有人都了解这些，把这些写出来。”应托尔斯泰的请求，布朗热(П.А.Буланже)于1909年完成了一部关于墨子的小书，经托尔斯泰编辑后出版。

托尔斯泰被孔子的“中庸之道”哲学所吸引，并在多年研究这位古代先师遗产的同时，注重中国三千年传统的起源。对托尔斯泰来说，孔子是一个达到“非凡道德高度”之人，他主张人的“中和”和持续的道德完善。孔子的人道主义学说、反对战争与暴力、关注道德实践(观点)给托尔斯泰留以深刻的印象。关于“中庸之道”，托尔斯泰按自己的方式进行阐释：“内心的平衡，是所有人之善行的根本，‘和’是人类行为的普遍规律，只有当人与人之间处于平衡和睦的状态时，世界才可能诸事顺利、万物繁荣。”(54,57~58)

孔子伦理思想中最重要的观点是“仁”(仁爱、仁慈、恻隐之心)。托尔斯泰尤为青睐孔子伦理思想的这一部分，认为正是道德自我完善学说打开了通向“仁”之路。1884年，托尔斯泰致信切尔特科夫：“我坐在家里，发着高烧，得了重感冒，已经是第二天读孔子了，很难想象，这是多么不同寻常的道德高度。”(85,30)此时，托尔斯泰阅读了我们上文提到的翻译家理雅各所著的《孔子的生平和思想》(*The Life and Teaching of Confucius*)的第一卷。遗憾的是，该卷在作家个人藏书中并未留存。在手稿资源中现存有托尔斯泰关于孔子学说(《孔子的著作》和《大学》)的未完成手稿[①]。1900年11月12日，当时中国正处于战乱时期，托尔斯泰在日记中写道：“什么也不写，专心研究孔子，觉得很好。从中汲取精神力量。想记下现在我是怎样理解《大学》和《中庸》的。”[②](54,54)1904年11月16日，戈尔布诺夫-波萨多夫(И.И.Горбунов-Посадов)为托尔斯泰寄来一本其中提到孔子的书《关于俄国的实话》(*Truth about Russia*)，作者是一位英国著名作家、记者，该书现存于作家个人藏书。书中提到了托尔斯泰：“他对中国人如孔子、孟子和老子怀有深深的敬意。他们的作品应该像记载佛教真谛的佛经一样，最先出版。”[③]

在《阅读园地》中，孔子章句节选的数量相当多。托尔斯泰按自己的方式解读这位思想家，并以此方式与之“对话”。毫无疑问，这位中国哲人对智慧的理解引起了他的兴趣。1月11日，托尔斯泰将圣人的名言编入其中：“躬自厚而薄责于人。”“君子，食无求饱，居无求安。”“不怨天，不尤人。”“君子坦荡荡，小人长戚戚。”“仁者如射：射者正己而

---

① 资料来自莫斯科 Л.Н.托尔斯泰国家博物馆(Государственный музей Л.Н.Толстого)手稿资源。

② 《列夫·托尔斯泰文集》第17卷，北京：人民文学出版社，2010年，第234页。

③ Библиотека Л.Н.Толстого в Ясной Поляне：Книги на иностранных языках.Т.2.Ч.2：M－Z.Тула：Издательский Дом《Ясная Поляна》，1999.С.383：Stead，William Thomas.Truth about Russia.London，Paris，New York，Melbourne：Cassell & Co，1888.

后发,发而不中,不怨胜己者,反求诸己而已矣。”①(41,31) 1月29日,托尔斯泰则提到孔子对智慧的另一番思考:“生而知之者,上也;学而知之者,次也;困而学之,又其次也。”(41,69) 这段格言又以另一种方式表述见于6月21日的《阅读园地》中。9月13日,托尔斯泰又提到孔子论智慧:“不知命,无以为君子也。天命者,天所赋之正理也。知畏天命,则不得不畏之矣。天命,即天道流行而赋予物者也,乃事物所以当然之故也。知此则知极其精,而不惑又不足言矣。”(42,41) 9月21日,托尔斯泰收录的孔子章句强调了行为和思考之间的关系:“君子有九思:视思明,听思聪,色思温,貌思恭,言思忠,事思敬,疑思问,忿思难,见得思义。”(42,60)作家还将贝纳丹·德·圣比埃②的《苏拉特咖啡馆》一书中关于孔子的部分加入每周阅读当中。(41,186~193)

1909年5月5日,托尔斯泰在日记中提到正为自己的“媒介”出版社筹备一些有关孔子和老子的读物。1910年,该社出版了布朗热论孔子的新作,托尔斯泰曾积极促成该书的出版。

19世纪70年代,托尔斯泰在关注国民的教育培养问题时,接触到中国的俗文学,他将中国的神话传说、谚语和俗语运用于创作之中,特别是在《识字课本》《俄语读本》中利用了《中国皇后慈禧》的故事。托尔斯泰赞扬中国的教育,认为中国教育自由、全民性的性质是正确的:“由老者施教,大家把孩子送到他这里来。”③中国人对知识的尊崇使托尔斯泰深受感动。在一篇未完稿的论中国智慧的文章中,作家看到了中国顺利发展的基础。

如前所述,中国名言在托尔斯泰的《阅读园地》及其他智慧丛书中多次出现。此外,值得注意的是《阅读园地》中选文的翻译与编辑方式:在需要赋予语句以必要的新意时,托尔斯泰可以脱离原文。有时他标明“据老子”,也就是说,托尔斯泰实际上成为其所引用哲人的“合著者”。

自20世纪初起,雅斯纳亚·波良纳庄园开始收到来自中国的信函。第一位与托尔斯泰通信的中国人是当时生活在俄国的张庆桐。他曾与沃兹涅先斯基(A. H. Вознесенский)合译中国著名社会活动家梁启超所著的《李鸿章》(Лян Ци-чао: Лихунчжан, или Политическая история Китая за последние 40 лет / Перевод с

① 出自《孟子·公孙丑上》第七章。孟子曰:“矢人岂不仁于函人哉! 矢人惟恐不伤人,函人惟恐伤人。巫匠亦然。故术不可不慎也。孔子曰:‘里仁为美;择不处仁,焉得智!’夫仁,天之尊爵也,人之安宅也,莫之御而不仁,是不智也。不仁不智,无礼无义,人役也。人役而耻为役,由弓人而耻为弓。矢人而耻为矢也。如耻之,莫如为仁。仁者如射:射者正己而后发,发而不中,不怨胜己者,反求诸己而已矣。”

② 贝纳丹·德·圣比埃(Jacques-Henri Bernardin de Saint-Pierre)(1737—1814),法国作家。——译者注

③ Гольденвейзер А.Б.Вблизи Толстого.М.,1923.

китайского.А.Н.Вознесенского и Чжан-чинтуна;С предисловием Чжан-чинтуна.С.-Петербург:В.Березовский,1905.367 с.)。张庆桐为雅斯纳亚·波良纳庄园寄来样书一册并附赠言:"赠予俄罗斯大地上的伟大作家,张庆桐敬上,1905 年 12 月 1 日于彼得堡。"该书现存于作家个人藏书中。

张庆桐这些信件的主题是俄罗斯文化与中国文化的亲缘关系:"地球上的主要人口属于俄国与中国。同欧洲相比,在俄国进步的进程缓慢。而在中国这一进程比在俄国更慢。由此可见,中国比欧洲更加熟悉俄国的生活现象,而在俄国已经完成的国家体制演化在中国的反应程度比在欧洲更大。所以这两个民族之间的友谊相比于其他民族,应当更加牢固。"①

张庆桐在信中写道:"如果您的作品能译成中文,会使我们对俄罗斯的看法发生重大转折。我将尝试翻译一些您的著作——在我们看来最具代表性的那些,把您的思想介绍给我的同胞。"②

1905 年 12 月 4 日,托尔斯泰给张氏回信说:"承蒙馈赠大作,尤其是您的来信,给予我很大的快乐。在这漫长的一生中我曾几次遇到日本人,但从未遇到中国人,没与一个中国人建立过联系,而这正是我一直非常向往的,因为很久以来我就相当熟悉(虽然像常见的欧洲人那样也许很不全面)中国的宗教学说和哲学,更不用说关于孔子、老子及相关注疏。"(76,62~64)

对托尔斯泰这封信的评论常见于鲁迅、茅盾和其他中国文化活动家的文章中。

1906 年 3 月,托尔斯泰收到俄国驻上海总领事布罗江斯基(Л.Бродянский)的来信:"一位中国当代作家——辜鸿铭先生来找我,请求向您转寄他的《尊王篇》和一本关于日本战争的小书。"③这本著作目前保留在托尔斯泰图书馆。

辜鸿铭的书是托尔斯泰撰写《给一个中国人的信》的史料之一。这篇文章像是对中国人民的嘱托:"只要中国人继续过以前所过的和平的、勤劳的农耕生活,遵循自己的儒、道、释三大宗教的行为准则,儒、道、释三者在其原则中是一致的:摆脱所有权力走向自由(儒),己所不欲勿施于人(道),克己、忍让、爱一切人及一切生灵(释),由此他们现在所遭受的一切灾难便会自行消亡,任何力量都不能战胜他们。"(36,299)托尔斯泰怀着深厚的敬意和同情,在信中写道:"伟大而强有力的中国人民的平静和忍耐。"④(36,290) 1906 年 10 月末,在切尔特科夫的推动下,这篇文章在英国被翻译,也发表于欧洲的

① 资料来自莫斯科国立 Л.Н.托尔斯泰国家博物馆(Государственный музей Л.Н.Толстого)手稿资源。

② 同上。

③ 同上。

④ 《列夫·托尔斯泰文集》第 15 卷,北京:人民文学出版社,2010 年,第 473 页。

其他国家,1907 年略有缩减的中文版在巴黎问世。直到 1911 年才在中国《东方》杂志①的第一期刊载。

曾积极推动与托尔斯泰观点接近的反仪式派②教徒、移居加拿大的经济学教授詹姆斯·梅沃尔,在前往中国前夕拜访了托尔斯泰,他们谈及中国。托尔斯泰非常认真地倾听这位加拿大教授的讲述,并提出了一些问题……③托尔斯泰对中国与中国文化的兴趣从未消退,不仅那些和托翁探讨过中国及其文化的来访者见证了这一点,而且最主要的佐证还来自作家个人藏书馆中保留在书页上的详细页边注,这是托尔斯泰与其伟大先哲——中国智者的对话。

[加莉娜·阿列克谢耶娃,Л.Н.托尔斯泰庄园雅斯纳亚·波良纳博物馆学术研究部主任]

[罗薇、王嫣婕,北京外国语大学全球史研究院博士生]

① Шифман А.И.Лев Толстой и Восток.М.:Изд-во восточной литературы,1960.С.139.

② 反仪式派是从俄罗斯正教会分离出来的精神基督派的一支,产生于 18 世纪后半期。该派不敬拜圣像、十字架和圣徒,反对正教的仪式和圣礼,不承认教会和神职人员。19 世纪末,部分教徒移居加拿大。反仪式派认为基督教徒不应该杀人,因此拒绝服兵役,这与托尔斯泰强调人的理性和良知,拒绝暴力的理念相近,1897 年托尔斯泰曾公开支持反仪式派。——译者注

③ Mavor,James.*My Windows on the Street of the World*.London,Toronto,New York,J.M.Dent & Sons ;Dutton,1923.2 vols.

论文

法国汉学家白乐日及其国际视野

耿　昇

摘要： 法国汉学家白乐日具有令人羡慕的学术背景、广泛的人脉关系和浓厚的学术功底。在他短暂的一生中，他在汉学研究方面取得了不菲的学术成果，开创了法国乃至整个欧洲汉学研究的新领域。由于各种原因，他在中国长期处于被“埋没”状态，因而值得我们作一番简单研究。

关键词： 白乐日　汉学　宋史研究计划　中国社会经济史

在20世纪上半叶的法国汉学家中，在德国深造的匈牙利裔并于法国成就其事业的白乐日(Etienne Balazs，1905—1963)占据着非常特殊的地位。他学问高深，开创了法国汉学界的多个全新学科，是突破法国汉学界喜欢自成一统和拘囿小范围之传统的第一人。他不仅在法国汉学界留下了深刻烙印，而且在整个欧洲甚至在北美和亚洲(特别是日本)汉学界，都人脉通广，其交流范围甚至已经远远地超越了汉学或中国研究这个专业圈子。白乐日是一个值得纪念的人物，而在现实中又往往被人遗忘或忽略。

白乐日于1905年诞生于匈牙利，于1963年逝世于巴黎。他于其短暂的一生中，做出了令人仰慕的骄人成绩。他的英文版的《中国的文明与官制》(1964年)和法文版的《天朝官吏制》(1968年)[①]至今仍是世界名著。他成绩斐然却又命运多舛。他发起了“宋史研究计划”，与诸多学者从事国际合作，却又壮志未酬身先死。他在其时代是法国汉学界的一位革新者，但他的汉学研究，自始至终都处于连续的分裂多变之中。

命运留给白乐日的时间太少了，使他无法很好地完成可能会广泛影响汉学研究，特别是中国社会经济史研究的事业，因为他真正地投入这项研究，仅有短短13年的时间。

① 白乐日：《中国的文明与官制》(Chinese Civilization and Bureaucracy)，耶鲁大学出版社，1964年，309页；《天朝官吏制》(La Bureaucratie céleste)，巴黎加利玛尔出版社，1968年。

白乐日自幼深受卡尔·马克思和马克斯·韦伯的影响,终生矢志不渝地坚称为他们的忠实信徒和不二弟子,尽管他当时被打成“托派”,但他无可争议地成为当时西方汉学界少有的马克思主义汉学家。他具有匈牙利马扎尔文化的根基,从而与“东方族源”确立了联系。他在亡命于德国时,虽然持反纳粹立场,却又成了德国比较亲纳粹的汉学鼻祖福兰阁的弟子和福兰阁学派的重要成员,甚至是福兰阁最钟爱的弟子。他二次“流亡”时去了法国,成为法国著名汉学家和涂尔平学派学者马伯乐的弟子,开创了欧洲汉学界中的中国经济社会史研究的先河。他还受到了超级东方学家伯希和与戴密微先生的青睐,与法国战后一代大汉学家们为伍。他在法国史学界的巨擘费夫尔和布罗代尔的耳提面命下,很快又成为一名典型的年鉴派学者。他联合亚、欧、美三大洲的汉学家们,推出了“宋史研究计划”,并且取得第一阶段的成果。在这样宏大而又辉煌的学术背景下,白乐日必然会成为一位著名汉学家。可惜才子薄命,他过早地撒手人寰,使世界汉学留下了永久的遗憾。

2005 年 11 月 25 日,法兰西学院举办了纪念白乐日百年寿诞的学术讨论会。白乐日当年的同事、学生以及继承了其学术方向的法国汉学界的后起之秀们,都纷纷发言,向他表达敬意。法兰西学院汉学研究所于 2010 年为该所的《文库》第 25 卷出版了《白乐日的学术活动(1905—1963 年)》一书。本人参照该书的法文版,再结合其他资料而撰成此文。

一、白乐日的早期学术生涯

1.白乐日青少年时在匈牙利的活动

白乐日于 1905 年年初诞生于匈牙利首都布达佩斯,他当时的名字叫巴拉兹·伊斯特凡(Balázs István)。他的匈牙利名叫伊斯特凡,在德国叫斯特凡(Stefan),在法国叫艾蒂安(Etienne),这就给那些图书编目者制造了许多困难,如何准确地使白乐日的论文归于其名下成了件麻烦事。他于匈牙利完成了初级和中级教育的学业。从幼年时代起,他就受到了一种坚实的古典文化教育,包括法语和法国文化,成为同时能讲德语、法语和匈牙利语(马札尔语)的学者。事实上,他幼年时生活在一个动乱时代。1918 年,奥匈帝国瓦解。此后,匈牙利苏维埃共和国也被颠覆。尽管匈牙利民族起源于东方匈奴人之说的具体情节,有待于进一步夯实,但匈牙利与东方具有千丝万缕的历史渊源,确实是不容置疑的事实。匈牙利语是一种与其周边的欧洲语言没有亲缘关系的语言。作为游牧民族的古匈牙利人,是于公元 9 世纪,在其首领阿帕得(Arpād)的率领下,游牧于多瑙河流域,然后于10世纪又定居化了,并在圣斯德望(即圣伊斯特凡一世,白乐日的名字即出于此)的主持下,于9、10世纪之交,接受了基督宗教。但从13世纪起,匈牙利伟大先祖的名称又变成了阿提拉(Attila),人们认为匈牙利人出自东亚的匈奴人(匈人,Huns)和斯基泰人(Scythes),认为应该走进高地亚洲草原的匈奴人中,去寻找匈牙利人的起源或其民族之根。从18世纪末起,人们又认为匈牙利语与芬兰-乌戈尔语具有亲缘关系,属于同一语族。白乐日出生时,匈牙利人似乎已经寻到了其族之源,"匈牙利人起源语"似乎已占主导地位。

匈牙利最早"寻找原始祖国"的诸多学者中,克洛支·乔玛(Körösi Csoma,1784—1842)最具有代表性。他于1819年沿着匈奴人迁移的足迹长途跋涉考察,最终确认匈牙利人出自曾定居于中国边陲的匈奴人。他甚至一直到达西藏,有幸成为西方藏学的缔造人之一。但这位年轻的匈牙利人的真正兴趣是研究突厥文,被誉为突厥学家。继1526年的莫哈奇战争之后,奥斯曼突厥人占据匈牙利东部长达150多年。匈牙利人于2000年4月,将司马迁的《史记》卷110中有关匈奴人的资料,译成匈牙利文出版,从而扩大了匈牙利人出自匈奴人后裔之说的传播。

匈牙利人的中国学研究历史之悠久,背景之深厚,可见一斑。他们的重点是研究中国的西藏、新疆和内蒙古地区,出现了许多藏学家、突厥学家和蒙古学家。

匈牙利从20世纪20年代之初起,便开始汉语教学,因为其身份已被确定为"中亚民族"。当时恰逢白乐日结束其中学学业的时代。白乐日在18岁离家之后,匈牙利才于1924年创建了一个东亚语言和文明讲座,由日本学专家纪尧姆·普罗赫勒(Guillaume Prohle)主持,其中也加入了汉文、突厥文和阿拉伯文的教学课程。白乐日对这个讲座不感兴趣,他更注重研究中国中原地区的历史。

2.白乐日于二战之前在德国的学术活动

年轻的白乐日在两种欧洲文化之间徘徊,这就是柏林和巴黎,也就是日耳曼文化与拉丁文化的两大代表城市。他选择了柏林,携着大提琴和寒酸的行李,于1923年,在刚刚步入18岁时到达那里。主要是由于政治原因,他从此之后似乎再未重返其祖国。直到1950年左右,其生活还是贫困潦倒的。但他在德国又面临两位汉学大师供自己选择。他既可以前往莱比锡去继承曾经主持汉学讲座的孔好古①(August Conrardy,1864—

① 孔好古于1864年4月28日诞生于德国威斯巴登。他于1897年任莱比锡大学教授,并出任该校东方学院的院长。他是德国汉语和汉藏比较语言研究的权威,也是该学科的奠基人之一。

1925)，也可以去拜著名的海涅什[①](Erich Haenisch，1879—1966)为师。尽管海涅什是汉学家，但他更关心的却是满族学和蒙古学。20世纪德国最伟大的蒙古学家维也纳人海西希(Walther Hessig，1913—2008)，也于1936年在23岁时到达柏林，投在海涅什门下学习汉语，后来在波恩大学任教，成了世界上著名的蒙古学家。白乐日拜海涅什这位东方学权威为师，对他学术发展的影响难以估量。但他并未继承海涅什的蒙古学的巨大遗产。

白乐日同时也拜在当时德国世界性的旧派汉学家福兰阁门下学习汉学[②]。福兰阁曾作为翻译和外交官长期在华工作，归国后又在汉堡大学和柏林大学任中文教授，著有西方汉学史上的里程碑式巨著《中华大帝国史》(1930—1952年，5卷本)。当白乐日投到福兰阁门下学习汉学时，福氏已经60岁了，最终于8年后的1931年退休。白乐日同时又开始攻读于1920年在56岁时早逝的德国社会学家、历史学家、经济学家、社会法学的欧洲创始人弗赖堡大学教授马克斯·韦伯(Max Weber，1864—1920)的著作，特别是其传世名著《经济与社会》。白乐日后来成为一名中国经济社会史专家，在很大程度上是受此人的启蒙。因为韦伯研究中国社会的著述，在1920—1921年间出版。人们把白乐日视为韦伯的“身后”弟子，甚至是其衣钵的继承人之一[③]。

白乐日于1932年通过的博士论文是有关中国唐代经济史的著作[④]，从而“开辟了西方汉学界的一块千真万确的处女地”[⑤]。即便在当时的中国和日本，对中国历史上的经济形态的研究也刚开始引起最优秀学者的注意。这部著作已经包括了指导其未来著作的主要思想，因为它首先肯定了“梳理出一个伟大社会的经济基础与社会结构的迫切性”，它是长期以来被汉学界忽略的一大项目。这样做是为了勾勒出被他称为“中国封建社会长期稳定性”的轮廓。作为马克斯·韦伯和卡尔·马克思著作的潜心攻读者，白乐日将这一目标纳入他从未放弃过的比较方法中，而汉学界本来都不大习惯此种研究方法。白乐日选择了唐代以降，是由于它介于他称之为“中世纪”(也就是六朝时代)和他

---

① 海涅什曾于1925—1932年执掌莱比锡大学的汉学讲座之教席，然后于1932年赴柏林去继任福兰阁(Otto Franke，1863—1946)。他于1944年曾公开向德国纳粹当局呼吁，要求释放当时被德国法西斯囚禁在德国布痕瓦尔德集中营中的法国著名汉学家马伯乐(Henri Maspero，1883—1945)，可惜由于福兰阁不肯领衔出面，所以没有一名德国同事响应他，致使马伯乐最终被害。

② 有关福兰阁的概况，请阅特乌尼森(B.Theunissen)于1947年在《华裔学志》(*Monumenta Serica*)中发表的文章，第277~295页。

③ 有关马克斯·韦伯对白乐日的影响，请参阅朱恩道夫(Zurndorff)：《无疆界的中国》(*Not Bound to China*)，第294页。

④ 《中国唐代经济史稿》，载于《东方语言学会会议报道》第34卷，第1~92页；第35卷，第93~165页；第36卷，第1~62页；柏林1931—1933年版。

⑤ 见由戴密微撰写的讣告：《白乐日(1905—1963)》，载于《通报》第51卷，第2~3期，1964年，第247~261页。大家会在此文末读到对白乐日著作和教学的一份高度概括的统计表。

断代为“近代之黎明”时期的宋代之间。由此,白乐日便确定了其未来的研究方向。

3.白乐日初次到法国的求学活动

年轻的白乐日的天赋很快就被人发现了,以至于他在20岁时就享受到了法国政府的一笔优厚的奖学金,从而使他于1925—1926年赴法国学习。当时在巴黎,就存在着一个福兰阁式的汉学教学学派。那些初学者们都在巴黎国立东方现代语言学院,投在已进入耄耋之年的微席叶[①](Arnold Vissière,1858—1930,驻华领事馆外交翻译出身)门下学习汉语。

在这个时代,法国东方现代语言学院的多名学生,后来成为法国著名的大汉学家。如法国一代汉学大师戴密微(Paul Demiéville,1894—1979)、唐史专家戴何都(Robert des Rotours,1891—1980)、元代法律史专家拉切聂夫斯基(Paul Ratchnevsky,1899—1991)等。

白乐日到达法国时,有三位汉学大师可供其选择做导师。有研究领域覆盖了整个东亚和中亚的伯希和(Paul Pelliot,1878—1945),有大汉学家葛兰言(Marcel Granet,1884—1940),还有马伯乐(Henri Maspero,1883—1945)。白乐日最终选择了马伯乐。马伯乐自1921年起便主持法兰西学院的汉学讲座。白乐日于1925—1926年在法兰西学院聆听马伯乐授课。《法兰西学院年鉴》对这一时期白乐日听讲过的马伯乐的课程有所记载:马伯乐先生于其星期二的授课中,比较性地研究了古代中国与印度支那同时代的傣民族集团的社会与官方宗教。他在指出农业生活对于双方社会制度巨大影响的同时,又谈到了曾经在那里扮演过重要角色的民间崇拜,如崇拜天、崇拜地和崇拜先祖。尽管两者之间具有大量的和重要的差异,而且将这两个民族集团分隔开的时空距离也很大,但从对它们所作的比较研究中可以看出,这两个民族族群经常是互相受到启发的。它们共同拥有一种基本文化的独立发展……星期六,他开始研究被归于屈原名下的诗《天问》。他最初的几课堂用于研究那位被假定的作者。……此后的课程都被用在对这首诗的开头部分以及对诸多有关问题的研究,特别是对于由其每阙诗引起的神话的研究。

这也是白乐日最初聆听法国著名汉学家马伯乐课程的基本内容,从而奠定了他本人这位未来法国大汉学家的主攻方向。

白乐日于1926年又返回柏林,重新去聆听福兰阁的课程。这样一来,他最终便几乎同时拜两位汉学大师为师,即德国的福兰阁和法国的马伯乐。白乐日在德国参与了福兰阁《中华大帝国史》第2卷的索引工作,这篇长达450页的索引,最终形成了1937年出版

① 有关微席叶的情况,请参阅伯希和撰写的讣告:《微席叶》,载于《通报》,1930年,第27卷,第1期,第407页。

的《中华大帝国史》第 3 卷的重要组成部分①。

实际上，福兰阁与马伯乐的学术观点、研究方法和政治立场完全不同。马伯乐认为福兰阁历史著作的基础是朱熹的《通鉴纲目》。福兰阁在研究了中国断代史和其他几部著作的主要观点之后，认为《通鉴纲目》是一部写得非常得体的政治学著作，而不仅仅是一部史著。马伯乐却认为，朱熹并不是一位公正的和多种观点兼顾的史学家，而更应该是一位具有很大倾向性和为当时政府服务的政治史学家，他往往是删节诸多历史事实，并作了大量充满偏见的添加，以使其论述更符合儒家的正统性。马伯乐还认为，福兰阁在中国经济史研究中的总方向，是利用了年轻研究人员白乐日于 1932 年通过的博士论文《中国唐代经济史稿》，而又只字未提白乐日的名字。马伯乐认为，弟子的学问明显超过了其师。马伯乐还认为，福兰阁书中几乎完全遗漏了对中国艺术和诗歌的研究，而这一切本来在这个漫长时代里的文人生活中，扮演着主宰性的角色。儒家文化在中国这样一种文明社会中，提供了某种保证一个良好的政府及其充分实现的好方法。中国道教文化的作用，正是在于解决人际关系；作为大儒的朱熹，他根本不愿意记载和评说这一切。因此，以朱熹著作为基础的福兰阁的巨部《中华大帝国史》的汉学研究著作，必然会有多处严重失误②。

福兰阁立即撰文驳斥马伯乐③。福氏当时已经年逾 79 岁，在当时实属高龄，但他的反击火力依然很猛烈。

福兰阁首先回答了也曾批评过他的具有马克思主义倾向的俄国东方学家和汉学家魏特夫（August Wittfogel，1896—1988），然后便开始攻击马伯乐。这事实上是一场聋子的对话，是以一种互不容忍的偏执为基础的，因为福兰阁不屑接受任何一点批评，马伯乐等坚持各说各话，汉学界也没有多少人关心这场争论。据法国汉学家鄂法兰（Françoise Aubin）于 2005 年发现，收藏在法兰西学院汉学研究所图书馆的 3 卷福兰阁文集的毛边书，基本上始终未被裁口，只有于其中提到白乐日名字的几页例外，很可能是白乐日本人于 1947 年返回巴黎后曾翻阅过它。这就充分说明，即使在“汉学之都”的巴黎，学者们也并不关心福兰阁的著作。白乐日 1926 年返法时，便确定了其博士论文的新方向，即投身于其德国老师的弱项——中国经济社会史。

白乐日 1932 年在巴黎由马伯乐主持通过的博士论文，以及他于 1932—1934 年间发表的一系列论文，使他得以于其“收养国”法国迈进了法国大学教授生涯的门槛。他的

---

① 福兰阁的《中华大帝国史》第 1 卷于 1930 年在柏林出版，第 2 卷出版于 1936 年，第 3 卷出版于 1937 年。

② 马伯乐于 1942 年在《东方文学学报》中发表的书评，1942 年，第 56 期，第 260 页以下。

③ 《关于我们的研究方法的几点补充意见》，《德国东方学报》第 96 卷，1942 年，第 495~506 页。

名字也被列入冗长的德国汉学家名录中了。但由于纳粹势力在德国日益猖獗，白乐日被迫二次“流亡”法国。在当时的政治气氛下，有多名德国很有前途的汉学家逃到法国，如福兰阁的另一位高徒石泰安(Rolf A.Stein，1911—1999)于1933年在22岁时来到法国，还有莱辛(Ferdinand Lessing)、埃布拉尔(Wolfram Eberhard)以及瓦尔特·西蒙(Walter Simon)。这是由于德国纳粹势力的上台以及福兰阁的亲纳粹倾向造成的。

4.白乐日最终移居法国后的汉学研究

纳粹执政后，白乐日流亡到法国，这与他首次赴法学习时的背景完全不可同日而语。他先前已经在法国经历了一年(1925—1926)的学习，后来又取得了法国国籍(1955年)。他勤奋地在法兰西学院聆听汉学课，于1938年发表了一些有关中国六朝和宋代社会史的论文，以便参与撰写一部在他死后才最终定稿并问世的著作。这便是上文提到的格罗兹的《世界通史》中委托给白乐日的一卷。白乐日整理好了由马伯乐遗留下的有关中国上古时代和秦汉两朝的著作，自己又亲手撰写了直到14世纪的续文①。由于他后来又被指定去完成其他任务，所以他的研究最终到北宋时代结束。此著仅在他死后才由戴密微修订出版。戴氏认为这两位学者的论著在法国“属于最佳著作之列，也可能属于西方世界的最佳中国史著作之列”，因为它作了一次光照后人的总结，提供了具有长期价值的全面观点，无论此后在该领域中的研究发展到什么程度，它都永远泽惠后人。

白乐日于1949年进入国立科研中心，从而使他得以从事撰写涉及面很广的著作，最终成就了其重要著作，即《中世纪中国的社会经济研究》。其中的第1部分出版于1953年，包括对《隋书·食货志》的译注本②；第2部分是对于同一部断代史中《刑法志》的译注本③。这些译本始终为做学问者的表率和资料之源。

总而言之，白乐日自1935年流亡法国后，一直研究中国上古和秦汉时期的历史。令人遗憾的是，他未能再继续研究宋代之后的中国史。当然，他对近现代中国的社会形态、中国社会分期等问题，也作了不少探讨。

白乐日在法国继续聆听马伯乐的授课。据《法兰西学院年鉴》记载，在1934—1935学年，马伯乐讲到中国自汉初开始，由于哲学观念的知识，中国的历史资料变得很臃肿了，简直是汗牛充栋。这些知识都是来自经典之外，是于1世纪左右，由学校教育而人为地强行附加于经典之中的。这种观点使得白乐日后来(1954—1955)拓展了其研究方向。

---

① 马伯乐、白乐日、戴密微《12世纪之前的古代中国的历史与制度》，载于《吉美博物馆年鉴》，研究丛书第73卷，法国大学出版社，1967年。

② 《〈隋书·食货志〉译注》，载于《通报》第42卷，第3~4期，1953年，第113~329页。白乐日在导言中指出，在马伯乐留下的档案中，有同一著作的译文草稿。这又进一步证明了两位学者之间观点的趋同性。

③ 《〈隋书·刑法志〉译注》，载于《汉学研究所文库》第9卷，莱顿1954年版，Ⅵ+227页。第3种译本，即《晋书·刑法志》的译本，同样也是由白乐日完成的，但它未能出版，其注释仍处于大部分未定稿的资料状态。

白乐日在这一阶段撰写的几篇汉学文章,可能是在他离开柏林之前就已经交给编辑了。它们大都于战后被发表。例如,他于 1937 年发表于北京《辅仁大学学报》(《华裔学志》的前身)有关曹操的论文,以及他于 1938 年和 1939 年发表于《德国东方学报》中的两篇有关宋词和近代中国说唱艺人的书评。

在二战和法国被占领期间,白乐日被迫重新逃亡并躲藏在法国乡下。戴密微教授追忆过白乐日避难于法国塔恩-加龙省(Tarn-Garonne)时的艰难生活。他被迫种田和养鹅,以维持全家生计①。其妻回忆说,他愿意从事最低级的家务劳动。但一旦有空暇,他就会埋头写政论性文章。

白乐日在战后于 1947 年返回巴黎城,生活依然一贫如洗。他与全家由一富户人家收留,他以为该家庭整理藏书目录作为回报。据另一位匈牙利籍的法国汉学家和伯希和的名徒赛诺尔(Denis Senor)回忆说,当他于 1937 年经过柏林大学时,曾有人询问他是否认识其同胞白乐日,他回答说从未曾听说过此人。当赛诺尔于 1938 年到达巴黎时,他也给出了同样的答复。赛诺尔于 1947 年在巴黎负责教授有关阿哇尔人(Avars,柔然人或蠕蠕人)语言历史的课程(目前尚不知是在哪一所学校)时,令他感到惊讶的是,其诸多听众中的一人,是唯一懂得赛诺尔所论述学问的人,也善于提出许多学术问题。这是一名长赛诺尔 10 多岁的人,此人正是幽灵般的白乐日。这两个人后来习惯于在课后,到一家咖啡馆中见面叙谈, 并用匈牙利语讨论许多汉学问题。但他们只是互有好感,从未转化成亲密无间的友谊。

白乐日返回巴黎后,他发现法国汉学界已经面目全非了。伯希和、葛兰言和马伯乐都已先后去世②。两次世界大战之间成长起来的年轻一代汉学家人数有限。自 1945 年起就在高等实验学院第 4 系(历史系)任教,并且自 1946 年起继马伯乐而主持法兰西学院汉学讲座的戴密微先生成了白乐日的挚友;石泰安(1911—1999)是葛兰言的弟子,既是汉学家,又是藏学家;韩百诗(Louis Hambis,1906—1978)是伯希和的弟子,西域史和蒙古史专家;戴何都(Robert des Rotours,1891—1980)是富家子弟,以其中文典籍的收藏丰富而著名,后成为唐史专家。至于更年轻一代的汉学家,他们缺乏教师,毕业后缺少就业出路,也没有多少弟子或学生。白乐日正是在这样不利的逆境中成长,但他始终忠于先前时代大师们的学术传统。

---

① 戴密微于 1964 年在《通报》第 51 卷第 2~3 期中发表的白乐日的讣告,第 250~251 页。

② 伯希和于 1945 年死于癌症,马伯乐于同一年逝世于德国法西斯的布痕瓦尔德集中营,葛兰言 1940 年与维希政府的公共教育部长激烈争吵时突发心脏病去世。

二、二战之后法国汉学界的大师白乐日

白乐日 55 岁时才开始其在法国的教学生涯。他于 1950 年年初直接进入法国国立科研中心,并且开创了首先在当时尚隶属于巴黎大学的汉学研究所和其后在法国高等实验学院举办一系列讲座之先河。白乐日在汉学研究所的汉学报告,听众很有限。与之形成鲜明对照的是,戴密微在法兰西学院的汉学讲座却吸引了大批受众。白乐日在汉学研究所推出的一系列讲座的目的,是为未来的年轻汉学家们在国立东方现代语言学院毕业(其方向是口头和笔头翻译)与法兰西学院的高级学术研究之间搭建一座桥梁。然而,当时法国每年学习汉语的学生最多只有 7~15 名,他们注重中国古典文化,毕业后更愿意去外交部工作,而不是从事汉学研究。当时在巴黎大学汉学研究所中,有不少归国的老传教士和老先生,这些人都是青年人不愿意过多交往的。该研究所在法国东方现代语言学院看来,过分学究气,远不如以外交、外贸、旅游、教育等专业为主的东方现代语言学院受欢迎。但白乐日仍坚持在汉学研究所举办讲座。

白乐日在巴黎大学地下室(当时汉学研究所正设在那里)做汉学讲座时,法国现代著名汉学家和法国科学院院士谢和耐(Jacques Gernet,1921—)教授便是其稀有的几位听课门徒之一。据谢和耐教授回忆,白乐日当时正在准备他的《隋书・食货志》译注本①。吕西安・费夫尔(Lucien Febvre)与布罗代尔主持高等实验学院第 6 系,当时学术界都不看好历史和语言学系,认为它过于陈腐,缺乏前途。布罗代尔认为应该为中国做一点事情,因为当时正值新中国的诞生。他招募了 4 名研究导师:白乐日,当时是国立科研中心的研究员;瓦迪姆・叶理世夫,当时正继格鲁塞之后出任吉美博物馆馆长;左派谢诺,青年史学家;两年之后,汉语语言学家(尤其是北京话专家)李嘉乐(Alexis Rygaloff)也参与进去。当年在重庆的纪雅玛(Guillermaz)将军于稍后也参与其中。第 6 系的大部分汉学家都是称职的,他们既了解今日之中国,又了解中国古文明,熟悉古今中国文明的联系纽带。在 20 世纪 50 年代,这项工程的进展不快。当谢和耐于 1956 年进行其博士论文《中国五至十世纪的寺院经济》的答辩时,戴密微、布罗代尔、白乐日等人组成了答辩委员会。

布罗代尔认为,高等实验学院第 6 系的 5 名汉学家应密切合作,因为中国 3000 到 4000 年的文明留下的各种信息,其规模相当于整个欧洲的古典文明。这 5 个人中最称职和最有经验者,正是白乐日。

---

① 白乐日:《隋书・食货志》译注,载于《通报》1953 年号。

白乐日不仅是法国汉学界,而且也是世界汉学界的一名革新者。其《中国唐代经济史稿》开辟了汉学研究中的一条新路。今天,国际汉学界对于中国经济史的研究已经取得了丰硕成果,大家不会忘记其拓荒奠基人。

汉学研究所的讲座一直坚持到第6期之后,即1955年。当时,还在远东的新生代汉学家们尚未返回法国。白乐日最忠实的听众和门徒是纪尧姆·邓斯代梅(Guillaume Dunstheimer),他是一名德国老者。由于一次脑中风,他的右臂失去了功能,他当时正在准备有关中国义和团的博士论文。他自1949年起便是法国亚细亚学会会员,1953年毕业于东方现代语言学院中文系,于1984年去世。白乐日特别偏爱这个同自己一样失去祖国的弟子,始终有力地支持他。白乐日还有一名研究越南史的得意门生阮文欢(Nguyên Trân Huân)。他另外还有几名不定期的外国听众。白乐日在法国的另一名女弟子,就是后来法国国立研究中心的著名汉学家和蒙古史学家鄂法兰(Françoise Aubin),她是于1952—1953学年间,刚刚毕业于国立研究中心的研究员,毕业于东方现代语言学院俄语系的教师。但她从1950年起,便享受到了两位具有特殊志向的启蒙大师的教诲。第一位是于1949—1950年在东方现代语言学院授课的石泰安教授,他使她初步学到了现代汉语和古典汉语的基础知识。另一位是曾自1933年起便出任巴黎市立塞尔努斯基(Cernuschi)博物馆馆长的格鲁塞(René Grousset,1885—1952)。格鲁塞从1941年起,直至他于1952年逝世,始终任东方现代语言学院的中国文明史教授①,是伯希和遗志的执行人,分别为法国金石和美文学科学院和法国殖民地科学院的院士。人们对于格鲁塞的赞誉是一致的:有文化、高雅、善良、最和蔼的学究意气,天生具有令人难忘的大师们的一切品德。他对于远东文明的鸿篇巨著,已经达到了该领域研究的巅峰,足以吸引其年轻的听众。但鄂法兰主要是关心元蒙史,而白乐日又转向了宋史研究。

因此,在20世纪50年代初,白乐日所面对的受众人数寥寥。但听白乐日的授课却是令人着迷的。他的教学方法,一旦确定,便会锲而不舍地持续下去。

白乐日于1952—1953年,作了一系列有关宋代王安石(1021—1086)与司马光(1019—1086)之间来往书信的研究。实际上他1933年就发表过一篇有关王安石的论文②。他当然是站在改革派王安石一方,赞赏王安石的改革活动。他坚信王安石与司马光之争是由王安石主导的改革派与由司马光所代表的保守派之间的争论。白乐日于1952—1954年间,又举办了一系列有关宋代城市生活史的讲座,他所依据的是《东京梦

---

① 有关格鲁塞的情况,请参彼埃·拉芒(Pierre Lamant):《两个世纪的历史》第319~320页;辛加拉维鲁(Singaravélou):《法兰西远东学院》第328页。

② 白乐日:《王安石的道路》,载于《中国文化》第8卷,1933年,第165~171页。此文后来被芮沃寿(A.F.Wright)译作英文发表。

华录》。该书描述了开封落入金人之手之前的20多年的城市生活的诱惑力,使用了一种通俗语言与文学语言的混合体裁。这是白乐日庞大的宋代方志研究计划的起始。1274年的《梦粱录》则主要描述了南宋首都的生活。

白乐日于1954—1955年还在法国高等实验学院第4系取代路易·勒怒(Louis Renou)授课,同时还坚持在汉学研究所的讲座。他授课的主题是"儒家文化的变异"。20世纪50年代,汉学界出版了一大批有关儒家文化的著作,但它们无一例外地将儒家学说视为一种哲学、一种伦理和治国的准则、一种文人士大夫阶层的文化特权。白乐日认为,在汉初,当儒家代表人物与国家相对抗时,儒家学说几乎是一个受迫害的对象;当文士们和一事无成的学究们企图参与国事时,儒家学说又显得如同一种荒谬的理论。汉代的儒家,一方面吸收了此前意识形态中尚不存在的理论,如大宇宙论(宏观论)和小宇宙论(微观论)之间的关系等;另一方面,它又被国家选择为治国学说,文士们变成了为政权效劳的官吏。儒家失去了对教育的垄断之后,其政治优势也让位于佛教,直到它于宋代被以"理学"的名义复兴为止。白乐日在授课时提出了一个后来被人们反复提及的问题:中国的文士官吏所属的社会等级的性质是什么?是一个阶级、一个贵族还是封闭的特权集团?其后,白乐日热衷于证明,黑格尔与其他欧洲学者提出的中国社会停滞的观点,完全是不正确的。

白乐日学术生涯中的最大转折点,是在布罗代尔的提携下,成为法国高等实验学院第6系的研究导师。第6系即1947年创建的社会学系,也就是后来于1955年变成独立机构的法国教育部高等社会科学研究院,即法国学术界赫赫有名的"年鉴派"的大本营。与白乐日先后进入该学院的还有法国汉学界的一代名流:法国研究中国工人运动和民间会社的专家谢诺、博物馆专家叶理世夫、社会文化史专家谢和耐。还有些著名的外国汉学家参与高等社会科学研究院的讲座,如剑桥大学的崔瑞德(Demis Twitchett)和浦立本(G.Pulleyblank)、布拉格大学的普实克(Jaroslav Prüšek)、慕尼黑大学的福赫伯(Herbert Franke)等人。

白乐日授课时,经常援引马克斯·韦伯的观点。对此,他的同事们有诸多质疑。因为马克斯·韦伯并不具备准确的中国史知识,他也无法解释纯属于中国社会的特征。从中可以看出马克斯·韦伯对白乐日的强烈影响。白乐日希望逐点检验马克斯·韦伯提出的西方近代化的特征,他想看看类似的现象在何种程度上产生于中国。他最后证明,这些现象不可能在中国产生,但中国在某些分裂的时代却例外。如在五代时期,中国便出现了一种欧洲在很晚时代才出现的国家集权和专制官制,但这种体制却阻碍了市民阶级或有产阶级在中国的诞生,同时也阻止了个人企业与资本主义在中国的发展。因而中国无法在沿海地区建立航海业和海上霸权。当时在中国，没有资本积累，没有资产阶级，没有市民的特权，人们为逃避城市及其束缚而躲到乡下。强大的国家机器似乎控制了一切。白乐日对中世纪中国的判断是“专制社会、等级严明、墨守礼仪的专横、国家主义官吏阶层的绝对权力”。

白乐日的《中国的文明与官制》一书用了不少篇幅来论述“亚细亚生产方式”，认为用一种不变的模式来谈论发展是不正确的。其中还讲到中国官制的“持久性”以及国家“坚如磐石般”的特征，因为一小批官吏面对地方权贵和势力集团是无能为力的。白乐日于20世纪50年代下半叶的一次授课中，便论证了文官与封建大地主之间存在的家族关系。

尽管白乐日在巴黎的同事中有许多挚友，但他还是严厉地批评过法国的传统汉学。白乐日在法国亚细亚学会未做过任何报告，也只向该学会推荐过一位新会员，即曾与瓦迪姆·叶理世夫合作过的一位辛氏(Sin)中国人。在20世纪50年代，聆听白乐日课程的那些年轻汉学家们，均由伯希和的弟子与事业的继承人韩百诗介绍参加法国亚细亚学会，甚至连荷兰裔的中国道教史专家施周人(Kristofer Schipper)，也是经韩百诗介绍加入法国亚细亚学会的。但白乐日于20世纪50年代，坚持不懈地参加他深表好感的塞尔努什基博物馆的汉学讨论会，这一系列讨论会于每个星期一举办，由叶理世夫组织。同时他也经常参加由布罗代尔组织的晚会。

今天，人们已经不太关心西方人关于中国历史断代的问题了。白乐日认为，中国的近代社会应开始于公元1000年这个转折时期，因为在宋代的贸易中已经清楚可见资本主义的萌芽了；而资本主义社会发展的失败，一方面是由于官僚阶级和儒家的僵化，另一方面应归咎于元朝时期的专制主义复活。

白乐日于1957—1959年在法国高等实验学院第4系讲座的主题是“农业历史问题，对宋代土地制的研究”。在1959—1960年，其讲座主题又变成“明代手工业文献”。这一切都说明了白乐日兴趣的广泛变化。从宋代到中华帝国之末的这一漫长时期，农业、手工业和商业对于国家的贡献，始终是白乐日研究的对象。

从此之后，白乐日便将一半的时间用于每周一次的授课。他在中国的“资产阶级”或“市民阶级”的总标题下，讨论了中国历史分期问题，这是当时很时髦的一个课题。他于1954年在达勒姆(Durham)召开的“青年汉学家”学术讨论会上，提出来这个问题。一种中国历史的准确分期具有三重意义：向史学家们提供一些合理的标记，向汉学家们提供能确定一个特定时代的独有特征，向社会学家们提供一种与西方社会发展相比较的基础。当时，另外一个很时髦的研究主题是社会类型论，即学者们必须把各种历史事实

(如人民起义或游牧生活方式)放在社会类型学中研究。中国历史分期问题可以分成多种类型:新中国初期史学家们提出了所谓的“中世纪封建论”、近代社会和“资本主义萌芽”之初始、文士阶层的本质问题。白乐日反复论述最后一个问题。当时国际汉学界正在讨论英国人所说的“贵族社会”(gentry)是否适用于中国文官阶层,白乐日坚定地给予了否定的回答。

在1954年的达勒姆会议上,白乐日首次推出协调国际力量研究宋史的“宋史研究计划”方案。他的这一想法在当时具有创新性:汉学家们打破界限,聚众人之力而实施由他们之中一人所提出的研究计划。日本的汉学研究当时在法国尚令人陌生,要求日本汉学家们参与合作,实属革命性的事件。

白乐日力促诞生的另外一项雄心勃勃的国际合作计划,即创建《汉学书评杂志》。他于1956年9月亲自为第1卷作创刊序言,该卷于1957年出版。他在创刊序言中,重提法国年鉴派巨擘布罗代尔的重要角色,感谢他使一项广泛的国际合作成为可能。白乐日个人也为这份刊物撰写文章。在1955—1956年,他在每卷中都发表两三篇文章,而在1957年和1958年,他每卷要发表10~12篇。在失去白乐日的合作时,该刊物第5卷(本应在1959年出版)直至1965年才完成。

半个多世纪后,法国汉学界才得以正确评价白乐日授课内容的丰富性和精确性,同时也发现其生前发表的论文及其遗作的精确而又有分寸的特征。英国汉学家崔瑞德在对白乐日的《中国的文明与官制》一书的书评中指出①,白乐日完全是一位中国思想史专家,尤其是政治意识形态专家。

白乐日向其门徒与“宋史计划”的合作者们灌输研究中国特别是宋代社会结构的思想。最后,正如崔瑞德所指出的那样,为白乐日赢得持久荣誉的是他的译注文;其门徒所获得的最大收益,是接触了中国社会制度史的文献。

白乐日在某种程度上促使布罗代尔的注意力转向了东亚。此后,许多汉学家们也接受了布罗代尔的理论。

白乐日促使汉学独立于西域历史语言学和梵文语言学,成为一门独立学科,把它纳入世界社会学研究范畴。法国高等实验研究院第6系及后来的高等社会科学研究院的汉学研究,都继承了由白乐日开创的这条道路。

正如戴密微先生所指出的:对于白乐日来说,汉学既不是一件普通的兴趣之事,也不是为了逃避现实而躲在一种外国情调中的消遣,那是他年轻时就提出的社会与经济问题

① 载于《亚非研究院学报》,1965年,第28卷,第3期,第659~660页。

的基本框架,他那时就已经具有了进行比较研究的视野。①

白乐日对于国际汉学界的最大贡献,过去是和将来仍然是他得以最终将汉学研究纳入社会科学的范畴中,既使其人文科学的传统得以发扬光大,又使其结构得以面目更新。白乐日身上终生留下了其师福兰阁那抹不去的影响。福兰阁凭着自己对欧洲历史和法制的研究,鼓励白乐日在中国历史中寻找解释当代事件的钥匙,使德国汉学研究在东方学研究中占据一席之地,因为此前的德国东方学研究过于偏重近东和中东了。纳粹统治迫使整整一代德国汉学家受迫害或流亡,如魏特夫、埃布拉尔、《泰东杂志》(《大亚细亚学报》)的创始人辛德勒(Bruno Schindler)、石泰安和白乐日等②。凯恩共列举了43人,这是由瓦尔哈温(Hartmut Walravens)于1990年编制的名单,其中也包括研究日本和西域的专家。接受这些专家的国家有英国、美国和法国。这种流亡还促使这些学者摆脱了狭隘的民族主义观念,使他们与不同的学术界并肩工作,并利用他们的流亡"网络",拓宽了视野。

无论汉学家中的史学家们对中国历史的诠释有多大差异,他们都坚持阐明中国在8—13世纪之间的官僚机器的发展与经济革命之间的关系。他们在较长的时间里接受了唐—宋社会转型期的教育。包括白乐日在内的许多人,都支持国家机器的近代化的理论。这就是说,一种新的经济组织,必有一种政治组织的崭新合理性的响应。商业和货币经济的发展,是以商业会社及其与国家关系的多样化为动力的。

三、白乐日与"宋史研究计划"

1955年,白乐日加盟高等实验学院第6系,在先由吕西安·费夫尔和后由费尔南·布罗代尔的主持下,集中了一批被称为"年鉴派"的史学家。在《年鉴》(其完整的名称为《经济社会史年鉴》,创刊于1929年)杂志缔造人马克·布洛什(Marc Bloch)和费夫尔的推动下,形成了"新史学"的规划基础,也就是一种综合史学和比较史学,即一种动用人文科学所有学科(从舆地学到语言学,当然还要经过经济学)的史学,以帮助"理解"而不仅是"叙述"历史。这些革新者们反对"官方"史学,认为那是隐蔽在社会结构中的真正史学的表象,真正的史学掩饰在幕后。这使人联想到白乐日对于传统汉学所提出的批评,他认为传统汉学过分专注于"外围事实",而未充分地从传统的中国历史编纂学之影

① 戴密微:《白乐日,1905—1963年》(讣告),载于《通报》第51卷,1964年。

② 马丁·凯恩:《1933—1945年德国汉学家的外迁》,载于《美国东方学报》第118卷,第4期,1998年,第507~529页。

响中摆脱出来,因为后者是一种"由官吏们为官吏们所写的历史"。

在附属于该机构的历史研究中心及主任布罗代尔的支持下,白乐日于同一年推出了一项国际合作研究项目"宋史研究计划"。多年间他亲自负责这项工程,一直到其生命的最后时刻。他提出不少理由来解释选择中国宋代的原因:这个时代的"史料数量和质量都超乎寻常,对这个时代提出的问题具有决定性的特征,解决了这些便标志着解决了中国近代史的开端的问题"①。白乐日赞成"新史学"的研究目的和研究方法。他制订了一项集体研究计划,其目的首先在于编修一种为"人类最浩繁的历史之近代的科学的总结"所必需的实用工具书,包括断代史丛书、传记和参考书目等。这项工程需要动员全世界的著名研究人员和最负盛名的机构来完成。从 1956 年起,已经以"宋史丛书资料"(宋史研究计划)之名,出版了数部著作。为了仅限于讲白乐日个人的贡献,本文也将只引证以下著作:宋代行政文献集《宋会要》的目录②、《11 世纪末的中国商业中心图》③。第 2 部出版物的题目就涵盖了该著作的真正广度。布罗代尔在此问题上没有搞错,他在为白乐日著作所写的导言中,认为这幅地图是根据 1077 年和大概是前一年的商业税,仔细而又完整地统计编制出来的。这样读者就可以明白,宋代经济发展的关键时刻是以以下两种现象为标志的:其一,宋代的基本活动是朝东南方向移动的;其二,城市经济活动占据着国家经济运营的主导。这部著作很好地体现了白乐日的研究方法和抱负:对史学辩论所运用的资料做谨慎的研究;介绍具有革新性的、严谨的和排除了任何空话的研究成果④。

白乐日于 1963 年 11 月突然去世。尽管自 1957 年其心脏出现首次危险警报之后,他的身体便持续衰弱,但他仍承担了授课和协调该小组(其成员分布在世界各地)的活动等工作,这都是一些繁重和有时甚至是令人沮丧的任务。此外,他个人还承担了《宋史研究·参考书目》分册 100 多个条目的撰写工作,这是"宋史研究计划"的主体著作之一。该册包括 500 多条书目提要,它们是从京都大学人文科学研究所图书馆的 3000 多种宋史著作中选择出来的最重要条目。此书的出版严重拖延,但那些最忠于白乐日的同

① 戴密微所写的讣告:《白乐日(1905—1963)》,载于《通报》第 51 卷,第 2~3 期。

② 白乐日和科莱特·帕特(Colette Patte):《宋会要目录:食货、职官、刑法、舆地部》,巴黎高等研究实验学院第 6 系,史学研究中心,1957—1958 年,第 84 页,打字影印本。

③ 《经济·社会·文明年鉴》第 4 期,1957 年,第 587~593 页,附有一幅折叠地图。

④ 在"宋史研究计划"的《资料》系列中,也出版了其他参考性著作,其中大部分都是由高等研究实验学院第 6 系和史学研究中心负责出版的,计有:芮沃寿夫人(Hope Wright):《中国宋代的地名》(1956 年,共 192+9 页);柯睿格(E.A. Kracke Jr.):《宋代文官尊号的译名》(1957 年,共 48 页);张馥蕊:《宋代的官吏—尊号索引》(1962 年,共 579 页);柯支尼(Christian Cochini)和索安士(Anna Seidel):《摘译自〈中外历史年表〉的宋代编年史》(慕尼黑大学 1968 年版,共 257 页)。我们还可以引证:《宋史本纪中的专名索引》,由哈佛燕京学社的景英李梅(Ching-Ying Lee Mei)编,其出版工作委托给了白乐日的继承人(巴黎大学文学和人文科学系,《文献与资料》类第 12 卷,法国大学出版社,1966 年,XXII+130 页)。

事们还是顽强坚持了下来①。

白乐日就这样继续著书立说，参加国际学术会议，探讨和阐述他的观点。白乐日是“严谨而又细心的史语学家”（戴密微语）。他是高瞻远瞩的史学家，坚持为理解现在而研究过去。他的一生以20世纪极权制度所产生的悲剧为标志。我们正是应该从这一观点出发，来理解他在对“中国官僚社会长期稳定性”②的研究中的那种持之以恒的精神。在他那个时代，无论是在东方还是在西方，“官僚体制的国家干涉主义”似乎一直不可避免地呈上升趋势，因而他将中国漫长历史中的官僚社会视为当今世界的一面镜子③。

四、白乐日对布罗代尔的影响

布罗代尔以他自己的方式阅读和诠释白乐日的著作，并将其精华吸收到自己的著作中。一项调查证明，布罗代尔对白乐日著作的强占远远多于忠实的征引。布罗代尔曾公开地承认过这种影响，无论是在其著述中，还是在口头中，均如此。但这种做法却受到了马克·埃尔文（Mark Elvin）的严厉批评④。埃尔文用一种几近“推翻偶像”的言辞，揭示了白乐日对布罗代尔的巨大影响，同时揭示了布罗代尔在白乐日逝世后，是怎样作为特殊的灵感启发者和信息提供者而取代他的。因此，布罗代尔可能犯有双重过失：首先是过分相信白乐日，其次是过分执着于一种自20世纪60年代末已经变得陈旧过时的资料。他可能盲目地接受了白乐日有关中国官制和国家长期对社会监护造成的瘫痪性影响的观点。其实，正是这种影响遏制了中国的经济发展和社会变迁，而本来可以平等地与国家政权对话的中国资本主义的出现，是可以促进这些发展与变迁的。埃尔文称，布

① 《宋代书目》，由白乐日倡导，由吴德明（Yves Hervouet）主编，香港中文大学出版社，1978年，XXXVI+598页。同时，在德国也出版了“宋史研究计划”中的传记部分：《宋人传记》，由福赫伯（Herbert Franke）刊行，载于《慕尼黑大学东亚研究丛书》第16和17卷，威斯巴登1976年版，4卷本。“宋史研究计划”的第一部分是《概论—综述》，白乐日先于其《资料》中完成了一部分，后又由鄂法兰（Françoise Aubin）以一种与白乐日的预先策划不同的方式作了重复。其书名为《宋史研究—纪念白乐日文集》（1970—1980年版，2套5册。第一套是有关宋代历史和制度的，第二套是有关宋代文明史的），其中发表了有关宋代人口、军事和外交史等方面的综合性文章。如青山定雄：《宋代漕运的发展》，第一套第3册，第281~296页。

② 白乐日在他一生中唯一一次赴远东时，于东京举行的一次学术讨论会上，白乐日以这一题目发表了一篇学术报告。他受到了首次心肌梗死的折磨（1957年10月），后来启发他产生了这样一种令人可笑的观点：“上帝不喜欢这次发言，它以其盛怒来打击本作者。究竟是这篇发言很坏呢，还是上帝很坏？上帝都是官僚吗？”（戴密微介绍的一段话）。

③ 继白乐日于1962年访美之后，其友芮沃寿（Arthur F.Wright）教授承担了其一部文集的英文出版工作：《中国的文明和官制：名称的变化》，纽黑文—伦敦，耶鲁大学出版社，1964年，XIX+309页。基本上是包括同一批文章的一部文集在戴密微的推动下于法国出版，被收到加利玛尔出版社的“人文科学丛书”之中：《天朝官吏志：传统中国经济和社会研究》，巴黎大学出版社，1968年，第346页。

④ 马克·埃尔文：《布罗代尔与中国》，载于由马利诺主编的《早期近代史与历史科学》，特鲁曼州立大学出版社，2002年，第225~254页。

罗代尔对于李约瑟(Needham)有关中国科学与技术的著作根本不知道,至少是他在20世纪60年代末修订其有关中国历史和经济的著作时,尚未阅读过下述汉学家们的著作:郝若贝(Robert Hartwell)、周藤吉之(1907—1987)、施坚雅(William Skinner)及其合作者,甚至是埃尔文本人的著作。但布罗代尔手中至少掌握有白乐日对李约瑟于1956年发表的《科学思想史》第2卷《中国的科学与文明》的书评。布罗代尔没有明确指出其具体参照之处,却装出一副权威的姿态,于其1963年的教科书中,分三次概括和讨论了中国思想。但埃尔文似乎忘记了,布罗代尔有关资本主义的3卷著作是集中在14—18世纪的,而白乐日计划中却只有宋代。布罗代尔支持白乐日的"宋史研究计划",还特别强调宋代在以下方面所取得的成就:农业、人口、航海技术、纸张和火药的发明等。

布罗代尔在撰写14—18世纪欧洲经济史时,运用了白乐日的知识与建议。布罗代尔在1979年出版其3卷本的《物质文明、经济和资本主义》时,仍于其序言中感谢白乐日向他提供的有关中国的知识。还有布罗代尔1963年出版的教科书。布罗代尔在这些作品中,以最明确的方式欠下了白乐日的文债。他们在1962年1—3月间的来往书信表明,白乐日不仅向布罗代尔奉献了两篇文章,而且还有一遍总结性的定稿文章。白乐日不仅将这些文章送给了布罗代尔,还送给了谢和耐与龙巴尔,这些文章后来被收入《物质文明、经济和资本主义》一书中。

在布罗代尔的《物质文明、经济和资本主义》一书中,有150多页的文字带有明显的白乐日影响的痕迹,它们充分地说明了他们之间学术交流的性质。他在第2章的最后3页文字中,公开承认概述了白乐日的观点。他还在第1章第224~238页论述中国官吏时,两次提到白乐日的名字。他在书中引用的白乐日关于中国的论述,或者是直接来自白乐日的文章,或者是来自白乐日于1962年1月中旬寄给他的札记。它们大都是白乐日于1962年发表的《历史中国与新中国,连续性与断裂性》中的观点。布罗代尔特别利用了白乐日的两篇文章:《中国官僚社会的持久性》(1959年)和《资本主义在中国的诞生》(1960年)。此外,布罗代尔还按照白乐日的建议,在有关中国城市问题上,参阅了西方旅行家们的著作,如蒙特高维诺(Fra.Giovanni de Montegovino)[①]或德·拉·科斯特(A. de La Coste)[②]神父的游记。

在布罗代尔构思其未来10—15年的研究方向的时候,白乐日已经进入了他的学术与人事氛围。布罗代尔当时不仅需要准备其《地中海》一书的第2版,还要为高等实验

① 蒙特高维诺(1247—1328)是意大利人。他于1289年被教皇英诺森四世(Innocent Ⅳ)派往中国元代的汗八里(北京),忽必烈同意他在中国创建一个传教区,他于此后又任北京大主教。

② 德·拉·科斯特(1578—1629)是西班牙耶稣会士。他于1625年在广东海岸遇海难,后往返于广州、肇庆及梅州地区,著有《中国游记》(1626—1629年之间)。

学院第6系选择方向。他当时正任该系的秘书，招募人员以创建文化圈研究中心，并且还要主持他亲自创建并领导的历史研究中心的工作。布罗代尔于1954年8月4日致信瓦迪姆·叶理世夫："历史研究中心决定从事有关欧亚历史的比较研究，并开始出版一种季刊、几卷文献和译著。我强烈希望您能帮助我们完成这项计划，特别是利用您的日本之行，建立交流关系并寻找合作者。"次年2月5日，叶理世夫便要求白乐日"安排紧急会见"。由此可见，布罗代尔在几部传世名著中，均受到了白乐日某种程度的帮助和影响。

布罗代尔在与白乐日交流中并在他的帮助下，亲自确定了一种中国观。它在不止一点上背离了当时汉学家的观点，但它很符合布罗代尔为其书确定的新方向，也就是将欧洲与世界上其他大文明比较，从而权衡它们各自落后与先进的程度。

今天，根据中国经济史研究所取得的巨大进展，学者们对布罗代尔的观点会提出质疑。因为布罗代尔1979年著作出版时，它所依靠的信息已经过时了。尽管布罗代尔作出了力所能及的努力，但他还是屈服于"西方民族主义"。正是这种主义，才将史学家从科学和技术的立场推向了否认或缩小欧洲向中国所借鉴的内容境地。埃尔文认为随着比他小三岁的白乐日的去世，布罗代尔失去了能为他提供最重要信息的人，也失去了一个可向他请教的高水平的专家。实际上，继白乐日之后，布罗代尔还不断请教叶理世夫、贾永吉和龙巴尔等人。

20世纪50年代初至60年代，出自布罗代尔与白乐日的交流的那些文章，都属于上述研究范畴。布罗代尔于1963年出版的有关现今世界的教科书，比《物质文明、经济和资本主义》一书更加标志着他们合作的巅峰，标志着布罗代尔的转折。《物质文明、经济和资本主义》一书于白乐日逝世4年之后出版。其书第1卷《日常生活的构成》中，便有160处引证"中国"（再加上有关"中国人"的引证36处）；第2卷《交流的规则》中，有67处提到了"中国"；在第3卷《世界的时间》中，仅有48次提到中国。如果白乐日还活着的话，那么他就会帮助布罗代尔在列举中国与印度的例证时保持平衡，并且两人也会互相对照他们各自的预见。布罗代尔的预见是1982年提出来的："纽约的世纪尚很年轻，它是否会于现今的危机中消失呢？今天的权杖掌握在那些庞然大物手中。然而，神奇的日本将来最多也只是一个英国。中国正陷入其神话般的落后境地中，就如同印度一样……所以，在缺乏最佳者的情况下，美国似乎是要继承他自己。"①白乐日的预见则是比较长期的，他是早于1954年提出来的，这仅仅是在中国共产党取得胜利的5年之后。

① 布罗代尔：《欧洲》，巴黎漫画艺术与工艺出版社，1982年，第150页。

他说:“中国的 21 世纪,即将继承俄国—美国世纪。”①这种预言在半个多世纪之后的今天,显得更加现实了。在这两位历史学家中,白乐日可能比布罗代尔看得更加久远。我们也可以认为,这两种预见并不处于同一平面,也不属于同一思想体系。白乐日是从经济和军事实力来思考问题的;布罗代尔是以“经济”的观点想问题的,他认为这种“经济”在今天是需要一种或多种中心的。

五、白乐日为“宋史研究计划”与多国学者合作

对于白乐日推出的中国“宋史研究计划”,戴密微先生曾于其报告中写道:继去年在英国举办的一次汉学家大会之后,他(白乐日)便着手在与全世界的专家们的合作下,落实一套《宋史研究手册》,就如同我们逐渐需要中国历史上所有时代的丛书那样。这项国际事业的中心就在这里。在这位先驱的推动下,这支队伍正在迅速地形成。

1955 年 6 月—7 月间,白乐日的一系列信件证明,日本、德国和意大利学者的应聘介入该项计划。日本学者于 6 月 4 日在东京召开了一次会议,由京都大学的宫崎市定教授主持,以讨论他们与“宋史研究计划”的合作方式。共有 10 位日本教授参加了这次会议,如青山定雄和田野开三郎等宋史研究名流。

这次会议决定,日本与法国“宋史研究计划”合作委员会的中心设立在东洋文库,由榎一雄教授负责主持。它在京都的分支机构由羽田明负责。该委员会包括的研究人员,除已经接到白乐日通讯的人(即已经参加过东京会议的人)之外,还有新近被任命的 7 位成员。在这 17 名教授中,有 8 名被布罗代尔写入他为白乐日的《11 世纪末的一幅中国商业中心图》所写的序言中了②。此后,又有 3 名新加入的日本学者:东京的周藤吉之(1907—1989)、京都的冢本善隆和仙台的曾我部静雄(1808—1988)。这份长长的名单中包括战后日本汉学界的一代名流,它可以使人考量当时日本对于中国中世纪研究中的分量。这种联系导致了白乐日于 1957 年的赴日旅行,这是他一生中唯一一次赴远东的旅行。

继日本之后,白乐日于 1955 年 6 月应意大利罗马大学中东与远东研究所所长图齐(Giuseppe Tucci,1894—1984)教授的邀请赴罗马。图齐答应白乐日,每年向“宋史研究计划”捐助 100 万法郎(时价)的分担额,其唯一条件是“宋史研究计划”的所有出版物中都标注“由中东与远东研究所资助”。白乐日向布罗代尔描述了意大利中东和远东研究

---

① 戴密微为《天朝官吏制》所写的序言,第 9 页。

② 白乐日:《11 世纪末的一幅中国商业中心图》,载于《经济、社会和文明年鉴》,第 4 期,1957 年,第 587~593 页。

所的多项活动以及它所拥有的手段:展览、会议、接待、“坚强的财政基础”。它还分别在那不勒斯、米兰和威尼斯设有分支机构,在印度设有“意大利会所”,其行政人员就有近一打(12 名)。总之,白乐日认为意大利中东和远东研究所是“在钱币中游泳”。事实上,意大利于 1955 年夏季在战后 10 年时,返归了欧洲大国之列,于 8 月末在罗马举办了世界博览会,并且举办了战后第 2 届国际历史科学大会。这是继巴黎于 1950 年举办第 1 届大会之后 5 年的事情了,它标志着意大利史学家们已经恢复了与国际史学界的交流。

白乐日也向布罗代尔通报了给予两名德国科研人员经费,以使他们参与“宋史研究计划”的合作。这两名科研人员很可能是德国科学家联盟的成员,该联盟于 1949 年在伯恩重建。布罗代尔也亲自赴美国,与该国的学者们建立联系,希望获得洛克菲勒基金会的支持。

图齐与白乐日的交流共有 15 封书信和一封电报,其时间为 1953 年 8 月 14 日—1959 年 1 月 8 日。它们证明了白乐日与意大利中东与远东研究所之间的密切合作。白乐日在被选入法国高等实验学院第 6 系的导师之前,就已将其《〈隋书·食货志〉译注本》(1953 年)和《〈隋书·刑法志〉译注本》(1954 年)寄给了图齐。图齐首先于 8 月 14 日许诺,将在《东方与西方》中作一篇书评,然后又于 10 月 12 日感谢白乐日参加罗马的汉学家大会,并邀请他参加来年的马可·波罗诞生 700 周年纪念会并做报告。一封同样的邀请函也寄给了戴密微,白乐日说服他积极参加。白乐日提交的论文是有关“中国集市”问题的,后于 1953 年发表在《让·博丹学会文集》第 5 集中。1954 年的前几个月,白乐日为马可·波罗纪念会写了论文《马可·波罗在中国首都》,后由中东与远东研究所发表。纪念马可·波罗的会议最终定于 1954 年 4 月 6 日召开。

在 1955 年,共有 3 封涉及白乐日与意大利《东方与西方》杂志合作的书信,因为图齐想将这份杂志改版成一部“科研工具书”。此外,白乐日于当年与图齐交往的信件还涉及与图齐的互访。意大利中东与远东研究所于 1958 年向法国高等实验学院第 6 系输入 100 万法郎(后推迟于 1959 年)以赞助“宋史研究计划”。

白乐日于 1957—1958 年与廖内洛(图齐委托他与布萨利共同主编《东方与西方》杂志)的通信,涉及罗马国际青年汉学家大会之后,下一届会议的组织问题。信中还提到日本“宋史研究计划”委员会寄去的《宋代研究著述总目》两册[①]。该委员会还于 1959 年年末给白乐日寄去两套在中国台湾印制的《宋史》。

白乐日的活动能力证明了第 6 系选中他的正确性。戴密微称他“目光远大,也是一位实践者”。他能够指导一项国际计划,故而于 20 世纪 50 年代被选入由布罗代尔倡议

① 由东京的东洋文库发表,它还应该有两卷,分别于 1959 年和 1970 年出版。

组建并受到费夫尔支持的年轻的第 6 系。这里不仅吸收了在巴黎大学和法兰西学院占据着重要职位的学术界人士，而且还聘任了具有国际名望的外国学者。他们之中既有西方学者，也有东方学者，这实际上就是美国式的"文化圈中心"的法国版。在 20 世纪 50 年代之后，法国建立的任何科研机构都处于一种竞争的环境中，并且都与已经存在的科研机构有别。

白乐日的这种面向世界的开放精神，也正好符合布罗代尔的个人需要。布罗代尔于 1960 年 6 月致信白乐日，向他索求一份有关中国城市志的目录。他的著作在论述非欧洲文明时需要一些这样的资料。正在汉堡讲学的白乐日于 6 月 21 日回答了布罗代尔，列举了数量不多的一份城市志目录，系他匆忙和以现有手段编制而成的。白乐日致布罗代尔的最后一封信写于 1962 年 11 月 16 日，是邀请布罗代尔夫妇于 11 月 22 日赴家中吃晚饭。这仅仅是在白乐日逝世的 7 天之前。这也证实了布罗代尔的预感，因为他于 1958 年 1 月 21 日就曾致信白乐日："亲爱的朋友，学院方面希望您的健康是您的主要和唯一关注之处。"①

白乐日的一生是短暂的，仅仅活了 58 岁。其学术生涯更为有限，仅有 15 年。但他的成绩却是巨大的。他打破了法国汉学界在欧洲以老大自居和故步自封的传统，力主并亲自践行国际合作，取得了令人难以想象的成绩。他以自己的学识，开辟了法国汉学界的多个全新领域，特别是有关中国社会经济史和中国历史分期诸问题。他率领部分法国汉学家，投入以费夫尔和布罗代尔首创并长期主持的法国史学界著名的年鉴派学者的阵营，适应了当时汉学发展的潮流，更推进了中国文化在世界范围内的传播。

[耿昇，中国社会科学院历史研究所研究员]

① 莫理斯·埃玛尔：《白乐日与布罗代尔》，载于《白乐日的学术活动》，第 47~49 页。

书评

读《中国人信札》，看18世纪法国的“中国热”

张　放

近读中央编译出版社出版的法国18世纪作家阿尔让侯爵（Marquis d' Argens，1703—1771）作品《中国人信札》颇有耳目一新之感，因为关于18世纪法国启蒙运动代表作家诸如伏尔泰、孟德斯鸠、狄德罗以及他们的相关作品国内已有不少译介与评论，而由于启蒙运动领袖、百科全书派和重农学派的推动，法国的“中国热”达到极致，其间，阿尔让扮演了何种角色，他的作品《中国人信札》主要内容与特色在国内少有人知。此次中央编译出版社推出陆婉芬、贾乐维编注的《中国人信札》可谓填补了国内译界的空白，对中外文化交流，乃至清史研究都有实际意义。

阿尔让侯爵是法国启蒙时代的自由思想家、哲学家、文学评论家、小说家，与“中国热”一代哲学名流交往密切，仿孟德斯鸠《波斯人信札》，以伏尔泰《哲学信札，或英国人信札》为榜样，著有《哲学通讯》18卷，宣扬培尔、丰特奈和伏尔泰等哲学家非正统的经验主义论断和个人的伦理观，助推启蒙运动的怀疑论思想，挑战专横的宗教和经院派哲学，专事为普通读者撰写哲学、宗教和历史方面的论战性作品。其中，《中国人信札》初版于1739—1740年，后又多次再版，内容有增删。原书全名《中国人信札，或一位中国游历家与其在中国、莫斯科大公国、波斯和日本的信友之间的哲学、历史与批评通讯》（*Les Lettres chinoises, ou Correspondance philosophique, historique et critique entre un Chinois voyageur et ses correspondants à la Chine, en Moscovie, en Perse et au Japon*）。作品的标题继承了自文艺复兴拉伯雷以来的传统特点：标题全称很长，以“或”字分离开作品的主题或副题。这类标题在后人看来显得过长，但其优点在于画龙点睛，点明作品的内容要义，一目了然。《中国人信札》标题清楚地表明其内容是通过一位中国游历家与在中国国内，在莫斯科大公国，在波斯以及在日本的信友的通讯，通过“他者”（中国人）目光反观法国和欧洲现实，表达其在哲学、历史、宗教、政体等方面的观察与思考。“他者”成了作者阿尔让的代言人,“他者”的思考和观点就是作者的思考和观点。《中国人信札》采用18世纪流行的书信体,发挥其自由灵活的优势,作者自己设问,自己做答,可以随心所欲,得心应手地选择主题和话语风格,“把哲学、政治和道德融入一本小说,并用某种无法察觉的线索联系起来”(孟德斯鸠《波斯人信札》)。阿尔让在《中国人信札》中,借用中国人目光彰显中国儒教文化的仁德政治、宗教的多元和宽容性。难能可贵的是,阿尔让不同于“中国迷”伏尔泰那样将遥远的中国视作永远的政治乌托邦,一味地推崇,痴迷而排他。相反,他坚持哲学的理性主义,对当时风行的中国神话有所保留和批评。如果说孟德斯鸠《波斯人信札》以虚构的东方来批判现实的西方的不合理性,开创了理性批判的先河,那么阿尔让《中国人信札》则依据法国耶稣会传教士笔下描绘的真实中国,借中国人目光反观法国和欧洲社会,对法国和欧洲现实进行政治的和哲学的批判。为了强化其批判力度,阿尔让在作品中特意构想出有教养的中国游历家派赴欧亚旅游,他们谙熟西方知识,从文学到哲学,从科学到宗教,无所不知。他在序言中多次强调:书中我假设一些精通欧洲科学的中国人,但这并不让人觉得不真实……他们……认识了几个在北京的英国商人……阅读了欧洲最好的书;他们是耶稣会士的朋友,受过传教士多年的教育;他们很博学,不仅精通欧洲的科学,还精通希腊语和拉丁语;他们不仅是哲学家,还乐于自学推动欧洲繁荣发展的科学;他们学哲学,学神学,等等……大量的中国人、越南人和暹罗人每天确实是这么做的。在暹罗和北京,人们像在巴黎大学一样答辩神学论文,对答如流,令我们叹为观止。如书中到巴黎的图索(Sioeu-Tcheou,又译:谢宙),往波斯和里斯本的庄(Choang),赴莫斯科大公国的刁(Tiao,又译:陶),去日本的哲求(Kieou-che,又译:邱世)等,由他们将自己在各地的见闻与观感写给北京的信友陈渊哲(Yn-Che-chan,又译:尹世山),或者在游历者之间互通信息,讨论问题。由此构筑以北京为辐射中心,巴黎(图索)-北京(陈渊哲)为中轴的欧亚通信网络,汇集中国人游世界的信息,集中对欧亚文化,特别是中国儒教文化和基督教文化进行审视和比较,旨在彰显中国文化,批判基督教文化。因此,《中国人信札》可以视为一部文化游记,或比较文化和哲学批判的著作。而作品中中国游历家自然成为阿尔让的代言人,他们对游历事物的视角和观点,真实地体现了作者自己的文化观和中国观。由此引领读者进入法国和欧洲社会内部,从民族风俗到宗教信仰,从伦理道德到政治体制、社会风尚乃至哲学思想、议会、法律、婚俗、性道德等等,进行广泛的观察比较,并借助中国文化作参照,进行批判。如此这般,旨在直面法国和欧洲现实,意在助推启蒙思想,鞭笞政治和宗教的专制性和不宽容性,揭露和批判法国和欧洲的黑暗现象。为了突出法国和欧洲君主的非理性和道德低下,极力推荐具有尧舜道德的君主楷模。启蒙思想家视孔子为圣人,是中国神话的缔造者。阿兰·佩雷菲特在《停滞的帝国》中有专章描述“对中国着了迷的欧洲”，指出“启蒙时代的人对欧洲社会的一切都要重新评价，对中国社会却全盘肯定”。在法国，从王公贵族到平民百姓，无一不对中国抱有浓厚兴趣。伏尔泰为孔子及其儒学而倾倒，主张应由孔子这样的哲学家担任国王，以改造法国的政治，并把中国的政治制度亦即他们所说的开明专制主义，奉为欧洲各国应追随的榜样。莱布尼茨则建议西方君主都应向中国学习，请中国文人来，并派西方文人去那里，以便发现普遍真理从中产生的奇妙和谐。他甚至写信给太阳王路易十四，请他仿照中国字，创造出一种为各国人民所能理解的象形文字……这种热情出自同一信念：存在一种由人管理自己和由理性管理人的模式，没有宗教，没有教会，没有专制，只有自由思想的绿色天堂。阿尔让在《中国人信札》新版中专门著文《献给孔子的在天之灵》，称孔子为“中国礼法的复兴者，美德之父，功德大师”，更在信中慨叹“让我们赞美中国人的帝国吧，它自古至今，以其原有的姿态存在于世，而后也将会同样的稳定……是杰出而令人肃然起敬的孔夫子用他强大的力量保佑中国，避免革命，免于经受时间的磨砺，我们应该祭祀他；这位伟人，通过他所建立的英明律法，成为人民的救星、宗教的支柱和君主的保护者”。阿尔让通过与图索多次通信，揭露巴黎和欧洲的宗教生活黑暗腐朽，纷争不断，教会制造各种借口，对异教徒实行残酷的迫害和剿灭。《中国人信札》最深刻、最具哲学意义的批判可能就是作者借图索的笔揭露整个欧洲对犹太人的残酷迫害：“这个不幸民族的顽强生存本该引起他们的同情，从而放弃自己的企图。然而，事实恰恰相反，在过去几个世纪中，这反而使欧洲人变本加厉，在迫害中使用更多的暴力……人们把犹太人赶出他们的家园，千方百计地消灭他们，迫使他们自杀，杀死自己的妻子和孩子，编制各种谎言和借口掠夺犹太人的财富。”不仅如此，阿尔让还让他笔下的中国人深入犹太人中间去考察，用事实证明“较之最文明民族的风俗和宗教礼仪，犹太人的风俗和宗教礼仪毫无特别之处，也无更多的不理智之处”，以此毫不留情地暴露基督徒迫害犹太人的谎言。法国文化史家艾田蒲在评述这些篇章时，认为它们从哲学意义上批评了欧洲约两千年历史中的反犹太主义，指出“仅凭这些文字，《中国人信札》一书就值得我们重视，其作者阿尔让侯爵就值得我们尊重”（艾田蒲《中国之欧洲》下卷）。从哲学角度看，《中国人信札》最值得称道之处也许就是它对中国哲学、中国新儒学的唯物主义阐释和宣传，通过一连串的追问和辩论，引发出一场唯物主义和唯心主义的哲学论战。作者让他笔下的中国人以完美的唯物主义口吻，以雄辩的诘难驳倒了上帝创造一切的神学观，将其哲学批判和哲学研究推进到时代高度，而使他无愧于跻身18世纪的启蒙思想家，为中法文化关系史留下精彩的一页。

阿尔让被文化史家归入伏尔泰式的“亲华派”，但他在借鉴与比较中国文化批判西方弊端时,仍能坚持哲学家应有的清醒和理性,借图索的目光审视法国,批判西方时,通常让这个“中国人”反观自己,进行自审,检讨中国闭关自守、夜郎自大的国民性,抱残守缺、不思进取的陋习,而非伏尔泰式的偏袒,或孟德斯鸠式的蔑视。阿尔让借图索之口重申这样的思想:“人们之间的区别在很多方面是由他们的服饰、语言和外部行为方式决定的,但是支配他们的激情却极为相似;如果我们看到人的内心,就像看到人的外表,世界上所有的人民便构成了一个民族。”正是这种世界意识和世界视野,才使阿尔让在对中西文化的比较、褒贬中,始终保持清醒的哲学精神,也正是这种哲学精神,才使他在对法国和欧洲的批判中臧否得当,达到时代应有的深度和高度,从而拓展了启蒙运动的内涵及其发展的广度、深度和高度。时至今日,当我们读到阿尔让几乎在300年前借图索之口指出“中国闭关自守、夜郎自大的国民性,抱残守缺、不思进取的陋习”时,不禁慨叹阿氏的睿智和远见,一针见血地指明古老的中华帝国的致命弱点,不禁想到阿兰·佩雷菲特在其《停滞的帝国》引论中列举的令国人汗颜的一连串历史反思的问题:“为什么中国直到16或17世纪是世界上最发达国家,以其丰富的发明和精致的文明超过西欧?为什么它后来先是被赶上,接着被超过,而到了19世纪,它的部分领土完全像停留在石器时代的原始部落一样被殖民化?以至于在20世纪,它变成了世界上最落后、最贫穷的国家之一?为什么,又是怎样发生的,有些国家‘醒来了’,而另一些国家——或相同的国家,后来‘又沉睡了’?”18世纪末,历史曾给过东西方交流的最好机会,《停滞的帝国》开篇指出:“乾隆时代,中国达于鼎盛,它的人口增加了一倍多,领土面积延伸到安南,交趾支那、暹罗、缅甸、尼帕尔、……朝鲜、……蒙古……中亚,直到咸海,甚至里海。从未有过这样多的人口臣服于帝国的权威。”而当时,早已完成工业革命,掌握了蒸汽机、电机,机械化高度发展,商品经济最为发达的英国是世界上最先进的工业国,渴望与中国发展贸易。如果这两个世界巨人能够增加接触,接受互补,各自吸收对方长处,如果早在其他国家之前就已经发明了印刷术和造纸、指南针和船舵、火药和火器的中国能够接受英国,双方联手发挥各自优势,中国人和欧洲人交流信息和技术肯定会引起双方爆发巨大的进步和发展。但是,由于当时双方的傲慢,都自以为是世界中心必然独尊于世界,碍于礼仪之争,致使这场东西方之间的“聋子对话”让这样的历史机遇流产。之后,西方突飞猛进的科学技术引领资本主义大发展,殖民主义和帝国主义活动肆虐于全世界,而中国却继续沉睡数百年,直到英国的坚船利炮打开了中国的大门,鸦片战争开启了中华民族一百多年的悲剧和屈辱。正如美国汉学家孟德卫在《最初的碰撞三百年(1582—1793)》一书中所说“……明清之际,中国与西方文明交流使近现代中国遭遇西方文明颠覆性影响”。至此,中国人痛定思痛,才开始“醒来”,才有了仁人志士和革命先烈的流血牺牲和前仆后继,也才发生了像拿破仑预言的那样“当中国醒来之时,全球将为之震撼”。因此,读《中国人信札》不仅让我们认识到阿尔让作为法国18世纪作家、启蒙运动思想家在中西文化碰撞交流中做出的不可忽视的突出贡献,也让我们深切思考中国历史中永远不应忘记的痛彻肺腑的教训。当下中国要实现“国家富强,民族振兴,人民幸福”的中国梦,国人理应学习历史,提升自我,在实现“中国梦,我的梦”过程中,努力根除我们文化中的弊端和痼疾。我们有理由感谢《中国人信札》的出版,它有助于读者认知阿尔让其人及其作品,正确全面地了解18世纪风行欧洲的启蒙运动和“中国热”的真实面貌。

［布瓦耶·德·阿尔让:《中国人信札》,邵立群、王馨颐译,中央编译出版社,2013年］

富布卢克及其《剑桥德国史》

李雪涛

一

英国历史学家玛丽·富布卢克(Mary Fulbrook,1951—)的经典著作《剑桥德国史》(*A Concise History of Germany*),自1990年第1版出版以来,1992年出现了一个更新的版本。此后于2004年,又重新全面修订了一个版本。至2014年,本书已经印刷了15次,成为德国研究、欧洲研究、德国历史、欧洲历史专业学生的必读书。同时也由于其篇幅不大,言简意赅,也成为很多想了解德国的人,或前往德国旅行之前的旅行者的参考书。

富布卢克出生于知识分子家庭,她父亲是来自加拿大的结晶学教授,母亲曾是柏林的犯罪学家,1936年由于种族和政治的原因逃亡到英国。我想,富布卢克成为德国近代史专家的一个重要原因,很可能在于想弄清楚母亲的祖国近代以来迷人的文化成就与令人发指的犹太大屠杀之间的关联性。她进而关注作为第三帝国和第二次世界大战结果的东、西德的政治、文化和社会的发展,以及1989年后两德统一后的共同发展。在近现代德国历史研究方面,富布卢克取得了很多成就,她本人也曾担任"德国历史学会"(German History Society)的会长。1983年以来她任教于伦敦大学学院(University College London,UCL),最初任讲师,1995年起任德国史教授。1991—2010年间她担任伦敦大学学院欧洲研究中心的主任,同时担任该校人文学院的副院长。

二

《剑桥德国史》实际上是一部德国通史,在这么短的篇幅中,想要将千余年波澜壮阔的德国史展现出来,其难度是可想而知的。本书的作者作为德国史方面的专家,对此当然更加清楚。她在“序”中将此书定位为“一本富有见地的向导”(an intelligent guide),而不是做到面面俱到(no attempt at comprehensiveness)。因此,这样的一部具有“导论、入门”性质的指南,最重要的在于用宏大的历史叙事方式勾勒出德国历史发展的脉络。从本书的目录,我们可以看到作者对德国历史的时代划分和整体认识。一般说来,目录是一种“学习指南”(study guide),会将整本书的知识体系体现在读者面前。在第1章中,作者对德意志的概况、一些对于德国史来讲至关重要的概念作了解释。第2章论述德国中世纪的历史。第3章谈的是宗教改革时代(16世纪初至1648年)。这一部分在理解德国历史的独特性方面,是非常重要的。第4章讲的是专制主义时代(1648—1815年)。这是威斯特法利亚和约和维也纳会议之间的德国,当然也涉及法国的影响。第5章谈的是工业化时代的德国。从复辟时期(1815—1848年)到1848年革命,再到1871年的德国统一,威廉时代的德国发展及第一次世界大战。第6章的主要内容是魏玛共和国和希特勒的第三帝国(1918—1945年)。第7章的内容是分裂时期的东、西德两个国家(1945—1990年),并且对当时东、西德的政治、经济、文化的发展做了比较。第8章是有关1990年统一后的联邦德国。最后一章(第9章)对德国历史的模式和问题做了总结。从内容范围(scope)——有关德国历史知识领域的覆盖度来讲,本书是非常全面的。这样的一个有关德国史的总体框架,实际上也保证了这部有关德国通史之作没有重大的内容遗漏。

在内容处理(treatment)方面,本书还是非常有特点的。作为盎格鲁-撒克逊的学者,富布卢克一直用比较的视角来研究德国历史,或者将德国史放在欧洲历史发展的复杂线索中进行梳理。由于德国的边界几百年来一直在变化之中,处于欧洲中部的德意志的历史当然不可能只是其内部的事情。奥地利、丹麦、法国等的历史都会穿插于不同时期的德国史,而奥地利的近代史则更是与1871年后的德国史无法完全分开叙述的。

以往德国自身“有地缘优势的地理位置”常常被认为是德国历史种种复杂问题的重要原因。富布卢克在不否认地理环境起到重要因素的前提下,认为“德国史应放在国际视角下进行考察,充分考虑在欧洲中部争夺空间、立场、权力和地位的各种力量以及它们之间的相互作用”(p.258)。也就是说,德国历史的结果是其地理位置、德国与其他国家互动以及德国自身政治、经济、军事、文化等博弈的结果。实际上,任何单一因素的决定论的理论都是靠不住的。英国的德国问题专家艾伦·沃森(Alan Watson,1941—)在两德统一后的著作《德国人——他们现在是谁?》(*The Germans: Who Are They Now?* 1995 by Abe Books.北京:德意志联邦共和国大使馆,1997年)中给出了9个方面的回答:历史的答案、地理的答案、文化的答案、经济的答案、政治的答案、邻国的答案、他们自己的答案、令人不安的答案、民主的答案。因此，任何将德国历史简单化的归纳，都是有问题的。德国历史一定是诸多因素相互作用的结果。

三

本书尽管是一部论述德国通史的专著，但所涉及的不仅仅是与政治、战争、经济、外交相关的历史，也包括哲学、文学、文化等方面的历史。德国历史与欧洲其他国家的历史还不太一样，它产生了无数世界级的哲学家、文学家、音乐家、艺术家等。尽管本书的篇幅有限，富布卢克还是给予了这些在文化史上做出巨大贡献的学者以相应的位置，从而也巧妙地将以时代发展为轴的纵向的历史叙述与以历史研究的各个领域为中心的横向的分析有机地结合在了一起。作者指出："德国文化包容万象，潜力十足，而如何选取特定的文化特征，并根据不同时代所关心的角度对选取的文化素材加以解释、变动和编排，使其最后呈现的都更像是政治和社会的产物，而非纯粹的文化史。"(p.261)从一本德国历史书读到对马克斯·韦伯和包豪斯建筑的描述，跟在社会学史和艺术史中还是有很大的不同的，让读者从中切实体会到德国历史纵横交错的复杂一面。而这些也是我们今天理解德国一切的前提。

富布卢克在本书中所处理的材料尽管是一些老生常谈的"史实"，但德国学界乃至欧洲史学界对这些问题不断有新的认识。她在书中除依据以往的文献资料进行历史叙述(Historie)之外，也一再将最新的国际学界的研究成果——包括新的研究方法和视角的引进，以及新的史料的发现——进行介绍和评判，同时也给出她自己的思考，从而使此书成为既简明扼要又具有思想深度的专著。通过这样有意识的处理，读者可以体会得到，历史本身在任何时候都不是一个完结的过程。

本书的另外一个特点是学术性和可读性很好地结合在了一起。有关德国历史的著作可谓汗牛充栋，德文世界和英文世界的相关图书也不胜枚举。已经翻译成中文的德国史专著以及中国学者所撰写的也不在少数。但既严肃又深入浅出的简明德国史读本并不多见。因此，富布卢克此书在中文世界的翻译和出版，是非常有必要的。清代学者俞樾(1821—1907)在论及诗词创作时指出："盖诗人用意之妙，在乎深入显出。入之不深，则有浅易之病；出之不显，则有艰涩之患。"(《湖楼笔谈》卷六)富布卢克的这部小书之所以能够做到言简意赅、浅显易懂，原因在于她多年来对德国历史的深入研究。

四

这样的一本小书不可能包罗万象,也不可能解决德国史的所有问题。富布卢克在“序”中指出本书的两大目的:1.为后续特定领域的研究提供基础和启发;2.方便读者定位自己现有的知识和兴趣。(p.XIV)任何历史都只可能是其编纂时代的产物,作者认为:“在民族主义大行其道的时代,民族主义历史学家最关心的是德国迟来的统一。20世纪的历史学家在希特勒的阴影下,则最关心纳粹邪恶的根源。21世纪,欧洲联邦主义不断增强,较小的政治单元及草根阶层获得了越来越多的关注,国际舞台上也出现了新的矛盾和危机,于是,历史学家的视角又发生了变化。”(p.261)因此,对德国史的讨论必然是开放性的,无论如何读者都会从本书中获得基础和启发。

书后的推荐阅读书目,作者尽管指出英语世界的历史学家对德国历史研究是不均衡的(因为相对于其他时代的历史事件,纳粹主义和大屠杀的研究成果所占比例极大),但还是系统地列出了4大部分相关的英文参考书目:1.中世纪德国;2.现代早期德国(约1500—1800年);3.德国(约1789—1918年);4. 1918年以来的德国:概论;a 德国(1918—1945年):a) 魏玛共和国(1918—1933年);b) 第三帝国(1933—1945年);b 1945年以来的德国(东、西德与统一后的德国)。这些有关德国不同历史时期的断代史研究分类目录,对于想进一步进行系统研究的学者来讲是难得的阅读指南。

[Mary Fulbrook, *A Concise History of Germany*. Cambridge University Press. Second edition 2004.中文版:玛丽·富布卢克著,高旖嬉译,李雪涛审校《剑桥德国史》,新星出版社,2017年]

书评

全球史的包容与互动

——《世界的演变——19世纪史》

温　馨

围绕"转型中的世界"这一主题,当今德国史学领域中出现了里程碑式的事件:德国历史学家于尔根·奥斯特哈默(Jürgen Osterhammel,1952—)于2009年在慕尼黑贝克(C. H. Beck)出版的著作《世界的演变——19世纪史》(*Die Verwandlung der Welt. Eine Geschichte des 19. Jahrhunderts*)。该书多达1568页,所列参考书目超过2500本,一经出版便获得了德国各大报纸和学术杂志的广泛关注,其英译本由普林斯顿大学出版社于2014年出版,法语、波兰语、俄语等版本正在翻译中,中文译本于2016年由社会科学文献出版社出版。奥斯特哈默在书中试图通过对19世纪历史的定量研究进一步论证全球史的史学观念,并因此荣获德国北德电台(NDR Kultur)2009年度非小说类最佳图书奖(Sachbuch),从这个意义上来说,可以将该书视为德国学术体系内全球史著作的地位渐增的迹象或者象征性事件。

奥斯特哈默1952年出生于科隆附近的维珀菲尔特(Wipperfürth),1970年起先后在马尔堡(Marbug)、汉堡(Hamburg)、卡塞尔(Kassel)以及伦敦经济学院(London School of Economics)求学,1980年在卡塞尔大学获得博士学位,1990年获得教授资格,1999年以来一直在德国康斯坦茨大学任近现代史专业教授,2010年获得由德国科学基金会(DFG)设立的莱布尼茨奖(Leibnizpreis)。

奥斯特哈默的研究重点集中在:18世纪以来的欧洲和亚洲历史;跨文化的关系和观念史;思想史;历史与历史学理论;世界史(全球史)的理论与实践等。奥斯特哈默对全球史领域的研究已有几十年的历史,《世界的演变——19世纪史》一书取得的巨大成功也并非偶然。早在他1989年出版的《18世纪以来的中国与世界社会》(*China und die Weltgesellschaft. Vom 18. Jahrhundert bis in unsere Zeit*)中便已贯穿了从社会学角度出发的互动与包容的全球史观念;2003年与N.P.彼得森(Niels P. Petersson)合作出版的《全球化历史：规模——进程——时代》(*Geschichte der Globalisierung. Dimensionen - Prozesse - Epochen*)尽管只有128页，却从宏观视野更进一步阐明了全球史研究的方向与方法。

奥斯特哈默的大部分著作均是由位于慕尼黑的贝克出版社出版发行的，《世界的演变——19世纪史》一书也不例外。贝克(Carl Gottlob Beck，1732—1802)1763年在自己印刷厂的基础上成立了这个出版社，目前处在第7代传人经营下的贝克出版社已由一个家族企业成长为规模庞大的出版集团，以每年约1500本新书的发行量成为德国的大型出版公司。贝克出版社的主要方向集中在历史、法律、文学、非小说等学术领域，奥斯特哈默历史方面的书籍在这里出版既能保证学术水平、编辑及出版发行的高质量，又较容易贴合市场进而成为畅销书。

与一般历史著作按照时间或事件顺序的叙述方式不同，奥斯特哈默在《世界的演变——19世纪史》中运用了颠覆性的观察视角，分别从"路径""全景""主题"三大领域进入19世纪历史，展现了其对全球史叙事方式的非凡掌控能力，成为该书独具匠心之处。仅在浏览目录时，读者便会不由自主地被奥斯特哈默复杂、缜密而活跃的思维吸引，期待开始一次有趣而令人兴奋的阅读。独特的章节架构是该书能够成为畅销书的一大原因。

第1章"路径"包括"记忆与自我观察""时代：何时是19世纪""空间：19世纪处于哪里"三部分内容。第2章"全景"则是从看似繁杂的不同视角勾勒作者思维所及之处的19世纪世界全景："人类的定居与流动""生活标准：风险与安全""城市：欧洲模式与世界固有形态""边界：对游牧生活的入侵""帝国与民族国家""权利体系、战争、国际主义""革命：从费城到南京再到圣彼得堡""国家治理"。第3章"主题"包括"能源与工业""劳动：文化的物质基础""全球网络：交通与通讯、贸易、金融""等级制度：社会领域的垂直管理""知识：增长、浓缩、分布""文明化与排斥""宗教"。最后一部分是对19世纪历史定位的结论。

奥斯特哈默喜欢通过丰富的材料和多种视角进入历史的本质，由大小不一散落的镜片折射整个历史富于活力的发展轨迹，同时阐述自己独特的新观点新认识。不同社会的发展、人与自然或疾病相处、城市化进程的相似及特殊性、各种族群的迁移和定居、革命、世俗主义和宗教的矛盾关系、国家、全球互动等构成了他对19世纪认识的基本脉络，看似繁杂却不乏合理性与逻辑性。在帝国主义和殖民主义的19世纪，奥斯特哈默并不打算以浓重笔墨特意论述它们，但帝国主义与殖民主义却从内部贯穿着他对19世纪全球史的勾勒。

作为来自欧洲的历史学者，奥斯特哈默坦承19世纪欧洲的全球影响力比人类历史上任何一个时代都要巨大,但这种影响是矛盾的,19世纪欧洲的创造力是通过"征服"实现的,在他所构建的一个新颖的历史全景的基础上,欧洲史学界尤应冲破"欧洲中心论"的思想藩篱,以多元化的态度看待世界,尤其是现代世界的发轫时期。通过《世界的演变——19世纪史》,奥斯特哈默成功做到了以具有活力与吸引力的复合视角综观19世纪动荡的全球历史。该书的确值得一读,至于附录中列出的2500部参考书目,若能全部看过想必也会受益匪浅吧。

[Jürgen Osterhammel: *Die Verwandlung der Welt. Eine Geschichte des 19. Jahrhunderts*, München: C.H.Beck, 2009. 中文版:奥斯特哈默著,强朝晖、刘风译《世界的演变——19世纪史》,北京:社会科学文献出版社,2016年]

书评

旁行而不流

—— 读《讲授〈易经〉之道》

吴礼敬

《易经》难读,一是因为它距今年代太过久远,作者、创作时间和早期文本形式均不易确定;二是因为它的结构较为复杂,既有卦符、卦名、卦爻辞构成的本经,又有解释本经的《十翼》,两者往往有不合之处,增加了理解的难度;三是因为古今字形、字义、语音发生了很大的改变,导致很多卦爻辞的意思难以合理解释。通行本采用经传合一的形式,使《易经》以卜筮之书而兼含哲理,更增加了解释和发挥的空间。《四库全书总目提要》的《易类》小序说:"《易》道广大,无所不包,旁及天文、地理、乐律、兵法、韵学、算术,以逮方外之炉火,皆可援《易》以为说。"但众说纷纭之下,也并非没有脉络可循,自汉迄清,易学发展虽蔚为大观,然多以"因象立教"者为宗,其余则为"《易》外别传""两派六宗",一直是易学主流。读《易经》之道,最好是首先了解它的历史沿革,然后从文字训诂入手,逐层掌握它的意义,这样才能既见木又见林,但这件事却是说来容易做来难。

《易经》在中文语境里面临的解释难题,在英语世界一样存在,只不过经过翻译这只"神秘之手"的操纵,程度和范围变得不同而已。自英国海外传道会传教士麦格基(Rev. Thomas McClatchie,M.A.1812—1885)1876 年首次将《易经》全部译为英文,《易经》在英语世界的翻译和流传至今已走过近 150 年光阴,其间出现理雅各(James Legge,1815—1897)、卫礼贤/贝恩斯(Richard Wilhelm/Cary F.Baynes)、夏含夷(Edward Shaughnessy)、林理璋(Richard John Lynn)等卓有成就的翻译家,对《易经》的解释也发展出宗教、哲学、心理学、历史学等不同面向。但 1950 年代贝恩斯夫人将卫礼贤的《易经》译本传入英语世界后,《易经》很快便成了一部反主流文化的经典,进入普通百姓的家庭,从此易学发展开始沿学术界和民间两条路线展开,而学术界的研究失之太"专",形成一个很小的圈子,外人不得其门而入;民间的盛行又失之太"滥",很多说法借《易经》以行,导致《易经》的面目模糊难辨。为了正本清源,让《易经》西传做到"旁行而不流",客观上就需要一本介绍《易经》的学术专著,将学术界的研究成果推广开来,便于想学习和研究《易经》的严肃读者利用。这方面的工作,司马富(Richard J.Smith)做得非常出色,他先后写了《易酌》(*Fathoming the Cosmos and Ordering the World:the Yijing and Its Evolution in China*, 2008)和《〈易经〉外传》(*The I Ching:A Biography*,2012)两本书,分别介绍《易经》在中国和海外的发展沿革。

2014 年 9 月,杰弗里·雷蒙德(Geoffrey Redmond)和韩子奇(Tze-ki Hon)合作撰写的《讲授〈易经〉之道》(*Teaching the I Ching*,下文简称为《讲易》)由牛津大学出版社出版。雷蒙德主要从事生物医学研究,但潜心研读《周易》多年,主要关注其中的系统宇宙思维;韩子奇的主要研究领域是宋易,出版过专著《易经与北宋中国政治》(*The Yijing and Chinese Politics:Classical Commentary and Literati Activism in the Northern Song Period 960-1127*,2005),并在《美国历史评论》(American Historical Review)、《亚洲研究》(Journal of Asian Studies)、《华裔学志》(Monumenta Serica)等刊物上发表过多篇文章。

《讲易》一书共 11 章,雷蒙德撰写了其中的第 1、2、3、4、5、10、11 章,第 6、7、8、9 章为韩子奇所著。正如作者在前言部分交代的那样,这本书和司马富著作的不同之处在于,后者主要为了厘清《易经》的含义及其沿革,而前者主要突出研《易》的各种难题及解决之道。这也许是由它的读者对象决定的:这本书主要写给讲授中国史或世界史的大学教师看的,同时供研究中国问题的专家、研究宗教的学者以及对《易经》有研究兴趣的人参考。尽管英语世界有关《易经》的著作汗牛充栋,但到目前为止还没有一本详细介绍如何研究《易经》的入门书籍,内容涵盖其创作年代、文本分析、象数、哲学、宇宙观、道德观以及现代性等各个层面,并包括近年来训诂考证和考古发现的新进展,这些就是《讲易》一书的写作目标。《导论:研究古代典籍的甘和苦》(*The Rewards and Perils of Studying an Ancient Classic*)指出《易经》这部著作的特征:一方面是古代历史文献,其中蕴含了古人的生活方式;另一方面又是现代人研读和利用的经典,很多人在现实生活中还在利用它,因此包含很多复杂难解的谜题,既具有强大的吸引力,又让人困惑不已。第 1 章《占卜——运命和哲学》(Divination:Fortune-telling and Philosophy)主要分析占卜活动,将它还原到商周时期的语境中,指出占卜是古人与超自然力量对话、与鬼神或祖先交流的不可或缺的手段,其中包含着哲学、宇宙观、道德观及社会秩序的原则。第 2 章《青铜时代的起源》(Bronze Age Origins)主要讨论《易经》的起源问题,指出本经和《十翼》的创作时代,并利用《易经》卦爻辞中的材料来还原商周时期的社会生活。第 3 章《〈易经〉中的女人》(Women in the *Yijing*)主要利用《周易》的卦爻辞来说明女性在商周时期的生活环境和社会地位。第 4 章《近期出土文献》(Recently Excavated Manuscripts)讨论马王堆帛书《周易》、王家台《归藏》断简、郭店竹简、上博竹简、阜阳汉墓《周易》等考古发现，指出出土文献对易学发展的贡献及其局限。第5章《古代意义的重建》(Ancient Meanings Reconstructed)讨论《周易》卦爻辞在西周时期的含义，突出将《周易》当成历史文献加以研究的历史学派的成就。第6章《十翼》(Ten Wings)介绍《十翼》的构成、性质及其在《易经》经典地位确立和维系中的重要性。第7章《宇宙观》(Cosmology)介绍汉代象数派的解经方法，指出董仲舒等人创立的联系的宇宙观对《易经》解释的影响。第8章《道德修养》(Moral Cultivation)主要介绍宋代义理派的解经方法，从王弼《周易略例》、孔颖达《周易正义》一直到程颐和朱熹的易学观，叙述评析义理派的发展沿革。第9章《现代易学》(The *Yijing* as China Enters the Modern Age)介绍从民国到现当代中国的易学成就，从顾颉刚领导的"古史辨"派、李镜池的易学观、郭沫若对《易经》的看法，一直到20世纪90年代的易经热，系统评介了《易经》在近现代中国的发展。第10章《周易西行》(The *Yijing*'s Journey to the West)介绍《易经》脱离本土语境后在西方的解释中出现的新方向，突出《易经》和西方各种思潮合流的重要形式，尤其是与心理学、占卜实践以及神秘主义之间的联系。作者分基督教和心理学两个视角来展示《易经》在学术层面的解释，进而又列举《易经》对占卜活动、科学、艺术、数学、计算机、神秘主义等多个领域的影响，突出《易经》与西方社会生活各个层面的结合。第11章《学易津指》(Reader's Guide)评析《易经》主要译本，同时介绍学《易》的具体步骤，解析《易经》构成部分以及占卜的常用方法。最后的《易学未来》(Predicting the Future for the *Yijing*)简单展望了易学在中国和西方的发展前景。

《讲易》这部著作如剥竹笋一样，将构成《易经》的不同文本、《易经》在中国的发展沿革、《易经》传入西方后与西方文化融合交汇的过程一层层剥开，逐个分析展示，揭示《易经》研究中存在的难题、解决的途径、取得的成就和留存的局限。在很多有争议的问题上，作者并不刻意强调自己的观点，而是客观呈现各派看法；而貌似已有定论的地方，则阐明自己的见解并列出理由，如关于文王和周公作卦爻辞的传说。这部著作紧紧扣住易学的核心问题展开叙述，语言流畅生动，虽然讨论的是《易经》，读起来却让人有回味无穷之感。美中不足的是，本书的结构稍嫌不够紧凑，尤其是第3章，虽然写得很精彩，却给人以突兀之感，第11章列举译本不免有挂一漏万之嫌，如夏含夷的帛书《周易》译本理应入选，最后介绍占卜方法的部分也让本书的学术性稍打折扣。

《易》难学，英语世界也有共识，据说夏含夷当年在斯坦福大学读研究生时，他的老师吉德炜(David Keightley)常对他说："如果一个汉学家对《易经》着了迷，那就是他失足落水的重要标志。"司马富也说："多年来，友人和同事常劝我不要研究《易经》，因为这个题目实在太大太难。他们说得一点都没错,易学研究简直就是中国研究的黑洞,一旦被它的魔力吸引住,一辈子就再难脱身。"《易经》的魔力,或者说魅力,正在于很多难解之谜的存在,让历代中国读书人"闲坐小窗读周易,不知春去已多时"。《讲易》这本书的出版,或许会让更多西方读者被中国研究的这一黑洞吸引,如果能循着书中介绍的办法,一步步研究,最终一定能达到"旁行而不流,乐天知命,故不忧"的境界。

[Geoffrey Redmond, Tze-ki Hon, *Teaching the I Ching*, Oxford University Press, 2014]

书评

全球史视野下中英动人心弦的交往历史

——读《塞尔登的中国地图》

庄超然

正如作者卜正民在他书中所提到的那样，古老的地图很难占据报纸头条。同样地，一幅17世纪早期的中国地图值得人们去关注吗？《塞尔登的中国地图》也许可以回应这种疑问。

卜正民（Timothy Brook，1951—），加拿大汉学家，现为加拿大英属哥伦比亚大学圣约翰学院院长、历史教授。20世纪70年代，他曾在中国留学两年，在北京大学和复旦大学学习过。1977年，在李约瑟（Joseph Needham，1900—1995）的安排下参与《中国科学与文明》第7册的编写。卜正民著述颇丰，他的作品大多故事性很强，读起来很有趣味。广受好评的《维梅尔的帽子》就是这样的一部作品。《塞尔登的中国地图》也延续了这种以全球视角考察人与物的交流、互动的历史书写风格。该书原版于2013年由纽约Blommsbury出版社出版，书名为*Mr. Selden's Map of China：Decoding the Secrets of a Vanished Cartographer*。中译本则由中信出版社于2015年9月推出，书名改为《塞尔登的中国地图——重返东方大航海时代》，中文版第1章因为涉及"文革"、王伟撞机事件而有所删减。

实际上，就地图本身而言，故事并不复杂。这幅中国地图曾被17世纪英国著名法学家、海洋法先驱约翰·塞尔登（John Selden，1584—1654）拥有。约翰·塞尔登去世后，他的书籍等收藏被捐给了牛津大学博德利图书馆。后来，一位图书馆负责人曾研究过这幅地图，但是再往后，地图就没有找到读者——直到2008年它重新被发现。不过除弄清地图的来龙去脉之外，卜正民更在意的是这幅地图背后的故事。毫无疑问，地图以图形的方式直观地反映了某一时代人们的地理知识，它是人们对于特定时空的认知的结晶。作者也正是从这一点出发，意在展现塞尔登地图绘制的那个时代的世界。

不过这个考察源于一次偶然发现。2008年，卜正民接到牛津大学博德利图书馆东方部主任何大伟(David Helliwell)的通知,第一次见到了重新被发现的塞尔登地图。地图的尺寸、视觉效果令人震撼,内容丰富,构图精美。经过简单的查询,发现这幅地图是在1659年作为"约翰·塞尔登"的收藏捐送到图书馆。很快,作者就发现塞尔登地图的特殊之处:首先,它比同时代的地图覆盖了更广的地理范围。其次,地图对描绘的各地区关系的处理也并非同传统中国地图那样以中国为中心,而是以南海海域为中心。最后,地图的描绘体系也区别于传统中国地图。另外,它对当时南海航线的描绘,在同时代其他地图中是找不到的。卜正民敏锐地意识到这幅地图是独一无二的。就这样,由一幅地图、一个人名为开端的追寻旅程开始了。

为了揭开塞尔登地图背后的秘密,卜正民从三个层面展开研究。他在第2、3章,考察英国斯图亚特王朝治下的英格兰,也就是约翰·塞尔登收藏地图的时代背景。第4、6章,来到明代中国的周边海域,搜寻当时中国与欧洲建立的贸易网络。第5、7章,进入塞尔登地图所处的特定历史环境,通过参考其他地图、文献,尝试还原这幅地图的绘制过程。

塞尔登为何收藏了这幅中国地图?为了回答这个问题,需要回到17世纪的欧洲。塞尔登是当时欧洲最为博学多才的学者之一,法学家、历史学家。同当时很多人文主义学者一样,塞尔登研究兴趣广泛,对东方的语言、文化尤感兴趣。另外,他也关注政治事务,曾作为议会特别委员会成员参与弹劾英国国王查理一世(Charles I of England, 1600—1649)。不过,塞尔登最重要的作品要属出版于1635年的《海洋封闭论》(Mare clausum)。在这本书中,他声称,海洋并非公共所有,而是如同土地那样可以成为私人财产。因此,大不列颠国王有权要求其周边海域作为大不列颠国的一部分。这部著作实际上针对的是格老秀斯(Hugo Grotius, 1583—1645)的《海洋自由论》(Mare Liberum, 1609)。与塞尔登相反,格老秀斯主张任何国家都不应该对海洋行使排他性的管辖权。任何国家的船只,出于开展贸易的需要,可以在所有海域中自由航行(第31页)。《海洋自由论》是一封对葡萄牙的战书,因为葡萄牙根据1494年的《托尔德西里亚斯条约》(Treaty of Tordesillas),声称荷兰东印度公司(VOC)无权派遣船只前往东印度海域。

尽管《海洋封闭论》与塞尔登地图没有直接联系,但卜正民指出,《海洋封闭论》引用了大量希伯来语和阿拉伯语原文内容,这似乎表明,塞尔登本人相信来自东方的知识的价值。这样想来,尽管不懂中文,他收藏一幅中国巨幅地图并不意外。

塞尔登去世后,地图以及他的其他书籍手稿等收藏品一同捐赠给了牛津大学博德利图书馆。然而没过多久就等到了它的另一批读者:时任博德利图书馆负责人的托马斯·海德(Thomas Hyde, 1636—1703)和来自南京的沈福宗(Michael Shen Fu-Tsung, 1657—

1692)。1681 年,柏应理(Philippe Couplet,1623—1693)奉诏向罗马教廷陈述康熙皇帝对“礼仪之争”的立场并争取教廷的支持,改信基督教的沈福宗受邀与柏应理一起前往欧洲。作为最早一批到达欧洲的中国人,沈福宗的到来一时间在欧洲引起了轰动。在法国,他成为太阳王路易十四(Louis XIV of France,1638—1715)的座上宾。后来他又前往英国,受到英王詹姆士二世(James II of England,1633—1701)的接见。在牛津大学他遇见了海德,并帮助海德编纂博德利收藏的中文典籍目录。海德十分热心于学习东方语言,他从沈福宗那里学了一些汉语,并且,他们两人还一起对《塞尔登地图》进行注释。然而时代改变了,到了 17 世纪末,东方逐渐变成了茶余饭后的谈资,而不再是学者们讨论的严肃话题。塞尔登地图也同样被人们遗忘了。

接下来,作者查找史料试图弄清塞尔登地图如何被运到英国。很容易联想到东印度公司,因为它自 1600 年左右创立开始就积极涉足与亚洲的贸易。档案也确实证明了这一点。名为萨利斯的英国东印度公司商人,当时负责在亚洲的具体贸易事务。是他从一名无法归还欠款的中国商人那里得到了塞尔登地图。这些从侧面反映了当时除了英、荷、葡等欧洲国家,中国实际上也在亚洲海域的贸易中扮演了非常重要的角色。尽管明代中国政府多数时间采取海禁政策,但是在民间,商人们还是很乐意参与海上贸易。塞尔登地图也可以提供证明。在地图上,卜正民发现了经过南海海域的航线,这表明当时中国商人有着比较稳定的贸易线路,也体现了当时南海是一片充满活力的海域。更不用说,我们知道的郑芝龙、郑成功父子,实际上是明末清初之际东南沿海最大的海上势力。

那么地图又是如何绘制的?因为这幅地图明显有别于中国传统地图。它似乎融合了中西地图绘制方法。这就启示我们应该从当时航海知识和绘图知识的背景出发,来还原塞尔登地图问世的原因。就明代中国而言,这一时期航海知识和地图绘制还是取得了一定的进展的。比如张燮的《东西洋考》、郑和航海图、罗洪先《广舆图》、章潢《图书编》中的“四海华夷总图”等。而在欧洲,尤其是在英国,绘制出版地图集也成了一门比较时兴的行业。而随着欧洲人地理知识与地图绘制技术的进步,地图也变得越来越精确。这些因素实际上成了塞尔登地图绘制的基础。因此,卜正民总结了塞尔登地图的几个特点。地图上关于中国的信息主要依据当时的其他地图。相比同时代的中国地图,塞尔登地图更准确,涵盖的地理范围也更广泛。另外卜正民认为塞尔登地图实际上首先是一幅航海图,因为它首先绘制了南海海域的航线,然后才补上其他地貌信息;还有,塞尔登地图存在着一种固定的作假模式。这表明虽然借鉴了欧洲地理与地图知识,中国绘图师的视域还是存在盲点,因此他们通过想象补充他们不熟悉的地域。最后根据萨利斯的商业活动记录,卜正民推测,这幅地图可能绘制于 1608 年左右。

尽管作者将本书受众定为普通读者,但卜正民的研究无疑是严肃的。这本书是他全球互动视野和亲切、轻松的叙述手法的又一次尝试。同时对于中国读者而言,它从历史角度为我们提供了一个反思目前中国海洋认知的新观点。

[Timothy Book, *Mr. Selden's Map of China:Decoding the Secrets of a Vanished Cartographer*.New York:Blommsbury,2013.中文版:(加)卜正民:《塞尔登的中国地图——重返东方大航海时代》,刘丽洁译,中信出版社,2015 年 9 月]